Julia Corte

Gärtnern mit dem Mond von A–Z

JULIA CORTE

Gärtnern mit dem Mond von A–Z

DIE BESTEN AUSSAATTERMINE

tosa

Umschlag von Beate Dorfinger unter Verwendung eines Dias von G+J Fotoservice sowie eines Dias der Bildagentur Mauritius.

Satz: Die Textwerkstatt
Druck: Ueberreuter Print

Inhalt

Vorwort

Bei einem Griechenlandurlaub lernten wir Evangelis und Claudia kennen. Er ist geboren und lebt auf Santorin, wo seine Familie Wein und Tomaten anbaut. Sie kommt aus der Schweiz und betreibt mit ihm gemeinsam das Hotel, in dem wir wohnten. Der Wein war rot, köstlich und schwer, die Tomaten rot, hoch aromatisch und winzig, wie es sich für die Spezialität dieser Insel ohne Trinkwasserquellen gehört.

Eines Freitagabends, Claudia polierte eifrig ihre Fingernägel, saßen wir beim Wein, vor uns der Vollmond über dem Meer, und natürlich kam die Rede auf den Mondkalender. Und da geschah etwas ganz Erstaunliches: Claudia und Evangelis, die in ganz verschiedenen Teilen Europas aufgewachsen waren, fielen einander ständig ins Wort. Sie erzählten, wo sie die Wirkung des Mondes selbst beobachten konnten, und berichteten, was sie darüber hinaus von ihrer Mutter und seinem Großonkel gelernt hatten.

Evangelis erinnerte sich: „Claudia wurde von meiner Familie sofort akzeptiert. Sie fanden nämlich bald heraus, daß sie die Wäsche zum richtigen Zeitpunkt wusch und daß sie die Zimmerpflanzen immer an demselben Tag goß, an dem mein Vater die Tomaten wässerte." Claudia lachte. „Wenn man sich überlegt, daß es der Mond ist, der bei uns einmal für eine Verständigungsbasis gesorgt hat ..."

An jenem Abend wurde es spät. Denn nun habe ich meine Gastwirte natürlich genauer ausfragen müssen. Zwar wuchs ich selbst ebenfalls „mit dem Mond" auf, doch meine Großmutter hatte keinen Garten, „nur" einen begrünten Balkon, und so war ihr Repertoire an Tips zum Gärtnern mit dem Mond etwas eingeschränkt. Stichworte wie Schneckenbekämpfung und Kartoffeln fehlten in ihrem Erfahrungsschatz, den sie mich lehrte.

Bald entdeckten wir nicht nur viele Gemeinsamkeiten, was unser Mondwissen anging, sondern auch geringfügige Unterschiede. Diese hängen ganz offensichtlich mit der Wasserarmut und größeren Hitze Santorins zusammen. Wo Wasser eine Kostbarkeit ist, muß es viel sorgfältiger dosiert werden als bei uns. Während es also bei uns heißt, daß man Pflanzen an Lufttagen nicht gießen soll, will man keine Blattläuse bekommen, schwor Evangelis darauf, sie überhaupt nur an Wassertagen zu bewässern.

Wie dem auch sei: Ich verdanke Claudia und Evangelis zahllose Mondtips für den Garten und die Anregung zu diesem Buch.

Wer beim Gärtnern „mit dem Mond" geht, kann von schönen Erfolgen belohnt werden. Gesundes, knackiges Gemüse, saftiges, aromatisches Obst, herrlich blühende Blumen und erstaunlich wenig Schädlinge sind der Lohn.

Doch natürlich muß auch die Basis stimmen. Es hat keinen Sinn, Geranien auf einen schattigen Nordbalkon zu pflanzen, sollen sie blühen und gedeihen. Ebenso empfiehlt es sich, Zwiebeln und Knoblauch einen warmen, eher trockenen Standort zu geben, denn als Wüstenpflanzen sind sie nicht auf Landregen und schwere, gedüngte Böden eingerichtet. Daran ändert auch der schönste Steinbocktag beim Setzen nichts.

Das Gärtnern mit dem Mond ist nur eine Façette des Lebens mit den Gegebenheiten der Natur. Aufmerksamkeit, Lernbereitschaft und Experimentierfreude gehören ebenso dazu wie ein gerütteltes Maß an Geduld.

In diesem Sinne wünsche ich Ihnen viel Erfolg mit Ihrem Garten!

Ihre Julia Corte

Die sogenannte Kraft des Mondes

Das Wirken des Mondes ist unumstritten und wird meist als eines der Beispiele dafür herangezogen, daß an der Astrologie etwas „dran" sein müsse. Jeder Küstenbewohner weiß, Ebbe und Flut hängen vom Mond ab. Der Mond, genauer: seine Massenanziehungskraft, ist ihre Ursache. Jede Frau weiß, der Rhythmus ihrer Periode hängt vom Mond ab. Ob sie jedoch den Mond als Ursache dieses inneren Rhythmus bezeichnen würde, darf bereits bezweifelt werden. Die Erklärung: „Deshalb, weil Vollmond ist, habe ich meine Periode", stößt bei vielen auf Unbehagen. Einen Satz wie: „Immer wenn Vollmond ist, habe ich meine Periode", werden weitaus mehr Frauen unterschreiben.

Der Unterschied? Die erste Formulierung enthält eine kausale, die zweite eine analoge Beziehung.

Nicht „weil Vollmond ist, habe ich meine Periode", sondern: „Wenn Vollmond ist, habe ich meine Periode" – diesen Satz würden viele Frauen unterschreiben. Hinter „Vollmond" und „Periode" steckt ein gemeinsames Prinzip, das wir (noch) nicht kennen. Das „Dann-wenn" beschreibt eine Analogie.

Die umfassendste Zusammenfassung jeglicher Analogiebeziehungen ist das berühmte „Wie oben, so unten – wie unten, so oben", das dem Hermes Trismegistos zugeschrieben wird. Es bildet die Grundlage des astrologischen Denkens. Zusammenhänge, die man „oben" erkennt, zeigen sich auch „unten". Auf dieser Basis werden Analogien zwischen „Konjunktion von Sonne und Saturn" zum Zeitpunkt der Geburt eines Menschen und „Konflikt zwischen Wollen und Müssen" im Wesen des Menschen gezogen. Doch noch einmal: So, wie „Vollmond" nicht die Ursache von „Periode" ist, ist auch die Konjunktion nicht die Ursache des Konflikts. Beide geben ein Prinzip wieder, welches dahintersteht und für uns nur in Analogien erkennbar wird.

Das gleiche gilt für alle Eigenschaften, die mit bestimmten Tierkreiszeichen verbunden werden. Wenn die Sonne im Widder steht, verursacht sie nicht Draufgängertum bei den Kindern, die in dieser Phase geboren werden. Draufgängertum und Widder sind zwei analoge Ausdrucksformen desselben dahinterstehenden Prinzips, das wir nicht benennen können. Analogien beruhen rein auf Erfahrung.

Mondphasen und Mondkraft

Der Mond ist es also nicht, der dafür sorgt, daß unser Rasen an einem Tag dicht und fest wird, wenn wir ihn mähen, an einem anderen Tag rasch und lang schießt und bald wieder gemäht werden muß. Der Mond zeigt lediglich ein dahinterstehendes Prinzip auf, welches dieses unterschiedliche Wachstum bewirkt. Um sich die verschiedenen Prinzipien merken zu können, hat es sich bewährt, sie an zwölf Tierkreiszeichen festzumachen. Zur weiteren Differenzierung bot sich das Erscheinungsbild des Mondes am Himmel an, also die Mondphasen zwischen Voll- und Neumond.

Der Mond spielt im Mondkalender die Rolle des Zeigers einer Uhr. Nicht mehr und nicht weniger. Seit 500 Jahren haben wir uns daran gewöhnt, auf die Uhr zu sehen. Doch die Uhr ist nicht die Zeit. Sie ist ein Abbild der verschiedenen Qualitäten der Zeit, und die Zeiger zeigen uns nur, ob gerade die Qualität „sechs Uhr morgens" oder „zwölf Uhr mittags" aktuell ist.

Stellen Sie sich die Tierkreiszeichen als die zwölf Zahlen auf einer Uhr vor. Sie sind Ausdruck der verschiedenen Qualitäten des Lebens. Und so wie Sie bei „zwölf Uhr mittags" von High Noon über sengende Hitze, Durst, Trockenheit, Hunger, Mittagessen, staubiger Heimweg und so fort eine ganze Fülle an Assoziationen haben werden, haben Sie und andere auch bei „Zwillinge" oder „Löwe" eine ganze Fülle an Assoziationen. Mehr darüber weiter unten.

Wenn der Zeiger Mond also auf der Uhrzeit Löwe steht, bewirkt er nicht, daß Löwe-Qualitäten auf den Rasen herabrieseln, sondern er zeigt an, daß im Lauf des Mondmonats gerade dasjenige Prinzip wirkt, das durch die Analogiekette zum Thema „Löwe" beschrieben werden kann.

Vielleicht werden wir irgendwann soweit sein, das hinter astrologischen Analogien stehende kausal wirkende Prinzip zu erkennen. Die moderne Physik mahnt uns jedoch zur Bescheidenheit. Es gibt viele Dimensionen, die wir mit unseren gewöhnlichen Sinnen auch nicht ansatzweise erfassen können. Inzwischen sollten wir jedenfalls sehr vorsichtig sein mit unserer Ausdrucksweise: Der Mond ruft weder unsere Periode hervor, noch läßt er unseren Rasen dicht wachsen. Doch wenn der Mond als Zeiger an einer bestimmten Stelle der Uhr des Lebens steht, dann haben wir unsere Periode, und der Rasen wächst schön dicht nach, wenn er an einem solchen Tag gemäht wird.

Die Mondphasen

Dichter und Verliebte haben die einzelnen Mondphasen wort- und bilderreich besungen. Die verschieden starke Sichtbarkeit des Mondes im Laufe des synodischen Mondmonats von 29 Tagen,

12 Stunden, 44 Minuten und 2,8 Sekunden wurde zur Analogie von Werden und Vergehen, zum Sinnbild des Lebensalterzyklus des Menschen, der Fruchtbarkeit der Frau und vieles mehr.

Die Monduhr ist eine ganz besondere Uhr – ihr Zeiger sieht ständig anders aus. Mal ist er hell und klar, mal nicht zu sehen. Und so wie sich die Sichtbarkeit des Zeigers verändert, ist auch der Einfluß der Stunden, auf die er zeigt, jeweils anders spürbar. Der Hinweis, daß der Mond diese Spürbarkeit nicht bewirkt, sondern nur anzeigt, erfolgt hier nur der Vollständigkeit halber.

Für die Beziehung zwischen Mondphasen und Rhythmus des Lebens gibt es ein sehr schönes Bild: das Bild des Ein- und Ausatmens. Atmen Sie einmal tief ein, und halten Sie die Luft an. Möchten Sie in diesem Moment irgendwo gestochen oder geschnitten werden? Na also. Atmen Sie nun aus, und spüren Sie, wie das ist, wenn Sie ganz leer sind. Möchten Sie jetzt einen fremden Stoff in Ihren Körper bekommen? – Wenn Sie beides mit „nein" beantworten, haben Sie die Grundlage verstanden, auf der man bei Vollmond möglichst keine blutigen Operationen und bei Neumond möglichst keine Impfungen durchführen lassen sollte.

Stellen Sie sich jetzt vor, Sie holen um sechs Uhr morgens tief Luft – und nun stellen Sie sich dasselbe Luftholen um zwölf Uhr mittags vor. Morgens überwiegt die Qualität der Frische, der Feuchtigkeit, des erwachenden Tages. Zu Mittag sind es die Hitze, der Staub, die Freude aufs Mittagessen, die überwiegen. Das ist gemeint, wenn der Vollmond in den Fischen oder im Löwen steht.

Auch „zwölf Uhr mittags" fühlt sich anders an, wenn Sie dabei tief eingeatmet haben, als wenn Sie dabei fest ausatmen. Und so spüren wir bei Neumond die Uhrzeit „Löwe" anders als bei Vollmond. Die Veränderung des Zeigers Mond lehrt uns, innerhalb der Möglichkeiten der Stunden der Uhr genauer hinzusehen.

In diesem Buch werden Sie keine Angaben über Quartale finden. Mondregeln sollten so einfach wie möglich sein, damit man sie sich merken kann. Neumond und Vollmond sind zwar angegeben, auf eine Unterscheidung zwischen Vierteln und Quartalen wird jedoch verzichtet.

● Neumond

Bei Neumond stehen Mond und Sonne von der Erde aus gesehen in einer Linie, daher wird die uns zugewandte Seite des Mondes nicht beleuchtet. Dies ist die Zeit der Dunkelheit, der Pause vor dem nächsten Atemholen, des Loslassens, der Neuanfänge.

Im Garten sind die Tage um Neumond eine Zeit, in der ein Reifezyklus zu Ende geht. Altes wird abgeschlossen, und aus der Konzentration auf das Wesentliche heraus entsteht der neue Anfang. Besonders lebendig wird diese Vorstellung in der (überprüften!) Tatsache, daß man verletzten Pflanzen zu Neumond die beschädigten Triebe abschneiden soll – wenn nötig, auch recht radikal. Dadurch kann sie sich von den nicht mehr benötigten Teilen lösen und zu neuem Leben austreiben.

Der Neumond erweist sich so auch als Phase der Reinigung.

☽ Zunehmender Mond

Die Mondsichel hat die Form des „z" in der alten Schreibschrift. Dies ist die Zeit des Einatmens, der neuen Energie, der Aufnahme, des Aufbaus. Mensch und Natur sind empfänglich, aber auch verletzlich. Es ist dies die Zeit zum Brotbacken, die Zeit der Vitaminkuren und der neuen Projekte.

Im Garten ist die Zeit des zunehmenden Mondes durch das Wachstum über der Erde geprägt. Die Erde gibt Energie ab, die Säfte in den Bäumen steigen, die Pflanzen atmen ein und nehmen Nahrung sehr gut auf. Bei zunehmendem Mond sollte man düngen. Pflanzen, die oberhalb der Erde wachsen, können jetzt gesät oder gepflanzt werden.

Der zunehmende Mond erweist sich so auch als Phase der Zunahme und des Wachstums.

○ Vollmond

Bei Vollmond stehen Mond und Sonne einander genau gegenüber, die uns zugewandte Seite des Mondes erhält volles Sonnenlicht. Es ist dies eine Zeit der Spannung, des tiefsten Einatmens, der Innendruck ist ungeheuer groß, und oft entlädt sich die Spannung in Aktivitäten, die wir „bei Lichte besehen" nicht verstehen. Werwölfe und Schlafwandler gehören hierhin.

Im Garten ist der Vollmond die Zeit, in der die Kraft in den Pflanzen am größten ist oder sein kann. Eine Düngung bei Vollmond wird meist gut vertragen, eine Beschädigung einer Pflanze bei Vollmond kann jedoch zu ihrem völligen Absterben führen. Heilpflanzen haben jetzt die meiste Energie gespeichert, wenn man sie jetzt schneidet, ist ihre Wirkung am größten.

Der Vollmond erweist sich so auch als Phase der größten Fülle.

☾ Abnehmender Mond

Die „a"-seitig gerundete Mondsichel steht für Ausatmen, für das Abgeben von Energie, für das Freisetzen von Kräften und das Loslassen nicht zugehöriger Dinge. Es ist die Zeit der Operationen und des Wäschewaschens, der Schlankheits- und Entgiftungskuren, aber auch eine Phase der Festigung, in der Zahnfüllungen und Zaunpfähle sehr gut halten.

Im Garten ist der abnehmende Mond die Phase, in der das unterirdische Wachstum im Vordergrund steht. Wurzelgemüse und Kräuter, deren Heilkraft in den Wurzeln liegt, sollten jetzt gesät oder gepflanzt werden. Es ist die Zeit zum Beschneiden von Sträuchern und zum Umgraben. Die Pflanzen über der Erde atmen aus, geben Kraft ab, die Erde und die unterirdischen Teile der Pflanzen sind aufnahmebereit. Der Boden nimmt jetzt sehr gut Wasser und Nährstoffe auf.

Der abnehmende Mond erweist sich so auch als Phase des Loslassens.

Die Mondkraft

Der Mond durchwandert im Laufe eines Mondmonats alle Zeichen des Tierkreises. Dabei „quert" er zweimal das Band des Zodiakus: einmal im Aufsteigen vom Zeichen des Schützen bis zu den Zwillingen, dann wieder im Absteigen vom Zeichen der Zwillinge bis zum Schützen. Die Punkte, an denen er die Ekliptik schneidet, sind die Mondknoten, die im Horoskop eine gewisse Rolle spielen.

Die Bedeutung des steigenden bzw. fallenden Mondes können wir uns leicht mit Hilfe der Sonne veranschaulichen. Die Zeit, in der die Sonne durch jene Tierkreiszeichen geht, in denen der Mond steigt, ist die Zeit zwischen Weihnachten und der Sommersonnenwende, die Zeit des Winters und des Frühlings. Es ist der Teil des Jahres, in dem das Leben heranwächst, vom ersten Keimen der Wintersaat unter der schützenden Schneedecke im Januar bis zum Beginn der Erntezeit (mit dem Einsetzen der Heuernte am Johannistag). In dieser Zeit werden die Tage länger, und alles Leben in der Natur spielt sich oberhalb der Erde ab.

Durch diejenigen Tierkreiszeichen, in denen der Mond fällt, geht die Sonne in den Monaten zwischen Sommersonnenwende und Weihnachten. Dies ist das fruchtende Jahr, die Zeit des Sommers und des Herbstes, in der die Frucht reift und die Ernte erfolgt. Nun werden die Tage wieder kürzer, und das Leben zieht sich allmählich unter die Erde zurück.

Diese Qualitäten der beiden Jahreshälften veranschaulichen sehr gut, was gemeint ist, wenn der Mond aufsteigend oder absteigend durch den Tierkreis wandert. Er tut dies in jedem Monat einmal.

Die Bewegungsrichtung des Mondes durch die Zeichen wurde ähnlich gedeutet wie die Bewegung der Zeiger der Uhr. Von sechs bis zwölf Uhr steigt der Zeiger hinauf, wird erhöht, alles oberhalb der Erde wächst und gedeiht. Nach zwölf Uhr steigt der Zeiger hinab, senkt sich, wird vertieft, fällt, die Kraft zieht sich in die Erde zurück.

◡ Der aufsteigende Mond

Der aufsteigende Mond, das ist der Mond in den Tierkreiszeichen Schütze, Steinbock, Wassermann, Fische, Widder und Stier. Er steht für Wachstum und Blüte aller Dinge oberhalb der Erde. Diese Tage sind günstig für das Pflücken von Obst und Gemüse, weil es dann die meiste Kraft hat; auch günstig zum Bewässern und zum Anrühren von Salben mit Heilkräutern.

Der aufsteigende Mond hat manche Qualitäten mit dem zunehmenden Mond gemeinsam und kann daher im abnehmenden Mond für Tätigkeiten verwendet werden, die nicht bis nach dem nächsten Neumond warten können, aber aufsteigende Qualitäten erfordern.

◠ Der absteigende Mond

Der absteigende oder fallende Mond geht durch die Tierkreiszeichen Zwillinge, Krebs, Löwe, Jungfrau, Waage und Skorpion. Er steht für Reife und Ernte aller Dinge oberhalb der Erde. Unterhalb der Erde ist dies die Zeit der Zunahme und des Wachstums. Daher ist der absteigende Mond auch eine Zeit des Säens und Pflanzens, vergleichbar dem Einbringen der Wintersaat und der Pflanzung neuer Sträucher im Herbst: Über den Winter können sie gut anwurzeln, ehe das Wachstum über der Erde wieder beginnt. Es ist die Zeit, in der sich die Kräfte in die Erde zusammenziehen.

Wie der abnehmende Mond ist diese Zeit des Loslassens für das Zurückschneiden von Hecken oder Obstbäumen besonders geeignet. Ist ihre Durchführung im abnehmenden Mond (etwa urlaubsbedingt) nicht möglich, können sie auch im absteigenden Mond erfolgen.

Der Mond in den Tierkreiszeichen

Bislang haben wir den Zeiger unserer Uhr in seiner Veränderung (Mondphasen) und auf seinem Weg rund um das Zifferblatt (Mondkraft) betrachtet. Jetzt kommen wir zu den Ziffern auf unserer Monduhr, zu den Tierkreiszeichen.

So wie die Stunde „zwölf Uhr mittags" für eine ganze Kette von Assoziationen steht, so ist auch jedes Tierkreiszeichen nur eine Kurzformel für eine ganze Kette analoger Begriffe.

Zum Teil sind die Analogien sehr alt. Welche Planeten jedem Tierkreiszeichen zugeordnet werden, entstammt bereits der babylonischen Astrologie. Jedem Tierkreiszeichen ist ein Planet als Herrscher zugeordnet. Beim Skorpion, dem Wassermann und den Fischen sind es zwei; der zweite ist derjenige Planet, den die babylonischen Astrologen, die von Pluto, Uranus und Neptun noch nichts wußten, diesen Zeichen zuordneten. Jeder Planet wirkt in einem Zeichen positiv, im zweiten negativ.

Die Planeten wurden aufgrund ihres Aussehens mit bestimmten Wetterqualitäten in Verbindung gebracht. Jupiter, Sonne und Mars galten als warm, und so wurde den Zeichen Schütze, Löwe und Mars, in denen diese Planeten jeweils positiv wirken, ein warmes Klima zugeordnet.

Derartige Analogien gibt es für jede Ebene des menschlichen Lebens. Sie werden laufend erweitert und beruhen auf Erfahrung und Einsicht in Zusammenhänge. Man findet sie in fast allen Büchern über Astrologie. Eine besonders eindrucksvolle Zusammenstellung enthält „Das senkrechte Weltbild“ von Rüdiger Dahlke und Nicolaus Klein (siehe Literaturhinweise am Schluß dieses Buches).

Die Tierkreiszeichen im Überblick

♈ Widder
21. März bis ca. 20. April

Element:	Feuer
Geschlecht:	männlich
Planet:	Mars
Klima:	heiß und trocken
Wesen:	Ich bin. Der Krieger
Körperteile:	Kopf, Gehirn, Augen, auch Zähne
Krankheiten:	Fieber, Kopfschmerzen
Farbe:	Zinnoberrot, metallisch funkelnde Farben
Edelstein:	Rubin, Feuerstein, Magnetstein, Pyrit, Jaspis
Gerüche:	Basilikum, Myrrhe, alter Wein, Heu, Harz
Geschmack:	scharf, brennend, Essig, Pfeffer, Senf
Pflanzen:	stachelige Disteln und Kakteen, Zypressen, Fichten, Stachelbeeren, Berberitzen, scharfe Paprika, Chilischoten, Pfeffer, Ingwer, Brennesseln, Brunnenkresse, Knoblauch, Sanddorn, Schlehdorn, Wermut, Eisenhut, Geranien, Arnika, Kaktusfeigen

♉ Stier
ca. 21. April bis 21. Mai

Element:	Erde
Geschlecht:	weiblich
Planet:	Venus

Klima:	kalt und trocken
Wesen:	Ich habe. Die Schöne
Körperteile:	Hals, Zähne, Kiefer, Mandeln, Ohren
Krankheiten:	Husten, Heiserkeit, Mandeln, Kropf
Farbe:	Kobaltblau, Grüntöne, Tiefrot
Edelstein:	Smaragd, Beryll, Türkis, Koralle, Achat
Gerüche:	Kakao, Vanille, Hyazinthe
Geschmack:	fett und süß, türkisches Kleingebäck
Pflanzen:	Wurzel- und Knollengemüse, Eichen, Ulmen, Apfelbäume, Flieder, Rote Rüben, Blumenkohl, Rosenkohl, Kalmus, Ginseng, Heidelbeeren, Hirtentäschel, Maiglöckchen, Rhabarber, Salbei, Thymian, Wegwarte, Butterblumen, Dahlien, Hortensien, Löwenmäulchen, Birnen, Erdbeeren, Pflaumen

♊ Zwillinge
ca. 22. Mai bis 21. Juni

Element:	Luft
Geschlecht:	männlich
Planet:	Merkur
Klima:	warm und feucht
Wesen:	Ich denke. Der Intellektuelle
Körperteile:	Schultern, Arme, Hände, die oberen vier Rippen, Lungen, Nervenbahnen
Krankheiten:	Lungenerkrankungen, Sprechstörungen, neurologische Erkrankungen
Farbe:	stechende, helle Farben, Gelb, Violett, das Schillern alter Mosaike
Edelstein:	Chalzedon, Karneol, Tigerauge, Achat, Topas
Gerüche:	Moschus
Geschmack:	säuerlich
Pflanzen:	Sträucher, Pappeln, Ahorn, Holunder,

Vogelbeeren, Forsythien, Karotten, Petersilie, Majoran, Dill, Bohnenkraut, Anis, Bibernelle, Huflattich, Linde (besonders Lindenblüten), Lobelien, Lungenkraut, Pfefferminze, Spitzwegerich, Glockenblumen, Margeriten, Gräser, Johannisbeeren

♋ Krebs
ca. 22. Juni bis 23. Juli

Element:	Wasser
Geschlecht:	weiblich
Planet:	Mond
Klima:	kalt und feucht
Wesen:	Ich fühle. Die Mutter. Das Kind
Körperteile:	unterer Lungen- und Brustbereich, Brustdrüse, Magen, Bauchspeicheldrüse
Krankheiten:	Lympherkrankungen, Erkrankungen der weiblichen Brust, der Eierstöcke und der Gebärmutter
Farbe:	Weiß, Beige, Silbergrau, Blaßgrün
Edelstein:	Perle, Mondstein, Opal, Jadeit, Kristall
Gerüche:	Pfefferminze
Geschmack:	wäßrig oder trist
Pflanzen:	Pilze, Linden, Birnbaum, Heckenrosen, Salatsorten, Gurken, Kürbisse, Zucchini, Spinat, Beifuß, Brombeere (besonders Blätter als Tee), Majoran, Eibisch, Frauenmantel, Schneeball, Taubnesseln, Weißkohl, Tulpen, Seerosen, Veilchen, Melonen

♌ Löwe
ca. 23. Juli bis 23. August

Element:	Feuer
Geschlecht:	männlich

Planet:	Sonne
Klima:	warm und trocken
Wesen:	Ich will. Der Herrscher
Körperteile:	Herz, Zwerchfell, Rücken, Schlagadern, Augen
Krankheiten:	Herz-Kreislauf-Erkrankungen, Rückenbeschwerden
Farbe:	Goldgelb, Orange, Ultramarinblau, Goldbraun
Edelstein:	Diamant, Topas, Rubin, Karfunkel
Gerüche:	Ambra, Thymian, Rosmarin, Weihrauch, Chypre
Geschmack:	brennend, dabei angenehm süß
Pflanzen:	leuchtende, blühende Sonnenpflanzen, Lorbeer, Palmen, Orangenbäume, Goldregen, Oleander, Artischocken, Rosmarin, Basilikum, Borretsch, Fingerhut, Kaffeestrauch, Kamille, Königin der Nacht, Ölbäume, Quitten, Ringelblumen, Sonnenhut, Sonnenblume, Rosen, Feuerlilien, Kokosnüsse

♍ Jungfrau
ca. 23. August bis 23. September

Element:	Erde
Geschlecht:	weiblich
Planet:	Merkur
Klima:	kalt und trocken
Wesen:	Ich prüfe. Der innere Beobachter
Körperteile:	Zwerchfell, Verdauungsorgane, Milz, Kreislauf, Nerven
Krankheiten:	Durchfall, Kolitis, Blinddarmentzündung, Bauchfellentzündung
Farbe:	zarte, flüchtige Zwischentöne, Violett
Edelstein:	Achat, Karneol, Malachit, Topas

Gerüche:	Majoran, Sträuße
Geschmack:	aromatisch
Pflanzen:	Grünpflanzen, Eberesche, Mirabellen, Zwetschkenbäume, Ginster, Bohnen, Erbsen, Getreide (das Sternbild wurde als Persephone mit der Getreideähre gedeutet!), Fenchel, Kümmel, Gewürznelken, Damianastrauch, Dill, Rainfarn, Schöllkraut, Strohblumen

♎ Waage
ca. 23. September bis 23. Oktober

Element:	Luft
Geschlecht:	männlich
Planet:	Venus
Klima:	mäßig warm und feucht
Wesen:	Ich schwanke. Der Partner. Der andere
Körperteile:	Nieren, Hormondrüsen, Harnleiter, Lendenwirbel
Krankheiten:	Blasen-, Nierenbeckenentzündungen, Syphilis
Farbe:	Himmelblau und Rosa
Edelstein:	Saphir, Aquamarin, Smaragd, Koralle, Perle
Gerüche:	Benzoeharz, Nardenöl
Geschmack:	angenehm
Pflanzen:	stark duftende, pastellfarbige Blütenpflanzen, Birken, Mandelbäumchen, Kirschen, Jasmin, Azaleen, Broccoli, Liebstöckel, Lavendel, Bärentraube, Goldrute, Mädesüß, Schafgarbe, Kamelien, Freesien, Lilien, Aprikosen, Pfirsiche

♏ Skorpion
ca. 23. Oktober bis 23. November

Element:	Wasser
Geschlecht:	weiblich

Planet:	Pluto/Mars
Klima:	kalt und feucht
Wesen:	Ich begehre. Der Dämon. Der Fanatiker
Körperteile:	Harnblase, Geschlechtsorgane, Enddarm, Nase
Krankheiten:	Tripper, Hämorrhoiden, Prostataleiden, Schnupfen, Nebenhöhlenerkrankungen
Farbe:	Knallrot
Edelstein:	Granat, Jaspis, Rubin, Porphyr, Magnetstein
Gerüche:	Heide, Sandelholz
Geschmack:	scharf und heftig
Pflanzen:	Moose, fleischfressende Pflanzen, viele giftige und betäubende Pflanzen, Eiben, Thujen, Feigen, Seidelbast, Herbstzeitlosen, Kalmus, Knoblauch, Isländisch-Moos, Nieswurz, Pestwurz, Orchideen, Moosbeeren, Rauschbeeren

♐ Schütze
ca. 23. November bis 20. Dezember

Element:	Feuer
Geschlecht:	männlich
Planet:	Jupiter
Klima:	warm und trocken
Wesen:	Ich sehe. Der Philosoph. Der Priester
Körperteile:	Oberschenkel, Venen, Gesäßmuskulatur, Beckenknochen, Leber
Krankheiten:	Gelbsucht, Fettleber, Lähmungen, Hüftleiden, Reithosenspeck
Farbe:	Sonnengelb, Purpur, Dunkelblau
Edelstein:	Lapislazuli, Amethyst, Hyazinth, Karfunkel
Gerüche:	Zitronat, Bergamotte
Geschmack:	exotische Gewürze
Pflanzen:	Bäume, auch blühende, Rhododendren, Auberginen, Mais, Muskat, Artischocken,

	Kastanien, Ginkgobaum, Königskerze, Löwenzahn, Ulmen, Walnuß, Zaubernuß, Pfingstrosen, Gladiolen, Lotus, Ananas, Bananen, Weintrauben

♑ Steinbock
ca. 21. Dezember bis 20. Januar

Element:	Erde
Geschlecht:	weiblich
Planet:	Saturn
Klima:	kalt und trocken
Wesen:	Ich gebrauche. Der weise alte Mann. Das Gewissen
Körperteile:	Knie, Knochen, Gelenke, Haut
Krankheiten:	Verhärtungen, Steinbildungen, Rheuma, Brüche
Farbe:	Schwarz, Violett, Braun, Dunkelgrün
Edelstein:	Onyx, Turmalin, Saphir, Karneol, schwarze Perle
Gerüche:	Aloe, Chrysantheme
Geschmack:	bitter
Pflanzen:	Farne, Efeu, langsam wachsende, zähe Pflanzen, Tanne, Buche, Eiche, Kiefer, Ölbaum, Ilex, Schlehe, Sellerie, Schwarzwurzel, Schachtelhalm, Wacholder, Tollkirsche, Stechpalme, Teufelskralle, Edelweiß, Enzian, Silberdistel, trockene Zweige, Nüsse

♒ Wassermann
ca. 20. Januar bis 19. Februar

Element:	Luft
Geschlecht:	männlich
Planet:	Uranus/Saturn

Klima:	mäßig warm und feucht
Wesen:	Ich weiß. Der Narr. Das Genie
Körperteile:	Unterschenkel, Venen, Zentralnervensystem
Krankheiten:	Krampfzustände, Krampfadern, Epilepsie
Farbe:	Pistaziengrün, milchiges Blau, sanftes Lila
Edelstein:	Amethyst, Korund, Bernstein, Basalt
Gerüche:	Lavendel, Vetiveröl
Geschmack:	durchdringend und rar
Pflanzen:	Pflanzen mit Luftwurzeln, Fensterblatt, Lärchen, Kiefern, Holunder, Chicoree, Kapern, Hopfen, Engelwurz, Johanniskraut, Malve, Strelizien Storchenschnabel, Waldmeister, Misteln, Strohblumen, Kiwis, Nektarinen

♓ Fische
ca. 19. Februar bis 20. März

Element:	Wasser
Geschlecht:	weiblich
Planet:	Neptun/Jupiter
Klima:	feucht und kalt
Wesen:	Ich glaube. Der Engel. Das höhere Selbst
Körperteile:	Füße, Zehen, Aura
Krankheiten:	Fußerkrankungen, Erkältungen, Vergiftungen, Süchte, Neurosen, psychische Erkrankungen
Farbe:	matte, diffuse Gelbtöne
Edelstein:	Chalzedon, Koralle
Gerüche:	falscher Jasmin
Geschmack:	kaum wahrnehmbar, wäßrig
Pflanzen:	Wasserpflanzen, und zarte, betörend duftende Pflanzen, Weide, Hibiskus, Reis, Spargel, Sojabohnen, Herbstzeitlose, Kakaostrauch, Passionsblumen, Cosmeen (Schmuckkörbchen), Mimosen, Mohn, Lilien, Wassermelonen

In jedem Tierkreiszeichen steht der Mond bei seinem Umlauf um die Erde etwa zweieinhalb Tage lang.

Der Mond in den Elementen

Seit dem Altertum faßten Astrologen und Heilkundige die Tierkreiszeichen nach Elementen zusammen und verbanden diese mit menschlichen Eigenschaften, Talenten oder Krankheiten.

Auch im Garten fruchten viele Tätigkeiten in allen Tierkreiszeichen, die demselben Element zugeordnet sind, grundsätzlich gleich gut. Ein Beispiel: Blumen mögen an Tagen, an denen der Mond in den Zwillingen, in der Waage oder im Wassermann steht, nicht gegossen werden. Dies sind die Luftzeichen. – An Tagen, an denen der Mond im Krebs, im Skorpion oder in den Fischen, also in den Wasserzeichen steht, freuen sie sich hingegen sehr über Wasser.

Auch für den Bereich des Gärtnerns ist es also sinnvoll, die Tierkreiszeichen zu Elementen zusammenzufassen.

Natürlich ist es leichter, sich nur vier Elemente und ihre Qualitäten bewußt machen zu müssen, wenn man sich den optimalen Zeitpunkt für eine Handlung überlegt. Das ist so, als würden wir die Stunden 1, 5 und 9 auf unserer Uhr mit roten Ziffern versehen, die Stunden 4, 8 und 12 mit blauen Ziffern und so fort. Wir bräuchten dann nur einen Blick auf die Farbe der Uhrzeit zu werfen, um zu wissen, „was die Stunde geschlagen hat".

Jedem Element werden bestimmte Eigenschaften zugeordnet, die allen drei Tierkreiszeichen, die diesem Element zugeordnet werden, gemeinsam sind. Eines, das jeden interessiert, der mit Garten, Wachstum und Pflanzen zu tun hat, ist der Bereich des Wetters. Blättern Sie einmal zurück zu den Analogieketten zu den einzelnen Tierkreiszeichen, und achten Sie darauf, welches Klima ihnen zugeordnet ist. Die Wasserzeichen sind Krebs, Skorpion und Fische – bei allen steht kalt und feucht. Bei den drei Feuerzeichen Widder, Löwe und Schütze werden Sie ebenso übereinstimmende Angaben zum Klima finden wie bei den Erd- und bei den Luftzeichen.

Für das Gärtnern mit dem Mond ist außerdem die Verbindung der Elemente mit verschiedenen Pflanzenteilen besonders wichtig. Doch nun zu den Elementen im einzelnen.

Das Element Feuer

Feuerzeichen sind Widder, Löwe und Schütze. Das Element Feuer steht für die ausstrahlende universelle Kraft, für Stärke, für Spannkraft, schöpferische Energie und Willensstärke.

Die Tage, an denen der Mond in einem Feuerzeichen steht, sind Fruchttage. An ihnen wird die Reifung von Früchten gefördert, und alle pflegenden Maßnahmen, die Sie einer fruchttragenden Pflanze angedeihen lassen, werden besonders gut „fruchten". Alle Beschädigungen wirken umgekehrt besonders stark.

Außerdem sind Tage, an denen der Mond in einem Feuerzeichen steht, Wärmetage. In der Tagesqualität herrscht angenehme Wärme vor. Das heißt nicht, daß an einem solchen Tag unbedingt die Sonne scheint. Aber an einem Wärmetag werden Sie bei einer Außentemperatur von 8° C den Pullover ausziehen, wenn Sie im Freien arbeiten, weil Sie den Tag als relativ warm und angenehm empfinden.

Das Element Wasser

Wasserzeichen sind Krebs, Skorpion und Fische. Das Element Wasser steht für Gefühle, Emotionen, für Ängste und hingebungsvolle Liebe, für Einfühlungsvermögen, für Phantasie und Selbstlosigkeit, für Romantik und Ahnungen.

An Tagen, an denen der Mond in einem Wasserzeichen steht, gedeihen die Blätter der Pflanzen besonders gut. Dies sind die Blatt-Tage. Blattgemüse, Blattkräuter, alle Pflanzen, deren Grün wichtig ist, vertragen es besonders gut, an einem solchen Tag gepflegt zu werden.

Klimatisch gesehen sind Tage, an denen der Mond in einem Wasserzeichen steht, Wassertage. Die Qualität der Feuchtigkeit herrscht vor – was nicht heißen muß, daß es regnet. Aber es kann heißen, daß Ihre Wäsche nur langsam trocknet, wenn Sie sie ins Freie hängen. Und bei einer Temperatur von 8° C werden Sie vermutlich das Gefühl haben, Ihnen kriecht die Feuchtigkeit durch Ihren warmen Pullover.

Das Element Luft

Luft-Zeichen sind Zwillinge, Waage und Wassermann. Das Element Luft steht für Gedanken und Ideen, für Anpassungsvermögen, geistige Regsamkeit, für Vermittlung, Kommunikation und Ausgleich bei Konflikten, und für Leichtigkeit und Düfte.

Die Tage, an denen der Mond in einem Luftzeichen steht, sind Blütentage. Blühende Blumen und Kräuter, aber auch Blumenkohl und Brokkoli sind an einem solchen Tag für Bearbeitung besonders empfänglich.

Die Tage, an denen der Mond in einem Luftzeichen steht, sind in klimatischer Hinsicht Licht- oder Lufttage. Die Qualität der Luft, des Lichtes herrscht vor. Das heißt nun nicht, daß den ganzen Tag die Sonne scheint und ein leichter Wind weht, aber es heißt, daß das Licht als heller empfunden wird, als es der bedeckte Himmel vermuten läßt, und daß Ihre Wäsche im Freien erstaunlich rasch trocknen wird. Bei einer Temperatur von 8° C könnten Sie das Gefühl haben, daß Sie keinen warmen Pullover, aber sehr wohl eine Windjacke benötigen.

Das Element Erde

Erdzeichen sind Stier, Jungfrau und Steinbock. Das Element Erde steht für Faßbares, Greifbares, für praktische Vernunft und Bodenständigkeit, für Ausdauer, Beharrlichkeit und Geduld.

Tage, an denen der Mond in einem Erdzeichen steht, sind Wurzeltage. Wurzel- und Knollengemüse wie Karotten, Möhren, Sellerie, Kartoffeln, sowie die Wurzeln aller anderen Pflanzen sind an diesen Tagen besonders empfänglich für die richtige Pflege.

Tage, an denen der Mond in einem Erdzeichen steht, sind in klimatischer Hinsicht Kältetage. Die Qualität der Kälte herrscht vor. Das heißt nun nicht, daß an einem Kältetag die Temperaturen grundsätzlich im Keller sind. Aber es kann bedeuten, daß Sie bei einer Wanderung im Hochsommer an einem solchen Tag nicht schwitzen, weil Sie die tatsächliche Temperatur als nicht so warm empfinden, wie das Thermometer anzeigt. Bei einer Temperatur von 8° C könnten Sie das Gefühl haben, daß Ihnen die Kälte trotz des warmen Pullovers in alle Knochen kriecht.

Unser Tip:

Im Kapitel „Die Pflanzen und der Mond" ab Seite 101 finden Sie am Rand jeder Seite die Elemente und die ihnen zugeordneten Tierkreiszeichen mit ihren Symbolen. Unter dem Symbol finden Sie im Kalenderteil das Datum, an dem der Mond im betreffenden Tierkreiszeichen steht.

Der Mond in den Jahreszeiten

Wie kommen nun die Jahreszeiten ins Spiel? Der Mond steht keineswegs das ganze Jahr lang bei Neumond im Steinbock, nimmt dann zu, bis er bei Vollmond in den Zwillingen steht und nach dem Abnehmen wieder im Neumond endet. Nein, so einfach ist es nicht. Er steht vielmehr fünf Monate lang als zunehmender Mond im Steinbock, einmal als Vollmond, fünf Monate lang als abnehmender Mond im Steinbock, und einmal als Neumond. Wie läßt sich das erklären?

Kehren wir an dieser Stelle noch einmal zu dem Bild unserer Monduhr zurück.

Die Ziffern, also die Tierkreiszeichen, sind inzwischen in den vier Farben der Elemente angemalt, die in immer der gleichen Ordnung aufeinanderfolgen. Rot, Grün, Gelb, Blau, Feuer, Erde, Luft, Wasser, ... Widder, Stier, Zwillinge, Krebs, Löwe, Jungfrau, Waage, Skorpion ...

Oben in der Mitte, wo bei einer gewöhnlichen Uhr die Zwölf sitzt, finden wir auf unserer Monduhr das Zeichen der Zwillinge, unten an der Stelle der Sechs sitzt der Schütze – die beiden Wendezeichen. Können Sie sich erinnern? Vom Schützen bis zu den Zwillingen bewegt sich der Mond aufwärts durch die Ekliptik, von den Zwillingen bis zum Schützen bewegt er sich abwärts. Diese Aufwärts- und Abwärtsbewegung des Zeigers ist dieselbe wie bei einer ganz gewöhnlichen Uhr.

Was die Monduhr zu einer besonderen Uhr macht, ist zum einen die Veränderung des Zeigers. Mal ist er unsichtbar, mal wird er ständig sichtbarer, mal ist er dick und prall, um dann wieder weniger sichtbar zu werden.

Diese Geschichte wäre im Grunde langweilig, wäre da nicht noch eine zweite Kleinigkeit:

Der Mond umkreist die Erde, und die wandert bekanntlich im Laufe eines Jahres einmal um die Sonne. Das sieht von der Erde aus gesehen so aus, als stünde die Sonne jeden Monat in einem anderen Tierkreiszeichen. Ab 21. Dezember im Steinbock, ab 20. Januar im Wassermann, ab 19. Februar in den Fischen und so weiter.

Auf das Bild unserer Uhr übertragen heißt das, der Zeiger Mond dreht sich nicht um eine fix montierte Achse, sondern er ist auf einer Scheibe montiert, die sich ihrerseits dreht, und zwar im Uhrzeigersinn. Wer sich nicht vorstellen kann, was das für

Folgen hat, der möge auf den nächsten Rummelplatz gehen: Es gibt Karussels, die nach diesem Prinzip aufgebaut sind. Manchen Menschen wird vom bloßen Zuschauen schlecht.

Nun kann man diese Drehbewegung zum Glück auch so formulieren, daß uns nicht gleich alles vor Augen zu kreisen beginnt. Anstatt uns vorzustellen, daß die Scheibe im Zentrum der Uhr sich dreht, können wir auch sagen, das Ziffernblatt dreht sich um seine Achse. Und zwar entgegen dem Uhrzeigersinn. So daß der Zeiger, wenn er nach einer vollständigen Umwanderung des Ziffernblattes wieder oben bei der Zwölf ankommt, hier nicht mehr die Zwölf, sondern bereits die Eins vorfindet. Der Zeiger Mond steht also nicht immer auf derselben Uhrzeit, wenn er unsichtbar ist.

Die Mondphasen im Jahreskreis

Von alledem ist für uns als Mondgärtner nur wichtig: Der Mond steht nicht jeden Monat bei Neumond im Steinbock. Dort steht er nur im Januar. Bis zum nächsten Neumond nach 29 Tagen, 12 Stunden, 44 Minuten und 2,8 Sekunden durchwandert der Mond dreizehn Tierkreiszeichen, da ihn die Erde, um die er kreist, in einem Monat um ein Zeichen weiterträgt. Die Bewegung der Erde sorgt für zwei verschiedene Zyklen: Bis der Mond einmal alle zwölf Tierkreiszeichen durchwandert hat, dauert es etwa 28 Tage, ein vollständiger Mondzyklus von Neumond zu Neumond dauert etwa 29½ Tage.

Beim nächsten Neumond im Februar steht der Mond daher bereits im Wassermann. Während er wieder den Steinbock durchwandert, nimmt er noch ab. Den dritten Neumond des Jahres, im März, finden wir in den Fischen, und so weiter.

Im Laufe eines Jahres durchwandert der Neumond also einmal den ganzen Tierkreis. Im Laufe eines Jahres herrscht also etwa ein halbes Jahr lang an etwa zweieinhalb Tagen pro Monat die

Qualität „Zunehmender Mond im Steinbock", und etwa ein halbes Jahr lang an etwa zweieinhalb Tagen je Monat „Abnehmender Mond im Steinbock". Und das ist es, was beim Gärtnern nach dem Mond zum Tragen kommt.

Zum Beispiel Meerrettich

Meerrettich soll man im abnehmenden Mond an einem Steinbocktag oder einem Jungfrautag düngen und gießen, im abnehmenden Mond an einem Jungfrautag setzen und im abnehmenden Mond an einem Erdetag ernten. Wann also pflege ich meinen Meerrettich?

Der Mond steht in fünf Monaten als abnehmender Mond im Steinbock, nämlich in den Monaten Februar, März, April, Mai und Juni. Im Jahr 1999 sind das der 12. und 13. Februar, der 11. bis 13. März, der 8. und 9. April, der 5. und 6. Mai und der 1. bis 3. Juni.

Der Mond steht in fünf Monaten als abnehmender Mond in der Jungfrau, nämlich in den Monaten Oktober, November, Dezember, Januar und Februar. Im Jahr 1999 sind das der 6. und 7. Januar, der 2. und 3. Februar, der 6. und 7. Oktober, der 2. bis 4. November, die Tage vom 29. November bis zum 1. Dezember und der 27. und 28. Dezember.

Wenn wir jetzt einen Blick auf die Pflanz- und Erntezeit von Meerrettich werfen, wird uns gleich der Sinn dieser Angabe bewußt:

Meerrettich wird im Dezember aus Nebenwurzeln der letzten Ernte an einem Jungfrautag gesteckt (1999 also am 1. oder am 27./28. Dezember), nun fleißig an den Jungfrautagen bis Februar und an den Steinbocktagen bis Juni gedüngt und gegossen, dann im Juli, August und September in Ruhe gelassen (schließlich wollen Sie ja nicht, daß Ihr Meerrettich nach Dünger schmeckt!), und im Oktober bei abnehmendem Mond in einem Erdzeichen geerntet (1999 also am 6. und 7. Oktober). Die wasserlose Zeit im Hochsommer, während der der Meerrettich scheinbar vertrocknet, ist notwendig, damit er nicht wäßrig schmeckt, sondern würzig und scharf wird.

So vielfältige Konsequenzen enthält eine einfache Anweisung wie: „Gießen und düngen Sie Meerrettich im abnehmenden Mond im Steinbock oder in der Jungfrau".

Die nachfolgende Tabelle enthält eine ungefähre Übersicht über die Mondphasen im Laufe des Jahres.

Mondphasen im Jahreskreis

Tierkreiszeichen	Neumond	Abnehmender Mond	Vollmond	Zunehmender Mond
Widder	April	Mai bis September	Oktober	November bis März
Stier	Mai	Juni bis Oktober	November	Dezember bis April
Zwillinge	Juni	Juli bis November	Dezember	Januar bis Mai
Krebs	Juli	August bis Dezember	Januar	Februar bis Juni
Löwe	August	September bis Januar	Februar	März bis Juli
Jungfrau	September	Oktober bis Februar	März	April bis August
Waage	Oktober	November bis März	April	Mai bis September
Skorpion	November	Dezember bis April	Mai	Juni bis Oktober
Schütze	Dezember	Januar bis Mai	Juni	Juli bis November
Steinbock	Januar	Februar bis Juni	Juli	August bis Dezember
Wassermann	Februar	März bis Juli	August	September bis Januar
Fische	März	April bis August	September	Oktober bis Februar

Anhand dieser Tabelle können Sie eine Anweisung wie „abnehmender Mond im Steinbock" ganz leicht einer Jahreszeit zuordnen: Es handelt sich um die Zeit zwischen Februar und Juni. Wann genau ein Steinbock-Tag in dieser Phase ist, das geht aus den Mondkalendern für jedes Jahr hervor. Am Ende dieses Buches finden Sie die Kalender für die Jahre 1999, 2000, 2001 und 2002. Unter jedem Datum ist dasjenige Tierkreiszeichen angegeben, in dem sich der Mond an diesem Tag hauptsächlich aufhält. Die danebenstehenden Angaben der Mondphasen erleichtern Ihnen zusätzlich die Orientierung im Jahreslauf mit dem Mond.

Doch nun zum Garten und zum Gärtnern.

Der Garten und der Mond

Viele Gartenarbeiten lassen sich im Rhythmus des Mondes leichter und sinnvoller durchführen. Ob es um die Vorbereitung des Bodens, das Düngen, Gießen und Bewässern der Pflanzen oder das Kompostieren geht – all diese Tätigkeiten setzen eine bestimmte Bodenbeschaffenheit voraus, damit sie ideal fruchten können.

Bodenvorbereitung mit dem Mond

Noch vor der Winterruhe beginnt die Gartenarbeit des nächsten Jahres mit dem letzten Jäten der Beete. Wenn Sie nach der Ernte die Beete bei abnehmendem Mond jäten, schaffen Sie die besten Startbedingungen für das neue Wachstum im kommenden Jahr.

Besonders schwerer Boden sollte im Herbst umgegraben werden. Der Frost im Winter lockert das Erdreich auf. Wenn Sie diese Aktion nicht zu spät unternehmen, können sich Regenwürmer, Mikroorganismen und andere Bodenbewohner noch rechtzeitig vor dem ersten Frost in tiefere Bodenschichten zurückziehen. Dabei werden diese gleich mit belüftet. Bester Zeitpunkt zum Umgraben ist ein Jungfrautag im abnehmenden Mond.

Viele Pflanzen vertragen keinen frisch gedüngten Boden. Daher muß bereits im Herbst Kompost, Mist oder Gründünger untergegraben werden, ebenfalls am besten an einem Jungfrautag. Kompost wird weiter unten ausführlicher behandelt.

- Mist sollten Sie nie sehr tief eingraben, denn er benötigt zum Verrotten Sauerstoff, und den findet er nur direkt an der Oberfläche. Für die meisten Pflanzen ist frischer Mist zu scharf.

- Gründünger – das sind die berühmten Leguminosen, Pflanzen, deren Wurzeln Stickstoff binden können. Hierbei handelt es sich um vertraute Gewächse wie Erbsen, Bohnen, Klee, Senf, Spinat und um Blumen wie Lupinen und Luzernen.

Wenn Sie sie als Gemüse oder Blumen ziehen wollen, sollten Sie sie bei zunehmendem Mond aussäen, denn dann entwickelt die Pflanze oberhalb der Erde besonders viel Kraft.

Sollen sie hingegen als Gründünger dienen, so säen Sie sie bei abnehmendem Mond in einem Erdzeichen in das abgeerntete Beet. Jetzt entwickeln sie ihre Hauptenergie in die Erde hinein, die Wurzelbildung wird besonders gefördert. Vor der Blüte werden die Pflanzen geschnitten und, am besten bei abnehmendem Mond, in den Boden eingearbeitet.

Die groben Schollen eines derart vorbehandelten Beetes, das über den Winter durchfriert, werden im Frühling zerteilt, eventuell nochmals mit Kompost vermengt und mit der Harke fein verteilt. Ideal dazu ist ein Tag bei zunehmendem Mond. Wenn Sie dabei nochmals kompostieren, führen Sie diese Arbeit an einem Jungfrautag bei abnehmendem Mond durch. Ansonsten

Unser Tip:

Ein Gemüsebeet sollten Sie wenigstens drei Wochen vor der Aussaat zum letzten Mal düngen. Sie wollen doch nicht, daß Ihr Gemüse nach Dünger schmeckt, oder?

verbinden Sie diesen Schritt mit der ersten Phase der Unkrautbekämpfung. Lesen Sie einfach im nächsten Abschnitt weiter.

Unkräuter und der Mond

Um die Beete unkrautfrei zu bekommen, gibt es einen fast schon gemeinen Trick. Er bedeutet zwar, daß man die Beete dreimal umgraben muß, damit ist das Thema Unkraut dann allerdings theoretisch für das ganze Jahr erledigt.

- Erster Termin: bei zunehmendem Mond im Löwen. Das ist frühestens Ende Februar. Indem man an einem warmen Löwetag im zunehmenden Mond das Beet umgräbt, holt man die Unkrautsamen aus der Winterruhe. Sie tun das, was auch andere Pflanzen, die Früchte und Samen tragen, an ihrer Stelle tun würden: Sie beginnen zu keimen.

- Zweiter Termin: bei abnehmendem Mond im Steinbock. Das ist genau zwei Wochen später. Die Erde atmet ein, die zarten Keimlinge, die auf oberirdisches Wachstum eingestellt sind und jetzt gestört werden, bekommen keine Energie aus dem Boden, sondern werden durch diesen neuen Termin auf Wachstum nach unten umgepolt, und das überleben sie nicht.

- Dritter Termin: etwa vier Wochen später, wieder im abnehmenden Mond. Die Unkrautpflänzchen, die den ersten Termin verschlafen und den zweiten verpaßt haben, werden jetzt garantiert erwischt, im Wachstum gestört und haben durch die Energie des abnehmenden Mondes keine Chance, sich zu erholen.

Jetzt ist es Mitte bis Ende April, das Beet ist unkrautfrei und bereit zur Aussaat von robusten, kälteunempfindlichen Pflanzen.

Sollte ein Kraut diese Prozedur überleben, wechseln Sie doch einfach die Strategie, und geben Sie ihm eine Chance. Lassen Sie es wachsen, und schauen Sie nach, was es ist, was sich da so hartnäckig bei Ihnen ansiedeln will. Vielleicht ist es eine wild wachsende Heilpflanze, die Ihnen einen gesunden Hustensaft gegen Ihren Reizhusten liefern kann oder einen Tee gegen Ihre Verdauungsstörungen. Vielleicht ist es auch eine Lupine, die Ihren Boden metertief lockert und mit Stickstoff anreichert – wer weiß?

Was damit gesagt sein soll: Nicht alles, was in Ihrem Boden wild wächst, ist deshalb bereits automatisch ein Unkraut. Auf Ihrem Büroschreibtisch können Sie ja penible Ordnung halten und diese auch hartnäckig verteidigen. Ihr Garten ist ein lebendes System mit natürlicher Vielfalt – freuen Sie sich daran.

Säen, Pflanzen und Umpflanzen mit dem Mond

Beim Gärtnern mit dem Mond ist der Zeitpunkt entscheidend, zu welchem eine Handlung begonnen wird. Er setzt gleichsam die Initialzündung. Die Energie, mit der dieser Anstoß erfolgt, be-gleitet diese Handlung während ihrer gesamten Dauer. Zu späteren Anlässen können weitere Anstöße die ursprüngliche Energie verstärken oder verändern.

Es liegt auf der Hand, daß der Zeitpunkt, zu dem ein Vegetationszyklus beginnt, für den gesamten Zyklus besonders entscheidend ist. Wann Sie eine Pflanze aussäen, auspflanzen oder umpflanzen, wirkt sich auf den Verlauf ihres gesamten Wachstums aus. Die Zeitpunkte, die Sie fürs Düngen, Gießen, für den Rückschnitt oder die Ernte wählen, sorgen für zusätzliche Impulse.

Welches der richtige Zeitpunkt fürs Säen ist, das ist von Pflanze zu Pflanze ein wenig unterschiedlich. Grundsätzlich gilt jedoch das Bild der Erde, die ein- und ausatmet. Alles, was unter der Erde wächst, bekommt Energie, wenn die Erde einatmet, also bei abnehmendem Mond. Was über der Erde wächst, erhält Unterstützung bei zunehmendem Mond, wenn die Erde ausatmet.

Wurzelpflanzen sollten also bei abnehmendem Mond gesät oder gepflanzt werden, Frucht-, Blüten- und Blattpflanzen bei zunehmendem Mond.

- Fruchtpflanzen sind Pflanzen, bei denen die Ausbildung der Frucht im Vordergrund steht. Zum Beispiel:
Auberginen, Bohnen, Erbsen, Erdbeeren, Gurken, Himbeeren, Johannisbeeren, Kürbis, Mais, Sonnenblumen, Tomaten, Zucchini und alle Obstbäume.

- Wurzelpflanzen sind Pflanzen, bei denen die Ausbildung der Wurzel im Vordergrund steht. Zum Beispiel:
Kartoffeln, Knoblauch, Meerrettich, Möhren, Pastinaken, Rettich, Rüben, Schwarzwurzeln, Sellerie, Zwiebeln und alle Kräuter, von denen die Wurzeln verwendet werden.

- Blütenpflanzen sind Pflanzen, bei denen (für uns, denn natürlich „will" die Pflanze Samen ausbilden) die Ausbildung der Blüte im Vordergrund steht. Zum Beispiel:
Blumenkohl, Brokkoli, Kamille, Kapuzinerkresse, Lavendel, Ringelblumen und die meisten einjährigen Sommerblumen.

- Blattpflanzen sind Pflanzen, bei denen (für uns, denn natürlich „will" die Pflanze auch Blüten und Samen ausbilden) die Ausbildung der Blätter im Vordergrund steht. Zum Beispiel:
Alle Salatarten, Fenchel, Lauch, alle Kohlarten bis auf Blumenkohl und Brokkoli, ferner Mangold, Spinat und alle Kräuter, von denen die Blätter verwendet werden.

Die Pflanzenteile Frucht, Wurzel, Blüte und Blatt sind nun, wie oben geschildert, den Elementen Feuer, Erde, Luft und Wasser zugeordnet. Wenn wir diese Zuordnung auf die Aussaat- und Pflanztermine übertragen, heißt das folgendes:

- Fruchtpflanzen werden energetisch ideal unterstützt, wenn sie an einem Tag gesät werden, an dem der Mond in einem Feuerzeichen steht.

- Wurzelpflanzen bekommen die für sie „passende" Energie, wenn der Mond in einem Erdzeichen steht.

- Blütenpflanzen bekommen dann den für sie idealen Startimpuls, wenn der Mond in einem Luftzeichen steht.

- Für Blattpflanzen ist wiederum die Energie richtig, wenn der Mond in einem Wasserzeichen steht.

Feuerzeichen sind Widder, Löwe und Schütze, Erdzeichen sind Stier, Jungfrau und Steinbock, Luftzeichen sind Zwillinge, Waage und Wassermann, Wasserzeichen sind Krebs, Skorpion und Fische.

Hieraus läßt sich also folgende tabellarische Übersicht ableiten:

Säen und Pflanzen mit dem Mond

Pflanzenteil	Element	Tierkreiszeichen	Mondphase
Frucht	Feuer	Widder, Löwe, Schütze	zunehmender Mond
Wurzel	Erde	Stier, Jungfrau, Steinbock	abnehmender Mond
Blüte	Luft	Zwillinge, Waage, Wassermann	zunehmender Mond
Blatt	Wasser	Krebs, Skorpion, Fische	zunehmender Mond

Mit dieser Information könnten Sie jetzt Ihren Garten bepflanzen. Überlegen Sie sich, auf welchen Teil es Ihnen bei einer bestimmten Pflanze ankommt – bei Petersilie etwa auf die Wurzel oder auf die Blätter, bei Sellerie etwa auf die Blattstiele oder auf die Knollen, und bestimmen Sie danach den idealen Termin für die Aussaat.

Ausnahmen und Abweichungen von der Regel

Zu jeder Regel gibt es Ausnahmen. Meistens läßt sich für sie eine sinnvolle Erklärung finden. Ein Beispiel ist der Kopfsalat.

Kopfsalat zum Beispiel soll nicht schießen. Er soll seine Blätter nicht frei und ungehindert ausbreiten, sondern eher zusammenhalten. Das ist der Grund, weshalb Kopfsalat zwar bei zunehmendem Mond an einem Wassertag gesät, nicht aber ausgepflanzt werden soll. Er soll bei abnehmendem Mond gepflanzt werden. Die Energie des abnehmenden Mondes bremst ihn wieder etwas ein. Wenn es heißt, der beste Zeitpunkt sei ein Tag im Stier, so steht dahinter das angestrebte Bild der Dickköpfigkeit des Stiers und zugleich die Festigkeit des Elements Erde. Nach der Aussaat wird Salat also wie ein Wurzelgemüse behandelt.

Ähnliche Ausnahmen werden Sie immer wieder finden, und sie alle lassen sich ähnlich erklären.

Eine grundsätzlichere Abweichung von diesem Schema stellt die Ansicht dar, die Feuertage Widder, Löwe und Schütze seien generell ungünstige Aussaattermine. Sogar als „unfruchtbare Tage“ werden sie bezeichnet.

Auch diese Sehweise ist berechtigt. Damit ein Samenkorn keimen kann, benötigt es in erster Linie Wasser und Erde. Wärme ist nicht so wesentlich. Die Wintersaat zeigt uns das jedes Jahr aufs neue: Während die Temperaturen am tiefsten stehen, keimt sie in der Erde heran. Der Mangel an Wärme verhindert die Entwicklung neuen Lebens nämlich nicht, er läßt die Keimung und das erste Wachsen lediglich langsamer ablaufen.

Daß dies bei der Wintersaat kein Nachteil ist, liegt auf der Hand. Sie soll sogar warten, bis draußen alles wieder warm ist.

Der Mangel an Wärme schadet den Pflanzen also bei der Keimung nicht. Wo nun Wärme keine Mangelware, sondern im Überfluß vorhanden ist, kann ein „Mangel an Wärme" sehr schnell zu einem „Schutz vor zu viel Wärme" werden.

Es kommt auf den Kontext an. Wollen Sie eine wärmebedürftige Pflanze in rauhem Klima aussäen, in dem an Wasser und fruchtbarer Erde kein Mangel herrscht, wohl hingegen an Wärme, so tun Sie gut daran, sie an einem Feuertag zu säen. Wollen Sie hingegen eine Pflanze, die viel Wasser und gemäßigte Temperaturen benötigt, in einer heißen Gegend aussäen, etwa in Griechenland oder der Toskana, so kann die Energie eines Feuertages genau jenes Zuviel an Wärme bedeuten, das die Keime verbrennt. Und daher gelten Widder-, Löwe- und Schützetage auch als unfruchtbar.

Im folgenden Pflanzenteil ist bei Fruchtpflanzen meist ein Feuertag als idealer Aussaattermin genannt. Und in der Regel wird dies in unseren Breiten auch zutreffen.

Sie selbst können am besten abschätzen, wie warm, wie trocken Ihr Garten ist. Wenn Sie spüren, eine Aussaat an einem Wärmetag könnte Ihre Keimlinge überfordern, dann säen Sie auch Fruchtpflanzen an einem Wassertag in zunehmendem Mond aus, pflanzen Sie sie dann allerdings an einem Feuertag ins Beet, und pflegen, gießen und düngen Sie sie an Feuertagen.

An dieser Stelle sei zum ersten Mal die Warnung vor starrer Regelgläubigkeit ausgesprochen. Verlassen Sie sich auf eines in der Welt zuallererst: auf Ihr Gespür. Leben ist beweglich und unglaublich vielfältig. Regeln sind naturgemäß starr und können dieser lebendigen Vielfalt kaum gerecht werden. Dieses Buch enthält Regeln für das Gärtnern nach dem Mond. Haben Sie Mut zu den Ausnahmen.

Und jetzt zu ein paar Tips und Tricks, die das Saatgut betreffen. Sie sind alterprobt und zum Teil ganz unabhängig vom Mondstand einfach gut.

Saatgut

- Sie sparen viel Geld, wenn Sie Saatgut von Ihren eigenen Pflanzen oder denen der Nachbarn verwenden.

- Verwenden Sie stets die ersten Samen der Saison. Sie sind meist besonders kräftig und widerstandsfähig.

- Die Samen müssen gut trocknen, bevor sie überwintert werden. Lassen Sie sie auf Zeitungspapier an einem trockenen, luftigen und schattigen Platz nachreifen.

- Beschriften Sie Ihre Samenbehältnisse. Egal, ob Streichholzschachtel oder Filmdöschen – Sie können sich garantiert nächstes Jahr nicht mehr erinnern, von welcher Pflanze diese winzigen schwarzen Körner stammen. Halten Sie den Namen der Pflanze und das Datum der „Ernte“ fest.

- Wenn Sie selbstgewonnenes Saatgut verwenden, ist es sinnvoll, eine Keimprobe zu machen, die zeigt, wie dicht die Saat aufgehen wird.

  Dazu eignen sich zwei feuchte Wolltücher, zwischen die das abgezählte Saatgut gelegt wird. Die Tücher werden aufeinandergelegt, zusammengebunden und an einen warmen Ort gebracht. Nach einigen Tagen müßte sich die Keimfähigkeit Ihres Samens an-hand weißer Keimspitzen zeigen. Normalerweise keimen etwa neunzig Prozent.

  Keimt auffällig viel weniger Samen, so wissen Sie, daß Sie ihn dichter als üblich setzen sollten.

  Der günstigste Zeitpunkt für die Keimprobe ist fairerweise bei einem ähnlichen Mondstand wie der geplante Aussaattermin, also bei zunehmendem Mond in einem Luftzeichen, wenn es sich um blühende Pflanzen handelt. Bis zum nächsten derartigen

Termin haben Sie das Ergebnis Ihrer Probe und wissen, wie dicht Sie diese Samen aussäen müssen.

- Länger gelagertes Saatgut hat immer wieder Keimprobleme. Eventuell kann daran ein Ölfilm schuld sein, den die Samen während der langen Lagerung ausschwitzen. Wenn Sie die Samen vor der Aussaat mit Sand oder Erde abreiben, entfernen Sie diesen Ölfilm, und Luft und Feuchtigkeit können nun ungehindert an den Samen heran.

Sie können Ihre Pflanzensamen schon vor der Aussaat pflegen und vorbehandeln. Ein ebenso alter wie wirksamer Trick ist das Beizen mit Kräuterauszügen.

Ob mit einer Beize aus Knoblauch, aus Zinnkraut oder aus Kamille: Ihrem Saatgut tut es gut, wenn es vor der Aussaat in eine Mullbinde gewickelt eine Viertelstunde lang in die jeweilige Kräuterzubereitung – meist ein Kaltauszug – gehängt wird. Das Saatgut wird dann auf einer Zeitung im Schatten zum Trocknen ausgelegt und am nächsten Tag gesät.

Der beste Zeitpunkt für eine solche Vorbehandlung ist bei zunehmendem Mond. Ob an einem Wasser- oder an einem Lufttag, richtet sich nach dem Wesen der Pflanze.

Für den Kaltauszug setzen Sie Knoblauch, Kamille oder Zinnkraut mit kaltem Wasser an und lassen es über Nacht stehen.

Schon fast in Vergessenheit geraten ist eine Alternative zur Kräuterbeize, die früher gang und gäbe war: Gemüsesamen kamen vor dem Aussäen einfach in den Nachttopf eines (gesunden) Kindes und am Morgen darauf sofort in die warme Erde. Wenn Sie also ein Kind im Töpfchenalter in Ihrer Familie haben, könnten Sie diesen Trick ausprobieren. Das Kind findet das sicher spannend und wird sich für „seine“ Pflanzen später interessieren.

Bei zunehmendem Mond sind die Samen für eine solche Behandlung am stärksten aufnahmebereit.

Auch eine Beize in Magermilch hilft den Samen, schneller aufzugehen. Legen Sie sie bei zunehmendem Mond über Nacht hinein, und säen Sie sie am nächsten Tag aus.

Ein kurzes Bad in heißem Wasser tötet Pilzbakterien ab und eignet sich ebenfalls als Keimanstoß. Allerdings nur bis zu einer Temperatur von 50 Grad Celsius – wenn das Bad zu heiß ist, werden die Eiweiße im Saatgut zerstört, und von Keimfähigkeit ist keine Rede mehr.

Aussaat

Wer mit dem Mond gärtnern will, sollte seine Pflanzen selbst aussäen. Nur so kann er sicher sein, daß sie von Anfang an mit der richtigen Energie ins Leben geschickt werden, nur so kann er sicher sein, daß sie zum richtigen Termin gesät worden sind. Zwar können Sie durch den optimalen Zeitpunkt beim Umsetzen oder Pflegen noch einiges gutmachen, doch es ist sicher nicht das gleiche, wie wenn Ihre Pflanzen von vornherein den idealen ersten Anstoß zum Wachsen erhalten.

Es gibt noch ein weiteres Argument dafür, seine Pflanzen selbst auszusäen: Jungpflanzen, die aus einem anderen Klima kommen, müssen zunächst den Klimawechsel verkraften. Pflanzen, die schon in der Region ausgesät worden sind, in der sie dann wachsen sollen, sind wesentlich widerstandsfähiger als solche, die in für sie fremde klimatische Verhältnisse umgesiedelt worden sind.

Wenn Sie Ihre Pflanzen selbst aussäen, geben Sie ihnen von Anfang an bessere Chancen, als wenn Sie Jungpflanzen einkaufen.

Auch die Zusammensetzung der Aussaaterde haben Sie auf diese Weise in der Hand. Eine Mischung aus Fichtennadel-Kompost und Sand oder Obstbaumlaubkompost vermischt mit Maulwurfshügelerde verhilft den Keimlingen gleich zu einem ausgezeichneten Start.

Für feine Saaten basteln Sie sich vielleicht eine Säflasche: Füllen Sie den feinen Samen in eine Flasche, für die es auch einen passenden Verschluß gibt. In den Verschluß, sei es ein Korken, sei es ein Schraubverschluß, bohren Sie ein Loch, durch das ein Strohhalm gesteckt wird. Und nun kann der Samen wunderbar dosiert in die Saatrillen gegossen werden. Eine sparsame und vor allem gleichmäßige Bepflanzung ist dadurch gewährleistet.

Damit die zarten Keimlinge nicht frieren und damit sich in den Töpfen kein Schimmel bildet, kann man die Erde mit feinem, gehacktem Moos bedecken. Gehackt muß es deshalb sein, weil die Keimlinge unter einer festen Moosschicht Gefahr laufen würden, zu ersticken.

Ihre im Freien keimenden Pflänzchen sollten Sie davor schützen, daß sie nicht vom nächsten kräftigen Regenguß oder Gewitterschauer weggeschwemmt werden. Das geht am leichtesten, wenn das Saatbeet fein geharkt ist und Sie auf die frische Saat leere Säcke legen, die bis zur erfolgten Keimung auch dort bleiben.

Setzlinge und Stecklinge

Irgendwann ist für Ihre neuen Pflänzchen der Zeitpunkt gekommen, an dem sie aus dem Saatbeet oder Schälchen auf der Fensterbank ins Freie, ins „große" Beet, in der Regel an ihren endgültigen Standort gesetzt werden. Ideal ist dafür der zunehmende Mond.

Keine Jungpflanze wird gerne umgepflanzt. Lediglich Kohlpflänzchen scheinen Ortswechsel zu neuen Leistungen anzuspornen. Doch sie sind eine Ausnahme.

Um für Ihre Schützlinge diesen Schock ein wenig abzumildern, gönnen Sie ihnen doch ein Wurzelbad in Brennesseljauche oder Knoblauchwasser. Stellen Sie sie ein paar Stunden lang hinein, während Sie das neue Beet für sie vorbereiten.

Auch ein Bad in einem Lehmbrei kann besonders bei Setzlingen mit langen Wurzeln Wunder wirken – er schützt sie nicht nur vor dem Austrocknen, sondern hilft durch sein Gewicht dem Pflänzchen auch, gerade ins Pflanzenloch zu kommen.

Fertige Zubereitungen für Wurzelbäder gibt es auch im Fachhandel zu kaufen.

Trotz Wurzelbad wird die rauhe Frühlingsluft für Ihre im Haus gezogenen Jungpflanzen ein Schock sein. Gewöhnen Sie sie also vor dem Auspflanzen langsam ein, härten Sie die Pflänzchen allmählich ab:

Stellen Sie sie eine bis zwei Wochen vor der geplanten Aussaat mittags für ein paar Stunden an einen geschützten Platz im Freien. Ideal ist hierfür ein Tag, an dem der Mond in einem Feuerzeichen steht, also im Widder, im Löwen oder im Stier. Jetzt kann die Wärme den Temperaturschock nur lindern.

Verlängern Sie den Zeitraum täglich um etwa eine bis zwei Stunden, bis die Pflänzchen in ihrem Saatkistchen schließlich auch nachts draußen bleiben. Das geht allerdings bei den meisten Pflanzen erst, sobald nicht mehr mit Nachtfrösten zu rechnen ist, also nach den Eisheiligen.

Der Zeitpunkt zum Umsetzen hängt von der Art der Pflanze ab. Für alle Pflanzen bis auf Wurzelgemüse sind Tage im zunehmenden Mond ideal. Blattpflanzen erhalten die idealen Impulse an Wassertagen, Blütenpflanzen an Lufttagen, Fruchtpflanzen an Feuertagen und Wurzelpflanzen an Erdtagen im abnehmendem Mond – siehe die Tabelle auf Seite 40.

Die Setzlinge müssen beim Auspflanzen gut angegossen werden. Am besten ist es, man bewässert das Beet schon am Vortag gründlich. Dann ist der Boden besonders feucht, und die Pflänzchen müssen nicht sofort um jeden Tropfen Wasser kämpfen.

Auch hier können Sie dazu beitragen, den Umpflanzschock möglichst gering zu halten, indem Sie mit lauwarmem, abgestandenem Regenwasser den Boden im Kreis rund um den Setzling gießen, jedoch darauf achten, daß das Wasser nicht direkt auf die Pflanze fällt.

Auch die guten alten Häubchen aus Wachspapier, die man auf die Pflänzchen setzte, hatten zum Ziel, für diese ein möglichst geschütztes Klima zu schaffen, um früher ernten zu können. Sie werden heute daran scheitern, weil Sie vermutlich kein Wachspapier mehr bekommen, aber die Idee an sich ist gut.

Heute gibt es Folien aus Plastik, die den gleichen Zweck erfüllen und die Ernte um bis zu drei Wochen vorverlegen helfen.

Stecklinge und Zwiebeln

Viele Pflanzen lassen sich sehr gut durch Stecklinge vermehren. Dazu ein paar Hinweise:

- Wählen Sie gesunde, kräftige Pflanzen aus, um von ihnen Stecklinge zu schneiden.

- Der richtige Zeitpunkt ist bei den meisten Pflanzen, die sich auf diesem Weg vermehren lassen, im Frühjahr vor der Blüte.

- Von wintergrünen Stauden werden die Stecklinge im September genommen. Diese Stecklinge werden in Sand eingeschlagen und an einem kühlen, hellen Raum überwintert. Wenn Ihre Stecklinge stark bluten, halten Sie sie für einen Augenblick über eine Flamme, oder tauchen Sie sie ganz kurz in heißes Wasser.

Werden die Stecklinge ausgesetzt, vertragen sie zunächst nur sehr magere Erde, also reiner Sand oder eine Mischung aus Sand und Anzuchterde – sicherheitshalber sollte beides sterilisiert werden. Das können Sie entweder in der Mikrowelle erledigen, oder aber Sie kaufen eine fertige, sterilisierte, desinfizierte Mischung.

Zum Aussetzen der Stecklinge ist ein Jungfrautag ideal. Schließlich ist zunächst sehr wichtig, daß sie gut anwurzeln. Gut wurzelnde Pflanzen haben kein Problem damit, wenn Sie sie an einem Jungfrautag einfach in ein vorbereitetes Pflanzloch stecken, angießen und die Erde festtreten.

Empfindlichen Pflanzen muß man beim Anwurzeln etwas helfen. Das kann dadurch erfolgen, daß man sie in einem Blumentopf mit magerer Anzuchterde steckt, gut angießt, eine durchsichtige Plastiktüte darüberstülpt und dieses Mini-Treibhaus aufs sonnige Fensterbrett stellt. Wenn die ersten Wurzeln und Triebe da sind, wird die Pflanze wie ein Keimling abgehärtet, ehe sie an ihrem Platz im Freien eingepflanzt wird.

Auch Blumenzwiebeln müssen Sie nicht kaufen, sondern können sie durch Vermehrung vorhandener Zwiebeln heranziehen.

Bei manchen Blumen zahlt sich der Aufwand kaum aus. Für das Gärtnern mit dem Mond ist es überdies relativ gleichgültig, ob Sie die Zwiebeln selbst herangezogen haben oder nicht: Der Termin, an dem die Zwiebel ausgepflanzt wird, entscheidet darüber, ob die Pflanze mit der oder gegen die „Kraft" des Mondes gedeiht. Sie haben es also selbst in der Hand, ihr die richtigen Impulse zu geben.

Bei manchen Blumen ist die Vermehrung der Zwiebeln ganz leicht und auch finanziell nicht unattraktiv.

Ein Beispiel ist die Lilie: Setzen Sie Ihre Zwiebeln im Herbst sehr dicht an einem halbschattigen Platz in einer Tiefe von ungefähr zwanzig Zentimetern auf eine Sandschicht. Füllen Sie das Pflanzloch mit einer Mischung aus Waldkompost, Gartenerde und Holzasche auf. Sie können diese Zwiebelvermehrungsaktion auch ohne weiteres im Eimer im Keller ausführen. Hierfür ist ein Tag im abnehmenden Mond in einem Erdzeichen ideal.

Auch bei Zwiebelpflanzen gilt ansonsten: Da es Ihnen um die Blüte ankommt, gehören Blumenzwiebeln an einem Lufttag im zunehmenden Mond in die Erde.

Auf gute Nachbarschaft

Sie stehen vor einem Bauerngarten und wundern sich, wo es überall blüht und gedeiht. Da stehen die hohen Blütenstände des Fingerhuts neben den Tomaten, die runden Köpfe der Sonnenblumen neben den Erdbeeren, neben dem Kohl ragen blaue und rosa Lupinen in die Höhe, und zwischen Salat und Buschbohnen leuchten die gelborangenen Blüten der Kapuzinerkresse. Wie Kraut und Rüben stehen sie durcheinander, Blumen und Gemüsepflanzen.

Doch wie könnte es anders sein: Dieses Durcheinander hat System. Die da nebeneinander stehen, vertragen sich nämlich nicht nur, sondern sie fördern und unterstützen einander auch in ihrem Wachstum.

Wenn zwei Pflanzenarten sich nicht miteinander vertragen, merken Sie das oberirdisch am Wachstum. Doch auch ein Blick unter die Erde spricht Bände. Die Wurzeln zweier Pflanzen, die sich nicht vertragen, sind fein säuberlich getrennt, wachsen fast isoliert voneinander. Bei guten Nachbarn hingegen vermischen sich auch die Wurzeln und wachsen munter durcheinander.

In idealen Pflanzgemeinschaften halten sich die Beetnachbarn sogar gegenseitig die Schädlinge vom Hals. Dazu gehören:

- Karotten mit Zwiebeln
- Tomaten mit Petersilie und Zwiebeln
- Kartoffeln mit Kohl
- Erbsen mit Sellerie

Unser Tip:

Im Pflanzenteil dieses Buches (ab Seite 101) finden Sie zu jeder Gemüsepflanze Hinweise auf ideale und auf eher ungünstige Pflanzgemeinschaften.

• Neben Fingerhut gedeihen Tomaten, Kartoffeln und Äpfel ausgezeichnet, Sonnenblumen werden von Erdbeeren und Gurken als Nachbarn sehr geschätzt, und Kapuzinerkresse fühlt sich neben Kartoffeln und Radieschen sehr wohl.

Es würde zu weit führen, hier alle günstigen und ungünstigen Kombinationen aufzulisten. Sie werden sie bei jenen Gemüsepflanzen im hinteren Teil des Buches finden, die Sie interessieren, und können sich leicht eine ideale Abfolge der Beetreihen zusammenstellen.

Fruchtwechsel nach dem Mond

Vorgänger am selben Standort können das Ihrige dazu beitragen, daß eine Pflanze entweder wunderbar gedeiht oder aber nicht so recht will.

So sind zum Beispiel die idealen Vorgänger für Erdbeeren Brennesseln, Rosenkohl hingegen freut sich sehr, wenn er ein ehemaliges Frühkartoffel-Beet übernimmt. Nach Tomaten und Roter Bete will kaum jemand so recht den Platz übernehmen, hier ist erst Gründünger oder ein gründliches Einarbeiten von Mist und Kompost vonnöten.

Zu diesem Thema ließe sich noch viel ausführen. Doch kürzer geht es, wenn man sich ein paar Regeln vor Augen führt.

Um den Boden nicht einseitig zu belasten, darf nicht mehrere Jahre hintereinander an derselben Stelle immer die gleiche Pflanze angebaut werden. Sie würde dem Boden immer die gleichen Nährstoffe entziehen, zugleich aber die Gefahr von Krankheiten erhöhen.

Kohlfäule und Kartoffelälchen können rasch den Boden verseuchen, wenn Kohlarten und Kartoffeln mehrere Jahre hintereinander auf derselben Stelle angebaut werden. Hier hilft nur ein konsequent durchgeführter Fruchtwechsel.

Unsere Vorfahren behalfen sich mit der Dreifelderwirtschaft: jeweils ein Drittel des Bodens war in jedem Jahr Brachfeld und wurde im Brachmonat Juni bearbeitet.

Kunstdünger scheint dies nicht mehr nötig zu machen, doch es gibt eine umweltschonendere Alternative. Das Schlüsselwort lautet wieder: Fruchtwechsel.

Anleitungen, welche Pflanzen Sie am besten nacheinander an eine Stelle pflanzen sollten, finden Sie in jedem Gartenbuch. Doch die kann sich ein Gartenneuling meist nicht merken, und wer hat schon das Buch bei der Hand, wenn er im Frühjahr die Erbsen und Bohnen säen will?

Daher unser Tip: Verfahren Sie mit dem Mond.

So wie in der Astrologie die Elemente Feuer, Erde, Luft und Wasser aufeinanderfolgen (Widder, Stier, Zwillinge, Krebs) und unserem Leben durch ihre immer gleiche Reihenfolge eine Ordnung verleihen, so können sie es auch im Garten.

Lassen Sie Feuer, Erde, Luft und Wasser auch bei den Pflanzenarten aufeinanderfolgen. Pflanzen Sie nacheinander Frucht-, Wurzel-, Blüten- und Blattpflanzen an eine Stelle. So belasten Sie den Boden nicht einseitig, und die Ergebnisse werden Sie verblüffen.

Die Vier-Beete-Wirtschaft

Das kann so aussehen: Sie teilen den Garten in vier Beete.

- Im ersten Jahr pflanzen Sie in ein Beet Fruchtpflanzen, in das nächste Wurzelpflanzen, in das dritte Blütenpflanzen und in das vierte Blattpflanzen.

- Im zweiten Jahr setzen Sie in das erste Beet Wurzelpflanzen, in das zweite Beet Blütenpflanzen, in das dritte Beet Blattpflanzen und in das vierte Fruchtpflanzen.

- Im dritten Jahr werden in das erste Beet Blütenpflanzen gesetzt, in das zweite Beet Blattpflanzen, in das dritte Beet Fruchtpflanzen und in das vierte Beet Wurzelpflanzen.

- Im vierten Jahr bauen Sie im ersten Beet Blattpflanzen an, im zweiten Beet Fruchtpflanzen, im dritten Beet Wurzelpflanzen und im vierten Beet Blütenpflanzen.

Im fünften Jahr verfahren Sie wieder wie im ersten Jahr.

Fruchtwechsel nach Pflanzenqualitäten

Jahr	Beet 1	Beet 2	Beet 3	Beet 4
1	Frucht	Wurzel	Blüte	Blatt
2	Wurzel	Blüte	Blatt	Frucht
3	Blüte	Blatt	Frucht	Wurzel
4	Blatt	Frucht	Wurzel	Blüte

Gießen und Düngen mit dem Mond

Kaum ein Garten kommt heute noch ohne Rasensprenger oder Bewässerungsanlage aus. Es mögen sich im Sommer die Warnungen vor immer knapper werdendem Grundwasser häufen, es mag sogar zu zeitweiligem Gießverbot kommen, wir gießen weiter.

Die Folge: Unsere Gartenpflanzen gewöhnen sich daran, daß sie im Oberflächenbereich ohnehin reichlich Wasser vorfinden, und werden wurzelfaul. Sie suchen nicht mehr in tieferen Bodenschichten nach Wasser und Nährstoffen, wenn sie in den oberen nichts finden, sondern reagieren beleidigt.

Das macht sich auch im Geschmack bemerkbar: In den oberen Schichten häuft sich Dünger, Kompost, Mulch, was wir eben an

Oberflächennährstoffen aufbringen, und wenn die Pflanzen nur aus diesen Schichten ihre Nahrung beziehen, schmecken sie auch danach. Darunter liegen weitere Schichten, die erst den bodenständigen, für unseren Garten charakteristischen Geschmack ergeben, wenn sie aufgenommen werden. Das, was beim Wein der typische Schieferton einer bestimmten Lage sein kann.

Scheinbar tun wir unseren armen, dürstenden Pflanzen etwas Gutes, wenn wir sie gießen, sobald es 48 Stunden lang nicht geregnet hat, doch auf lange Sicht sind Pflanzen gesünder und ihre Früchte aromatischer, wenn sie sich ein wenig mehr bemühen müssen, an Wasser heranzukommen.

Das heißt nun nicht, daß wir den ganzen Sommer lang keinen Tropfen Wasser mehr in den Garten tragen sollen, während um uns herum unser Gemüse verdorrt.

Jungpflanzen, Setzlinge, Keimlinge benötigen unsere Hilfe, bis ihre Wurzeln so lang und kräftig sind, daß sie an Wasser in tieferen Bodenschichten herankommen. Der ideale Zeitpunkt zum Auspflanzen der meisten Setzlinge ist ja nicht ohne Grund bei zunehmendem Mond in einem Wasserzeichen. An einem solchen Tag spüren wir die Qualität Wasser besonders stark, und auch die Pflänzchen erfahren ihre neue Umgebung im Garten als wasserhaltig und damit lebensspendend.

Größeren Pflanzen können wir auf eine ganz andere Weise helfen: Anstatt sie zu gießen, sollten wir den Boden um sie herum immer wieder auflockern. Das macht zwar mehr Mühe, als den Computer der Bewässerungsanlage zu programmieren, läßt aber Luft und Regenwasser besser an die Wurzeln gelangen und sorgt so für gesunde, kräftige Pflanzen und aromatische Früchte.

Gießen Sie nur im Notfall

Wenn Sie dies an einem heißen Tag im Hochsommer lesen, sollten Sie allerdings nicht von einem Tag auf den anderen alle

Wasserzufuhr in Ihrem Garten einstellen. Sie haben ihn ja bereits verwöhnt, verzogen, verdorben. Nun müssen Sie ihn langsam wieder trainieren. Gehen Sie also umsichtig vor.

Erster Schritt ist: Gießen Sie Ihre Pflanzen mit dem Mond. Für die meisten Pflanzen sind Wassertage ideal, also Tage, an denen der Mond im Krebs, im Skorpion oder in den Fischen steht.

Bei abnehmendem Mond kann der Boden das Wasser besonders gut aufnehmen. Bei zunehmendem Mond fließt es oft über die Oberfläche, sickert jedoch nur schlecht ein.

Über die richtige Tageszeit zum Gießen streiten sich die Gärtner. Einig sind sie sich darin, daß die Mittagszeit die falsche Tageszeit ist. In der Sonnenhitze lieben zwar manche Menschen die Erfrischung einer kalten Dusche, doch Pflanzen vertragen das keineswegs.

Gemüse legt keinen Wert auf starke Temperaturschwankungen und eisige Güsse, Pflanzen mögen es eher lauwarm. Alles andere könnte zu einem Schock führen. Wenn Sie an einem richtig heißen Sommertag lauwarm duschen, werden Sie das verstehen.

Besonders verstimmt reagieren Tomaten und Gurken auf Kaltwasserschocks. Gurken werden bitter, Tomaten rollen ihre Blätter ein und platzen. Selbst Krankheiten entstehen dadurch, daß kaltes Wasser auf die Blätter gelangt: Bei den Tomaten ist es die Krautfäule, bei den Gurken der Mehltau.

Bleibt die Frage, ob, wenn schon, dann am Morgen oder am Abend gegossen werden soll.

Die Antwort finden Sie leicht, wenn Sie frühmorgens barfuß durch Ihren Garten gehen. Ist er feucht vom Tau, so brauchen Sie morgens nicht zu gießen. Bleiben Ihre Füße dagegen staubtrocken, so könnte eine morgendliche Wassergabe angeraten sein.

Schien den ganzen Tag die Sonne, während vielleicht auch noch trockener, heißer Wind wehte, der alle Feuchtigkeit davontrug, so ist es sinnvoll, am Abend zu gießen. Nach einem Gewitter am späten Nachmittag ist dies nicht mehr nötig. Sie sehen: Im Grunde ist jeder Gärtnerstreit müßig.

Hier noch ein paar weitere Tips fürs richtige Gießen – immer mit dem Ziel vor Augen, daß Sie in etwa zwei Jahren überhaupt nur noch frisch gesetzte Pflanzen einmal gründlich angießen:

- Prinzipiell ist es besser, einmal ausgiebig als mehrmals kurz zu gießen.

- Gießen Sie nicht direkt auf die Blätter Ihrer Pflanzen, sondern bewässern Sie lieber die Erde rundherum.

- Bei frisch gesetzten Pflanzen müssen Sie ganz besonders vorsichtig sein, daß der Strahl nicht zu kräftig ist. Hier bietet sich die Gießkanne oder aber ein Sickerschlauch an.

- Sandböden liefern zwar eine gute Drainage, speichern aber wenig Wasser. Hier müssen Sie also eher häufiger gießen. Reichern Sie Ihren Sandboden mit Humus an, damit seine Speicherfähigkeit steigt!

- Lehmböden speichern das Gießwasser wunderbar und lassen überschüssige Flüssigkeit abfließen. Mit diesem Boden werden Sie die wenigsten Probleme haben.

- Tonböden halten das Wasser fest. Sie kühlen beim Gießen schnell ab und machen eher Probleme, wenn Sie empfindliche

Unser Tip:

Bitte beachten Sie, daß die Aufforderung, nur im Notfall zu gießen, nur bei Gartenpflanzen Sinn macht. Balkon- und Zimmerpflanzen gießen Sie am besten an Wassertagen.

Pflanzen ziehen wollen. Lockern Sie diesen Boden, oder setzen Sie ihm Sand zu, damit sich Hohlräume bilden können, die das Wasser abfließen lassen.

• Gießen Sie Flüssigjauche nicht aus einer Metallgießkanne. Sie korrodiert. Verwenden Sie für Jauche eine Plastikkanne.

Bisweilen hört man, man solle an heißen Tagen den Schlauch steil in die Höhe richten, damit sich die Wassertropfen bei ihrem Weg durch die Luft erwärmen können.

Diese Anregung ist sicher gut gemeint und mag für Rasen auch eine passende Behandlung darstellen. Sie ändert jedoch nichts daran, daß dabei das kalkhaltige, zu kalte Wasser hart auf die Blätter und nicht auf die Wurzeln der Pflanze fällt. Und das vertragen viele Pflanzen nicht. Wer jemals eine Gloxinie im Freien unter einem Wassersprenger leiden sah, weiß, wovon die Rede ist.

Der beste Lieferant für weiches, gutes Gießwasser ist nicht der Wasserschlauch, sondern die Regentonne. Manche Pflanzen vertragen kein kalkhaltiges Wasser, sie werden davon regelrecht krank. Allein schon aus diesem Grunde sollten Sie überlegen, ob Sie die gute alte Regentonne nicht wieder aktivieren wollen. Auch hierzu ein paar Tips:

• Wenn möglich, sollten Sie nach einer längeren Trockenperiode nicht gleich das erste Wasser vom Dach auffangen – es ist meist verschmutzt.

• Wenn Kinder oder Tiere in der Nähe sind, decken Sie Ihre Regentonne lieber ab.

• Stören Sie die vielen Bienen, Hummeln und Wespen, die Ihre Regentonne oft umschwirren? Überlegen Sie einmal, warum diese Tiere das tun: Sie haben Durst.

Stellen Sie den Insekten ein eigenes Wasserbecken hin. So schlagen Sie zwei Fliegen mit einer Klappe: Sie erhalten dadurch viele nützliche Helfer im Garten, und der Zugang zu Ihrer Regentonne ist wieder frei.

Damit Insekten bequem ihren Durst löschen können, sammeln Sie Weinkorken, lassen Sie sie einige Zeit in klarem Wasser liegen, und legen Sie sie dann in das Bienenbecken. Die Tiere landen darauf und können ungefährdet trinken.

Düngen zur rechten Zeit

Auch wenn Sie Ihre Pflanzen regelmäßig gießen, könnten Sie nach einiger Zeit bemerken, daß Ihren Pflanzen etwas fehlt. Sie benötigen vielleicht Nährstoffe, die im Boden oft nicht ausreichend vorhanden sind: Kalium, Stickstoff, Kalzium, Magnesium, Schwefel, Eisen, Phosphor, Chlor, Kupfer und Spurenelemente. All diese Nährstoffe sind in verschiedenen Düngern enthalten, und der Griff zum Kunstdünger ist seit fünfzig Jahren bei uns schon fast üblich geworden.

Doch Vorsicht: Nicht jeder Dünger ist für jede Pflanze geeignet. Zum Beispiel brauchen Blattgemüse (Kohl, Spinat, Salat) viel Stickstoff, Frucht- (Paprika, Paradeiser, Gurken) und Wurzelgemüse (Karotten, Rüben) hingegen viel Phosphor und Kalium.

Zum anderen sind die benötigten Nährstoffe auch in organischen Düngemitteln enthalten. Guano, Blut-, Horn- oder Knochenmehl, aber auch einfacher, guter Kompost, sind wirkungsvolle Alternativen zu den chemischen Düngemitteln.

Organische Dünger wirken zwar langsamer als chemische, jedoch auch nachhaltiger und für die Bodenorganismen viel schonender. Blut- und Hornmehl sind reich an Stickstoff, Knochenmehl an Phosphor. Kalium findet sich in Stallmist. Dieser darf allerdings nicht frisch aufgebracht werden. Er wäre viel zu scharf und würde Ihre Pflanzen verbrennen.

Schließlich sollten Sie sich aber auch fragen, ob es wirklich Nährstoffmangel sein kann, der Ihre Pflanzen unglücklich aussehen läßt. Meist sind unsere Gartenböden nämlich hoffnungslos überdüngt.

Erst wenn Sie alle anderen Fehlerquellen ausschließen können, auch den Faktor der falschen Beetnachbarschaft, sollten Sie zum Dünger greifen. Und den Termin nach dem Mondstand wählen.

Da die Erde bei zunehmendem Mond abgibt, bei abnehmendem Mond hingegen aufnimmt, ist die Phase des abnehmenden Mondes die richtige Zeit zum Düngen.

Für das Düngen zur richtigen Zeit gelten grundsätzlich fast dieselben Regeln wie für das Bewässern. Blattpflanzen sind an Wassertagen besonders empfänglich für pflegende Maßnahmen, Blütenpflanzen an Lufttagen, Fruchtträger an Feuertagen und Wurzelpflanzen an Tagen, an denen der Mond in einem Erdzeichen steht – alles bei abnehmendem Mond, versteht sich.

Natürlich kräftigt eine Düngung in einem Erdzeichen die Wurzeln, und wenn Sie im Garten „Problemkinder" haben, können Sie durch eine Düngung an Stier, Jungfrau oder Steinbock gezielt Impulse setzen.

Doch dürfen wir nicht den Fehler machen, diese Regeln zu eng zu sehen. Sonst verfallen wir in eine fatale Knopfdruckmentalität. Auf Kommando wächst keine Pflanze, und innerhalb eines engen Zeitplans schon gar nicht.

Am besten ist es, man trägt seinen Kompost oder Mist bei Vollmond auf und läßt ihn in den folgenden zwei Wochen in die Erde einziehen. Geduld und langfristiges Denken sind hier angemessener als hektische Tagezählerei.

Wenn Sie bei abnehmendem Mond düngen, sollten Sie die Mengenangaben des Herstellers Ihres Düngemittels ignorieren. Zum einen lebt er vom Umsatz, und es ist sein gutes Recht, eher etwas zu hohe Dosen anzugeben. Außerdem lehrt ihn die Erfahrung, daß ohnehin niemand daran denkt, wöchentlich zu düngen. Wenn Sie aber zum idealen Zeitpunkt düngen, zu dem der Dünger optimal aufgenommen wird, dann sollten Sie höchstens die Hälfte der angegebenen Menge verwenden.

Besonders vorsichtig sollten Sie an Löwe-Tagen mit der Gabe von Dünger sein. Feuertage gelten ja ohnedies als „unfruchtbar", weil in ihrer Hitze alles verdorrt. Wenn Sie an einem Löwetag düngen, riskieren Sie, daß Ihnen Erde und Pflanzen verbrennen.

Und nun noch ein paar Tips für ungewöhnliche, natürliche Düngemittel:

• Eine großartige Verbindung von natürlichem Dünger und Pflanzenschutz stellt Holzasche aus Ihrem Kamin oder Kachelofen dar. Streuen Sie sie auf Ihre Beete – sie hält Ungeziefer und Schnecken fern. Kohlenasche ist hierfür ungeeignet.

• Mit dem Seifenwasser von Schmierseife kann man die Blumen düngen, indem man es einfach darüberleert.

• Mit Kräuterjauche machen Sie Ihr Gemüse unempfindlicher gegen Witterungseinflüsse.

• Kuh- und Pferdemist sollte nicht als Dünger im Gemüsegarten verwendet werden, da viele Gemüsesorten leicht von Fliegenmaden befallen werden. Für Obstbäume hingegen ist er ideal.

• Winterspinat eignet sich nicht nur zum Essen, sondern auch als Gründüngung: Bepflanzen Sie Ihr Vorjahres-Spinatbeet mit Sellerie oder Gurken, und harken Sie die Überreste des Spinats einfach in die Erde ein.

Kompostieren mit dem Mond

Ein Komposthaufen ist der billigste und beste Lieferant für Erde, mit der Sie Ihre Blumen- und Gemüsebeete anreichern können. Komposthaufen brauchen zwar Geduld und Pflege, doch mit ein paar kleinen Tricks werden Sie bald einen wunderbaren, nahrhaften Komposthaufen haben, mit dem Sie Ihrem Garten Gutes tun können. Kompost macht den Garten ergiebiger – wie Dünger – und aktiviert ihn dazu, langfristig Nährstoffe zu speichern.

Anlage des Komposthaufens

Der richtige Standort für den Komposthaufen ist halbschattig und windgeschützt. Er braucht aber eine gewisse Wärme, um gut kompostieren zu können.

Prinzipiell reicht es, wenn die organischen Abfälle aus dem Garten zusammengekehrt und zwei- bis dreimal im Jahr umgesetzt werden. Und keine Sorge: Guter Kompost stinkt nicht, sondern riecht wie feuchtes Herbstlaub im Wald.

Man kann auch anstelle des Haufens ein Kompostsilo errichten, das heißt, man stellt ein Viereck aus Draht, Metall oder Holz auf. Wichtig ist, daß dieses Ding keinen Boden hat und daß die Seitenwände luftdurchlässig sind.

Der Kompost darf nicht auf dem Steinboden liegen, sondern auf lockerer Erde, denn aus dieser sollen ja die unzähligen Tiere und Mikroorganismen, die Insekten, die Regenwürmer und die Pilze, in die organischen Abfälle eindringen und aus ihnen neue und fruchtbare Erde entwickeln. Lockern Sie die Erde also gut auf, ehe Sie den Komposthaufen darüber anlegen.

Auch Luft ist für den Komposthaufen wichtig, daher empfiehlt es sich, den Haufen mit einer etwa zwanzig Zentimeter hohen Schicht von zerkleinerten Ästen und Zweigen zu beginnen. Diese Schicht erleichtert den Regenwürmern den Einstieg, und sie sorgen dann für die Luftzufuhr im weiteren Haufen. Auch getrockneter Rasenschnitt eignet sich als luftige untere Einstiegsschicht.

Die Umsetzung dauert etwa acht bis neun Monate, dann sollten Sie Ihren Kompost auch schon im Garten verteilen.

Auf den Kompost gehört alles, was an organischem Material in Haus und Garten anfällt: Gemüseabfälle, Obst, Eierschalen, Kaffeesatz, Schnittblumen, gebrauchte Blumenerde, Grasschnitt, Zeitungspapier, Sägespäne.

Nicht in den Komposthaufen gehören Fleisch- und Fischreste. Mikroorganismen und Regenwürmer sind Vegetarier – im Gegenteil zu Ratten. Die freuen sich über eine derartige Bestückung Ihres Komposthaufens. Doch wollen Sie wirklich eine Rattenfamilie im Garten großziehen?

Berücksichtigen Sie auch, daß nichts, was Sie auf den Komposthaufen geben, in Luft aufgelöst wird. Das gilt insbesondere für Krankheitserreger. Befallene Pflanzenteile gehören ebensowenig auf den Kompost wie abgeblühte Brennesseln, die gerade Samen produzieren. Sonst verteilen Sie beim nächsten Kompostieren Krankheitserreger und Brennesselsamen im gesamten Garten.

Es gibt allerdings auch einiges an organischem Material, das für den Komposthaufen ungeeignet ist, beispielsweise die Zweige von Lebensbäumen, von Wermut oder Scheinzypressen. In diesen Pflanzen sind Stoffe enthalten, die die Rotte verzögern. Ein Indiz dafür ist die Tatsache, daß auch Regenwürmer in Komposthaufen, die mit diesen Pflanzen bestückt sind, kaum vorkommen, und die werden schon wissen, warum.

Sie können allerdings auch die Abfälle von Lebensbäumen und Scheinzypressen verwerten: Geben Sie diesen Heckenschnitt in den Häcksler, und decken Sie damit Ihre Gartenwege ab – vorausgesetzt, die Wege sind gut gegen die Beete abgegrenzt. Den Wermut hingegen können Sie sinnvoll zur Schädlingsbekämpfung einsetzen.

Kartoffelschalen sollten nicht frisch dem Kompost zugeführt werden, weil sie sich in diesem Klima besonders lange frisch halten und eventuell noch einmal austreiben. Besser ist es, sie an der Sonne trocknen zu lassen, bevor man sie auf dem Komposthaufen entsorgt.

Stellen Sie eine eigene kleine Kompostkiste nur für Kartoffelschalen neben den Haufen, denn wenn ausschließlich Kartoffeln kompostiert werden, zerfallen sie schnell zu Erde. Das macht natürlich keinen Sinn, wenn Sie in Ihrer Familie nur einmal in der Woche ein Kartoffelgericht essen und dieses noch dazu aus Pellkartoffeln besteht.

Immer wieder hört man, daß die giftigen Ligusterblätter nicht auf den Komposthaufen dürfen. Das stimmt nicht: Bei einem normalen Rotteverlauf kann man sich darauf verlassen, daß die giftigen Wirkstoffe – Ligustron und Syringin – im Kompost abgebaut und unschädlich gemacht werden, den Kompost können Sie bedenkenlos verwenden.

Kaffeesatz ist auch für Ihren Garten eine Delikatesse! Streuen Sie ihn einfach pur über Ihre Gemüsebeete. Auch Regenwürmer schätzen dieses exzellente Kompostmaterial. Wenn Sie Kaffeesatz kompostieren, können Sie sicher sein, daß die Regenwürmer mit Begeisterung Ihren Kompost und Ihre Erde auflockern werden!

Und wo ist dabei der Mond im Spiel? Ganz einfach: Wenn Sie den Komposthaufen bei abnehmendem Mond anlegen, setzen Sie einen wichtigen ersten Impuls in Richtung Abgeben, Loslassen, der Erde Zuführen. An einem Jungfrau- oder Steinbocktag im abnehmenden Mond in die Erde gerammte Pfosten werden gut halten und für einen stabilen Komposthaufen sorgen.

Pflege des Komposthaufens

Der Komposthaufen muß feucht gehalten werden, was weiter nicht schwer ist, da die meisten Abfälle, die für den Kompost zusammengetragen werden, ohnehin feucht sind. Sollte es im Sommer länger heiß und trocken sein, gießen Sie Ihren Komposthaufen ruhig einmal – allerdings nicht zu üppig, denn sonst beginnt er wirklich zu stinken, und die Nährstoffe werden gleich hinausgespült.

Aus dem gleichen Grund empfiehlt es sich, bei anhaltenden Regenfällen eine Plane über den Kompost zu ziehen.

Auch auf die Mischung kommt es an. Das Verhältnis von Kohlenstoff zu Stickstoff sollte einigermaßen stimmen, daher sollten Sie nicht zu große Mengen nur einer Abfallart auf Ihren Kompost packen. Haben Sie beispielsweise größere Mengen Grasschnitt, so geben Sie zerrissene Tageszeitungen dazwischen, damit auch der Kohlenstoffanteil nicht zu kurz kommt.

Die Reife Ihres Komposthaufens können Sie beschleunigen – und zwar mit Kräutern, denn diese enthalten feuchtigkeitslagernde Bestandteile, die den Komposthaufen vor dem Austrocknen schützen. Die Blattmassen zersetzen sich auch schneller als holzige Materialien.

Beinwell, Brennesseln, Löwenzahn, Ackerschachtelhalm, Rainfarn und Schafgarbe gehören zu den traditionellen Kompost-Verbesserern.

Auch mit Hefe kann man ungeahnte Verbesserungen beim Kompost erzielen: Lösen Sie einmal einen Würfel Backhefe (keine Trockenhefe!) und ein Kilo Zucker in zehn Litern Regenwasser auf, und leeren Sie dies über den Komposthaufen – er reift garantiert schneller.

Ab und zu sollten Sie Ihren Komposthaufen festtrampeln, und hier kommt wieder der Mond ins Spiel: Bei zunehmendem Mond, möglichst kurz vor Vollmond, ist dafür der richtige Zeitpunkt. Ehe die Verrottungsphase des abgehenden Mondes beginnt, kann das zusammengetretene Material noch ein wenig nachreifen und dabei mit neuen Nachbarn in Berührung kommen.

Kompost-Spezialitäten

• Eine spezielle Form des Kompostes ist der Strohkompost. Er verrottet bereits nach ungefähr vier Monaten und enthält besonders viel Kieselsäure. Mit diesem Kompost kann man feuchten Gärten gegen Pilzbefall helfen, denn die Kieselsäure stärkt das Pflanzengewebe gegen die Pilzerreger.

• Lehmkompost empfiehlt sich speziell für leichte, magere Böden: Den dazugehörigen Lehm erhalten Sie bei jedem Bauunternehmen – erkundigen Sie sich nach einem Lehmaushub, und bitten Sie um eine Fuhre Lehm.

Streichen Sie ihn im Herbst etwa zehn Zentimeter dick aus, und lassen Sie ihn während des Winters durchfrieren. Im Frühling vermischen Sie ihn mit Gartenerde oder Mutterboden. Wenn Sie ihn im Sommer gut feuchthalten und mit Brennessel- oder Rinderjauche verwöhnen, wird der Lehmkompost nach wenigen Monaten reif sein.

Setzen Sie diesen Kompost allerdings nur sparsam ein, er ist sehr nährstoffreich und daher besonders für Pflanzlöcher oder Rosen geeignet.

• Ein besonderer Leckerbissen – besonders für Gemüse – ist der Leguminosenkompost: Der Stickstoff, mit dem die Wurzelknöllchen der Leguminosen angereichert sind, bleibt während des Verrottens erhalten und fördert das Wachstum von Kohl, Spinat und Zimmerpflanzen.

• Laubkompost hat einen besonders hohen Humusanteil und ist daher äußerst ergiebig, ohne dabei zu nahrhaft zu sein: Das ist speziell für junge Keimlinge wichtig.

Laub verrottet besser, wenn Sie es mit zerkleinertem Reisig auflockern. Außerdem hilft eine hohe Anfangstemperatur dem Laub beim Verrotten. Um die Temperatur zu erhöhen, geben Sie dem Kompost Horn-, Stein- oder Knochenmehl bei. Der richtige Zeitpunkt für die Zugabe solcher Hilfsmittel ist der abnehmende Mond in einem Erdzeichen, besonders in der Jungfrau.

• Walnußlaub verrottet besonders langsam. Lassen Sie es daher besser weg, oder unterstützen Sie Ihre Gartenhelfer mit Horn-, Stein- oder Knochenmehl dabei, ihm zu Leibe zu rücken.

Was tun mit dem Kompost?

Gefinkelte Gärtner haben stets zwei Komposthaufen: Einen, der gerade gefüllt wird, und einen, der reift. Damit ist gewährleistet, daß man alle paar Monate den Kompost im Garten verteilen kann. Beim Auftragen des Kompostes verfahren Sie wie beim Düngen: Ideal ist ein Zeitpunkt im abnehmenden Mond.

Veredeln und Rückschnitt mit dem Mond

Obstbäume sind Pflanzen, die man nicht einfach aus einem Kern oder Stein ziehen kann, wenn man das gleiche Obst wieder haben will, wie das, von dem der Kern stammt. Unser Obst ist das Produkt von Züchtungen, deren Stärke im Tragen von Früchten besteht. Wurzeln, Widerstandskraft gegen Kälte, Trockenheit, Nässe oder Krankheiten sind nicht ihre Stärke.

Wer im Garten Obstbäume wünscht, die ein robustes Wurzelwerk mit edlen Früchten verbinden, pfropft Edeltriebe auf Unterpflanzen, die oft noch nicht einmal Obstbäume sind.

Das bedeutet für die Unterpflanze und das Edelreis eine schwere Operation. Stellen Sie sich etwa vor, jemand würde den Kopf eines Dichters oder Computergenies oder sonstigen Schreibtischtäters auf den Körper eines gut durchtrainierten kerngesunden

Durchschnittsbürgers aufpfropfen, und er würde sogar anwachsen. Das kostet ungeheure Kraft.

Es liegt auf der Hand, daß dabei nicht nur äußerst sauber zu verfahren ist, sondern auch jede mögliche Unterstützung gesucht werden sollte, die die Natur anzubieten hat.

Was soll das Ziel der Operation sein?

Energie, Lebenskraft, Wasser und Nährstoffe sollen gut in die aufgepfropfte Krone fließen können. Das klingt bereits „verdächtig" nach zunehmendem Mond. Wenn man sich jetzt noch bewußtmacht, daß es um Früchte geht, die hier optimal gefördert werden sollen, so verwundert es kaum zu hören, daß der günstigste Termin zum Veredeln von Obstbäumen ein Widder- oder Löwetag bei zunehmendem Mond im Frühjahr ist. Schützetage im Frühjahr liegen bei abnehmendem Mond und scheiden daher aus. Der Zeitpunkt Frühjahr liegt auf der Hand, weil da die Säfte steigen und die Bereitschaft und Fähigkeit des Baumes, diese Wunde zu heilen, besonders groß ist.

Wenn man sich die Bedeutung dieses Termins für das ganze weitere Leben des Baumes klarmacht, wird man vielleicht bereit sein, auf dessen Einhaltung besonders zu achten. Sollte doch etwas dazwischengekommen sein, der Edelreis und alle Zutaten aber vorwurfsvoll daliegen, so kann man die Operation auch auf einen Widdertag bei abnehmendem, aber doch zumindest aufsteigendem Mond verschieben. Ein Feuertag sollte es jedenfalls sein.

Rückschnitt

Obstbäume muß man zurückschneiden, sonst treiben sie unkontrolliert aus und bringen immer mehr Äste hervor. Das geht aber auf Kosten der Blüten- und Fruchtbildung. Will man also von seinem Apfel-, Kirsch- oder Pflaumenbaum auch noch nach einigen Jahren Früchte ernten, so muß man ihn zurückschneiden.

Diese Operation nimmt der Pflanze Teile, in die sie Kraft und Energie gesteckt hat. Um den Schaden möglichst gering zu halten, sollte man sie zu einem Zeitpunkt durchführen, zu dem die Pflanze möglichst viel Energie an die Erde abgegeben hat. Das ist fraglos im abnehmenden Mond, möglichst dicht an Neumond.

Vor Neumond deshalb, weil dann die Pflanze noch ein paar Tage Zeit hat, die Wunde verheilen zu lassen, ehe mit dem Neumond die Säfte wieder zu steigen beginnen.

Da es sich um eine Maßnahme zur Förderung der Früchte handelt, ist das ideale Tierkreiszeichen für den Rückschnitt eines der Feuerzeichen, also der Widder, der Löwe oder der Schütze.

Im Herbst nimmt der Mond ab, während er durch den Widder und durch den Löwen geht, also wird man den Herbstschnitt an einem Widder- oder Löwetag durchführen, im Frühjahr ist ein Schützetag für den Obstbaumschnitt ideal.

Im Pflanzenteil dieses Buches finden Sie genauere Angaben darüber, ob eine Pflanze den Rückschnitt besser im Herbst oder im Frühling verträgt.

Für Obststräucher gilt sinngemäß genau das gleiche wie für Bäume: Für den Rückschnitt günstig sind die Tage, an denen der abnehmende Mond in einem Feuerzeichen steht.

Eine Extremform des Rückschnitts ist das Roden. Das sollten Sie an einem Steinbocktag im abnehmenden Mond unternehmen.

Für einen extremen Rückschnitt bei einer Pflanze, die nach einer Verletzung wieder neu austreiben soll, ist der Neumond ideal. Bei Obstbäumen wäre es ideal, wenn er im April vorgenommen werden könnte, denn dann steht der Neumond im Widder, einem Feuerzeichen, dem ja die Qualität Frucht zugeordnet ist.

Ernten und Einlagern mit dem Mond

Noch vor der eigentlichen Ernte beginnt die Vorbereitung der Kellerregale oder Kisten, in denen Sie das Obst lagern wollen. Reinigen Sie sie bei abnehmendem Mond in einem Luft- oder einem Feuerzeichen. Die Energie des Luftzeichens sorgt dafür, daß sie trocken bleiben, wenn die Reinigung in einem Feuerzeichen erfolgt, sind sie vor Schimmelbildung geschützt. Legen Sie die Regale nach dem Reinigen mit Farnkraut aus. Es schützt das Obst vor Fäulnis.

Äpfel und Birnen vertragen es auch sehr gut, auf ihrem eigenen Laub zu liegen. Probieren Sie einfach aus, was für Ihren Keller und seine Bedingungen die bessere Lösung ist.

Nicht nur mit dem Farnkraut, auch beim Pflücken des Obstes können Sie verhindern, daß es fault: Ernten Sie Obst grundsätzlich mit dem Stiel. Das gilt für Äpfel und Birnen ebenso wie für Kirschen und Erdbeeren. Durch die offene Stelle, die der abgerissene Stiel hinterläßt, können leicht Keime in die Frucht eindringen, und dann ist von Haltbarkeit keine Rede mehr.

Bei vielen Obstsorten ist zwischen Baumreife und Genußreife zu unterscheiden. Baumreif sind Äpfel und Birnen dann, wenn der Stiel sich beim Anheben leicht vom Holz löst, die Genußreife ist etwa eine Woche früher, und zu diesem Zeitpunkt sollten sie auch geerntet werden.

Bei Pfirsichen und Aprikosen verhält es sich anders: Sie sind früher baumreif, ihre Genußreife entwickelt sich meist erst später.

Beim richtigen Zeitpunkt für die Obsternte gehen die Meinungen ebenso auseinander wie beim Gießen. Einig sind sich die Gärtner nur in einem: Die Mittagszeit ist es nicht.

Obst, das abends geerntet wird, ist nahrhafter und stärkereicher als jenes, das am Morgen eingebracht wird.

Vor zehn Uhr morgens geerntetes Obst ist aber am aromatischsten. Setzen Sie also Ihre Präferenzen.

Der Mond kann auch beim Pflücken helfen, für das Lagerobst günstige Startbedingungen zu schaffen.

Wenn Sie Obst kurz vor Vollmond pflücken, ist es ideal zum sofortigen Verbrauch. Es ist vollsaftig, und sein Aroma ist bestens entwickelt.

Wenn Sie es gleich nach Vollmond pflücken, hat es zwar bereits begonnen, etwas Kraft an den Baum zurückzugeben. Im Juli, August, September und Oktober ist es aber dennoch vollaromatisch, saftig, lagerfähig und ideal zum Einkochen, Trocknen oder Einlegen. Woran liegt das?

Wenn Sie in den Mondkalender schauen, werden Sie bemerken, daß in den Erntemonaten Juli, August, September und Oktober die Tage vor und nach dem Vollmond stets Tage im aufsteigenden Mond sind. Was bedeutet das für unser Obst?

Bis Vollmond sind wirklich sämtliche Kräfte über der Erde, da aufsteigender und zunehmender Mond zusammenfallen. Nach Vollmond sorgt die aufsteigende Kraft dafür, daß noch starke oberirdische Impulse vorherrschen, und mildert die Wirkung des abnehmenden Mondes etwas ab.

Zum Trocknen von Kräutern sind Lufttage im abnehmenden Mond ideal, bei Obst sind es die bereits vertrauten Feuerzeichen. Wasserzeichen sind hierfür denkbar ungeeignet, doch von denen liegt im aufsteigenden Mond ohnehin nur das Zeichen der Fische, und dem auszuweichen, sollte kein Problem darstellen.

Gute Nachbarschaft im Vorratsraum

Für Obst und Gemüse gilt auch auf dem Vorratsregal dasselbe wie im Beet: Manche vertragen sich nicht miteinander.

Besonders Äpfel üben mächtigen Einfluß auf ihre Kellernachbarn aus. Sie sondern nämlich ein Reifegas aus, das diese ansteckt. Daher sollte man frühe und späte Apfelsorten niemals nebeneinander lagern – sonst ist von „früh“ oder „spät“ nichts mehr zu spüren, und alle Äpfel müssen gleich früh gegessen werden. Auch die Haltbarkeit des benachbart gelagerten Gemüses wird auf diese Weise durch Äpfel ganz erheblich verkürzt.

Obst sollte stets so gelagert werden, daß sich die einzelnen Früchte nicht berühren. Kontrollieren Sie regelmäßig Ihre Vorräte auf faulende Früchte, und entfernen Sie diese, ehe sie ihre Nachbarn anstecken können.

Keine Probleme mit Schnittblumen

Schnittblumen werden am besten dann geerntet, sprich: geschnitten, wenn sie besonders intensiv duften und ihre Farben herrlich leuchten. Wie kann dies auf den Mondzyklus übertragen werden?

Bei zunehmendem Mond atmet die Erde aus, alle Kräfte befinden sich in den oberirdischen Teilen der Pflanzen. Dies ist ein guter Zeitpunkt, um Pflanzen zu schneiden, bei denen das, was wir von der Wurzel trennen, möglichst viel Kraft und Energie mitbekommen soll.

Duft und Farben werden durch Luft und Licht getragen. Für solche Dinge sind Lufttage zuständig, also Tage, an dem der Mond in den Zwillingen, der Waage oder im Wassermann steht.

Diese Überlegungen stehen hinter der Anweisung, Blütenpflanzen für Blumensträuße bei zunehmendem Mond an einem Lufttag zu schneiden.

Nun stehen längst nicht alle Schnittblumen in der Analogiekette eines Luftzeichens. Großartige Blüher wie Gladiolen und Sonnenblumen gehören in die Analogiekette des Schützen beziehungsweise des Löwen. Hören Sie auf Ihr Gespür. Meist ist ohnehin nicht der Mondstand für den Zeitpunkt ausschlaggebend, an dem Ihre Schwiegermutter Geburtstag hat oder Sie einen Krankenbesuch mit Blumen aus dem eigenen Garten absolvieren möchten. Es kann aber sein, daß Ihnen an Schützetagen

Gladiolen attraktiver erscheinen als Cosmeen, die in die Analogiekette der Fische hineingehören. Achten Sie einmal darauf.

Die folgenden Tips mögen dazu beitragen, daß Sie oder die von Ihnen Beschenkten an Ihren Schnittblumen möglichst lange Freude haben.

- Die günstigste Tageszeit zum Schneiden von Blumen aus dem eigenen Garten ist der frühe Morgen. Morgens geschnittene Blumen halten länger in der Vase.

- Wer kennt das Problem nicht: Da hat man einen wunderschönen Strauß geschnitten und gebunden, und dann sitzt man im heißen Auto. Wenn man endlich vor dem Haus des oder der zu Beschenkenden einen Parkplatz gefunden hat, hängen die Blumen müde im Papier und sehen aus, als wären sie schon seit Tagen hinüber. Diesem Zustand können Sie vorbeugen, indem sie vor Antritt der Fahrt die Stiele mit einem feuchten Tuch umwickeln. Nach der Ankunft wickeln Sie die Stengel der Blumen in Zeitungspapier und stellen dieses Paket über Nacht ins lauwarme Wasser.

- Müde Schnittrosen werden wieder frisch, wenn Sie Ihnen ein Wechselbad gönnen: Tauchen Sie die Stiele kurz in sehr heißes Wasser, dann stellen Sie die Rosen eine Nacht lang ins kalte Wasser.

- Die berühmten Notfall-Tropfen nach Dr. Bach helfen nicht nur Menschen dabei, schwere Schocks und Traumen zu verkraften, sondern auch Pflanzen. Und was kann für eine Blume schlimmer sein, als von ihrer Wurzel getrennt zu werden? Mit ein paar Rescue-Tropfen in der Vase helfen Sie Ihren Blumen über diesen Schock hinweg, und sie werden sich gut in der Vase halten. Für Bäume gilt übrigens ganz Änliches: Rescue-Tropfen können nach einem Rückschnitt (bei abnehmendem Mond kurz vor Neumond) helfen, die Belastung dieses Eingriffs zu verkraften.

- Auch in der Vase können Pflanzen sehr empfindlich reagieren, wenn sie mit den falschen Nachbarn zusammengesteckt werden. Manche von ihnen sondern sogar Giftstoffe ab, um die Kollegen früher zum Welken zu bringen! Meiden sollten Sie folgende unglückselige Konstellationen:
– Lilien und Mohnblumen sind einander nicht hold,
– Rosen wollen überhaupt nur allein in der Vase sein.
– Narzissen vertragen sich zunächst mit niemandem, werden sie allerdings einige Stunden allein in eine Vase gestellt, sind sie entgiftet. Dann können sie mit in den Strauß, allerdings dürfen sie danach nicht mehr frisch angeschnitten werden.
– Gerbera und Tulpen können Sie zwar mischen, jedoch nicht mit Rosen, die brauchen im Unterschied zu den stachellosen Pflanzen einen hohen Wasserstand in der Vase.

Schädlinge, Nützlinge und der Mond

Die beste Vorbeugung gegen Schädlingsbefall ist die richtige Behandlung des Bodens und der Pflanzen, die auf ihm gedeihen sollen. Wer seine Blumen ständig gießt, lädt Blattläuse geradezu zum Naschen ein: Das viele Wasser strapaziert die Pflanzenwände bis zum Platzen, und Blattläuse haben es sehr leicht, an solchen dünnwandigen Pflanzen ihre Nahrung zu finden. Eine Pflanze, die nur selten gegossen wird und sich ihre Nahrung selbst suchen muß, hat eine viel zähere, dickere Außenwand und ist allein dadurch schon geschützt.

Zum rechten Zeitpunkt mit Mist oder Kompost gedüngter und gelockerter Boden, reich an Nährstoffen für die Pflanzen und von Unkrautsamen befreit, ist der beste Pflanzenschutz, den Sie Ihren Nutzpflanzen geben können.

Auch ein sinnvoller Fruchtwechsel – die Vier-Beete-Wirtschaft (siehe oben ab Seite 52) – schützt Ihre Pflanzen vor Schädlingen. Besonders wichtig ist es, Kohl niemals mehrere Jahre hintereinander an demselben Fleck anzubauen.

Und schließlich ist jede Pflanze mit den richtigen Nachbarn ganz natürlich vor Schädlingen geschützt. Das Zauberwort heißt „Mischkultur", was allein noch gar nichts besagt. Doch wenn man erfährt, daß Karotten und Lauch einander nicht nur einfach so „mögen", sondern sich gegenseitig die Schädlinge vom Leibe halten, bekommt das Wort von der Mischkultur einen neuen

Sinn. Wer zwischen sein Gemüse solche Pflanzen setzt, die die Gemüseschädlinge gar nicht mögen, schützt es ganz natürlich vor übermäßigem Befall. Zwiebeln, Knoblauch, Salbei und Kapuzinerkresse bilden für viele Pflanzen biologische Schutzzäune.

Besonders sensibel ist für viele Gärtner das Thema Rasen. Und gerade der kann uns zur Bescheidenheit mahnen. Moos, der böse Feind vieler Kleingärtner, wenn es sich im Rasen breitmacht, gedeiht nur dort, wo es bessere Bedingungen vorfindet als der Rasen selbst. Akzeptieren Sie einfach, daß manche Stellen Ihres Gartens für bestimmte Pflanzen ungeeignet und für andere geeigneter sind, und freuen Sie sich über das weiche Moos. Als Abdeckung von Blumentöpfen schützt es diese überdies vor dem Austrocknen, während Sie verreist sind.

Und noch etwas. Das Kennzeichen der Natur um uns herum ist eine ungeheure Vielfalt, in der alles seinen Platz hat. Ehe Sie Daseinsberechtigungen für Ihren Garten verteilen, überlegen Sie sich bei jedem scheinbaren Schädling, ob es sich nicht vielleicht um einen Nützling handelt. Das erste Beispiel ist hierfür ideal.

Maulwurf und Wühlmaus

Maulwürfe lockern den Boden auf und vertilgen eine ungeheure Menge an Schädlingen. Ihre Haufen enthalten beste Anzuchterde. Sie sollten sich also eigentlich freuen, wenn sie in Ihrem Garten wohnen. Wenn Sie ehrlich sind, tut dem Rasen die Auflockerung eigentlich gut – in gut gelockertem Boden finden Sie nämlich keine Maulwurfshügel – und die Blumenzwiebeln, die er in die Höhe drückt, drücken Sie einfach wieder fest.

Wenn Sie bei zunehmendem Mond den Maulwurfshügel aufharken, bis Sie das Loch sehen, durch das der Maulwurf gekommen ist, stören Sie ihn damit empfindlich, und er wird seine Tätigkeit an anderer Stelle fortsetzen.

Wenn Sie den Maulwurf wirklich vertreiben wollen, so können Sie sich seine feine Nase zunutze machen: Tränken Sie ein Stück Stoff mit Terpentin und Petroleum oder aber mit billigem Parfum, das Sie sicher nie verwenden werden, und legen Sie diese Morgengabe vor Maulwurfs Eingang aus.

Ähnlich wirksam soll übrigens Meerschweinchenkot sein.

Auch Wühlmäuse lassen sich über ihre feine Nase in die Flucht schlagen, und zwar mit Holunder. Holunderzweige oder – schlimmer noch für die Wühlmaus – geriebene Holunderblätter in die Gänge gesteckt, und sie werden sich bald eine neue Bleibe suchen. Hartnäckige Wühlmäuse lassen sich mit Holunderblatt-Jauche, samt Blättern in die Gänge gegossen, vertreiben.

Was der Wühlmaus und anderen Mäusen ebenfalls stinkt, sind Narzissen der Gattung „La Riante“ und Meerzwiebeln.

Doch das ist noch nicht alles. Lassen Sie sich beim nächsten Frisörbesuch die Haare mitgeben, die er Ihnen abgeschnitten hat, und stopfen Sie sie in die Wühlmausgänge. Die Tiere mögen keinen Menschenhaargeruch und wechseln das Wohngebiet. Erdtage sind für solche Aktionen besonders geeignet.

Oder vertreiben Sie die Wühlmäuse akustisch: Stecken Sie leere Weinflaschen in einem Abstand von etwa drei Metern dort in die Erde, wo Familie Wühlmaus ihr Quartier hat, und zwar so tief, daß die Flaschenhälse noch ungefähr fünf Zentimeter aus dem Beet ragen. Dabei ist es ganz wichtig, daß die Flaschen ein bißchen schräg stecken und quer zur Hauptwindrichtung in Ihrem Garten. Der Wind erzeugt in diesen Flaschen nun so schaurige Klänge, daß diese die Mäuse in die Flucht schlagen sollten.

Alle Vögel sind schon da

Es ist unnötig, darauf hinzuweisen, daß wir Vögel selbstverständlich nicht als Schädlinge in Ihrem Garten betrachten.

Wollen Sie verhindern, daß sich Spatzen, Amseln und Tauben über den frisch gesäten Rasen oder die Blumensaat hermachen, die Keimlinge aus dem Beet ziehen oder die Setzlinge kahlfressen? Dann können Sie die Saat ganz leicht mit dunklen, kreuz und quer gespannten Nähseidenfäden schützen.

Wer nicht mehr zusehen will, wie die Vögel nur darauf warten, daß das Saatgut endlich ausgebracht ist, um sich darauf zu stürzen, dem ist mit Wermutpulver gedient. Der Geruch vertreibt Vögel, Mäuse und Ratten, ohne die Jungpflanzen zu stören.

Wenn sich die Vögel allzugern an die Kirschen heranmachen, gibt es unterschiedliche Möglichkeiten, sie zu vertreiben: Montieren Sie eine Klanginstallation in Ihrem Kirschbaum – das heißt, hängen Sie mehrere Glasplättchen so auf, daß sie beim leisesten Windhauch gegeneinanderschlagen und klirren. Auch Streifen aus Alufolie haben eine abschreckende Wirkung.

Eine etwas seltsam anmutende Methode, die Vögel daran zu hindern, sämtliche Kirschen vor Ihnen zu essen, sind Salzheringe, die auf den Baum gehängt werden.

Eine nette Form der Vogelscheuche ist folgende: In eine rohe Kartoffel stecken Sie ringsum Federn und hängen dieses Gebilde an einen schräg in der Erde steckenden Stock. Die Vögel glauben eine Weile lang, daß irgendein gräßlich plumper Kollege das Feld bewacht, und lassen sich von Ihrer Saat abhalten.

Oft ist es – nicht nur an heißen Sommertagen – der Durst, der Vögel veranlaßt, sich an den Knospen der Obstbäume gütlich zu tun. Beugen Sie vor: Stellen Sie den Vögeln im Sommer eine Vogeltränke in den Garten.

Schnecken – die unendliche Geschichte

Kennen Sie dieses Bild? Sie setzen Pflänzchen bei zunehmendem Mond, im Zeichen des Skorpions, und am nächsten Morgen ist

Ihr Gemüsebeet ein Schlachtfeld. Von den Setzlingen sind nur noch winzige Stummel übrig, wenn überhaupt. Wenn dann auch noch Ihr Gärtner Sie lobt, weil Sie auf ausgewogene Ernährung Ihrer Schnecken achten, sollten Sie auch Ihre Schneckenbekämpfung nach dem Mond ausrichten.

Der richtige Zeitpunkt für die Schneckenbekämpfung ist der zunehmende Mond, denn Schnecken leben in der Erde, und aus dieser wollen wir sie gern nach oben locken. Aufgrund ihrer wäßrigen Konsistenz ist klar, daß sie an einem Wassertag zu bekämpfen sind. Ideal ist ein Tag, an dem der Mond im Skorpion steht.

Und nun können Sie einen der folgenden Tricks versuchen:

- Schnecken lieben Bier. Graben Sie zur Hälfte mit frischem, schäumendem, keineswegs alkoholfreiem Bier gefüllte Marmeladengläser halb in das Beet ein. Bereits nach kürzester Zeit streben Schnecken aus allen Himmelsrichtungen diesem verlockenden Abendtrunk entgegen (ein wirklich faszinierendes Bild, und Sie werden staunen, welche Geschwindigkeit sie dabei entwickeln!). Darin ertrinken sie dann.

- Schnecken mögen besonders gerne Roggenkleie. Am Morgen oder in der Dämmerung findet man ganze Scharen von Schnecken, die sich an den im Garten verteilten Kleiehäufchen laben. Sie müssen sie nur noch absammeln.

- Schnecken suchen Schutz vor der Tagestrockenheit. Blumentöpfe ohne Loch werden verkehrt herum im Garten aufgestellt, und zwar so auf ein kleines Hölzchen gestützt, daß für die Schnecke gerade genug Platz bleibt, hineinzukriechen.

- Legen Sie im Garten Rhabarberblätter aus. Die Schnecken lieben es, auf der Unterseite dieser großen Blätter zu sitzen, und lassen sich von dort leicht absammeln.

• Ein Mittel für Hartgesottene: Sammeln Sie Schnecken aus Ihrem Garten, und kochen Sie sie vierundzwanzig Stunden lang im Wasser. Diese Brühe tragen Sie dann auf die befallenen Beete auf – und die Schnecken werden angesichts dieses Gusses auf der Stelle die Flucht ergreifen.

• Sammeln Sie Eierschalen. Heben Sie die Schalen von rohen Eiern auf, zerkleinern Sie sie bei abnehmendem Mond, dann sammeln Sie an einem Skorpiontag im zunehmenden Mond alle Schnecken aus Ihrem Beet und streuen die Eierschalensplitter ringsherum wie eine stachlige Barriere aus. Wenn die Schnecken zugleich anderes Futter finden, lassen Sie bis nach dem nächsten Regenguß das so geschützte Beet in Ruhe.

• Ein sicherer Tip gegen Schnecken ist ein Paar indische Laufenten im Garten. Hören Sie sich ein wenig um – angeblich gibt es diese Tiere bereits zu mieten.

• Auch Schnecken haben natürliche Feinde. Bei uns waren es Frösche und Kröten, die aus unserem Biotop kamen und gute Arbeit leisteten. Der Igel zählt auch zu den begeisterten Schneckkenfressern, und eine geeignete Behausung, wie zum Beispiel ein Blätterhaufen, hält ihn oft das ganze Jahr über im selben Garten. Die Blätter rechen Sie am besten bei abnehmendem Mond zusammen, möglichst nicht in einem Wasserzeichen.

Denken Sie bei allen erwähnten Methoden daran, immer auch ein kleines Fleckchen mit Pflanzen übrigzulassen, die den Schnecken schmecken und für sie frei zugänglich sind, sonst machen die hungrigen Tiere all Ihre Strategien zunichte.

Eine Schutzpflanzung aus Petersilie, deren starker Geruch die Schnecken davon abhält, in Ihre Beete zu kriechen, ist beispielsweise nur dann sinnvoll, wenn die Schnecke eine Ausweichmöglichkeit hat – sonst ignoriert sie nicht nur Petersilie, sondern auch Wermut, Thymian und was es sonst noch alles an unbekömmlichen Dingen gibt. Auch das Umstreuen von Beeten mit Sägemehl oder Holzasche hilft nur unter dieser Voraussetzung. Wichtig ist, daß Sie dieses Material bei zunehmendem Mond auf den Boden aufbringen, denn bei abnehmendem Mond wird es zu schnell hineingeschwemmt.

Faszinierend ist es auch zu sehen, mit wie wenig Salz man eine Nacktschnecke umbringen kann. Doch das Salz ist für die meisten Pflanzen Gift, und Sie sollten es nicht im Garten anwenden.

Zum Abschluß ein ungewöhnlicher Tip literarischer Natur: Lesen Sie das dritte Kapitel von Christoph Ransmayrs Roman „Die letzte Welt".

Blattläuse

Marienkäfer bringen nicht nur Glück, sondern sind auch der natürliche Feind der Blattläuse. Freuen Sie sich daher über die netten Gesellen, wenn Sie sie sehen. Das gleiche gilt für Florfliegen.

Wenn Sie feststellen müssen, daß trotz richtiger Pflege und eifriger Marienkäfer die Blattläuse auch weiterhin die Spitzen Ihrer Pflanzen bevölkern, können Sie eingreifen, Seifenlauge in die Sprühflasche füllen und ihnen damit den Garaus machen. Oder bereiten Sie aus Ringelblumenblättern und -stengeln, aus Koriander, Anis, Rhabarber, Astern oder Chrysanthemen einen Kaltauszug zu, den Sie unverdünnt rings um die befallene Pflanze auf den Boden gießen. Den Auszug setzen Sie bei zunehmendem Mond an und lassen ihn vor dem Anwenden 24 Stunden ziehen.

Spritzmittel, die mit „Man koche 5 Liter Mineralöl mit 2 Pfund Schmierseife" beginnen, sollten wir ignorieren. Die fünf Liter Mineralöl landen irgendwann im Boden und verseuchen unser Grundwasser so gründlich, daß außer Blattläusen auch viele weitere Lebewesen nicht mehr in unserem Garten leben können.

Ameisen

Bevor Sie gegen Ihre Ameisen in den Krieg ziehen, vergewissern Sie sich bitte, daß es sich nicht um Waldameisen handelt, denn diese stehen unter Naturschutz.

Natürlich können Sie mit Hefe oder Backpulver die ganze Kolonie umbringen. Doch das ist gar nicht nötig.

Wenn Ihre Ameisenkolonie immer dann auf Ihren Gartentisch loszieht, wenn Sie essen wollen, stellen Sie die Tischbeine in Joghurtbecher mit Wasser. Schwimmen ist nicht ihre Sache.

Ameisen haben einen empfindlichen Geruchssinn. Diesen Umstand können Sie sich zunutze machen, indem Sie mit Gewürznelken oder Zimt Duftbarrieren im Garten legen, die keine Ameise freiwillig überwindet.

Oder spicken Sie die Gänge und Löcher des Ameisenhaufens mit den frischen Blättern von Lavendel, Thymian, Majoran oder Kerbel. Das mögen die Ameisen nicht und suchen sich einen anderen Platz für ihre Kolonie. Möglicherweise liegt diese wieder in Ihrem Garten, vielleicht aber auch ganz woanders.

Mit Rainfarn oder Feldsalat können Sie Ihre Ameisen von einem bestimmten Beet fernhalten. Bei Tomaten empfiehlt sich ein ganz anderer Trick: Vergraben Sie einige tote Fische im Beet. Für Tomaten sind diese zugleich ein optimaler Dünger.

Erdflöhe

Erdflöhe halten Sie ganz leicht von Ihrem Kohl und Ihren Radieschen fern, indem Sie ihnen als Alternative rund um das Beet

Gartenkresse anpflanzen, denn die mögen sie noch lieber. Auch Wermut, Pfefferminze, Zwiebeln und Knoblauch als Pflanznachbarn bilden eine wirksame Barriere gegen Erdflöhe.

Und noch ein Mittel zur Vorbeugung: Wenn Sie die Samen der Pflanzen, die Sie vor den Flöhen schützen wollen, in einem Gemisch aus zerkleinertem Lauch und Sägemehl keimen lassen und diesen vorgekeimten Samen dann in die Erde setzen, schmecken die Pflanzen den Erdflöhen nicht mehr.

Ohrwürmer

Ohrwürmer sind bei Gärtnern ziemlich unbeliebt. Sie knabbern mit Vorliebe an Dahlien. Dagegen kann man aber etwas unternehmen: Hängen Sie Blumentöpfe an Stäben in das Blumenbeet, die mit feinstem Maschendraht überzogen und mit Holzwolle gefüllt sind. Die Ohrwürmer freuen sich, weil sie glauben, eine gemütliche Behausung gefunden zu haben, und ziehen in die Nester ein. Doch schon früh am nächsten Morgen kommen Sie und tragen die Nester weg von den Dahlien zu Ihrem Salat, wo sich die Ohrwürmer gegen Blattläuse nützlich machen können.

Schädlinge im Obstgarten

Brombeer- und Erdbeermilben ergreifen die Flucht, wenn Sie Ihnen mit Wermut kommen. Auch Kohlweißlinge und Möhrenfliegen hassen den Geruch von Wermut, ebenso Ameisen, Schnecken und die Larven der Dickmaulrüßler. Wenn es nicht reichen sollte, Wermut neben Brombeeren und Erdbeeren zu pflanzen, versuchen Sie es mit einem Kaltauszug aus Wermut, den Sie rings um die Pflanzen gießen. Himbeeren schützen ihre Nachbarn ebenfalls vor Milben.

Leimringe an Obstbäumen schützen vor Frostspannern. Das Problem ist allerdings, daß auch nützliche Insekten daran kleben bleiben. Daher die Alternative: Besorgen Sie sich einen festen Strang ungewaschener Schafwolle, und binden Sie diesen um den Stamm. Dieser Wollgürtel lädt die Frostspanner dazu ein, ihre Eier darin abzulegen. Jetzt müssen Sie ihn nur noch rechtzeitig abnehmen, bevor die Raupen schlüpfen, und Ihr Obstbaum bleibt geschützt.

Den gleichen Effekt erzielt man mit einem breiten Ring aus Wellpappe, rund um den Obstbaum geschlungen. Spätestens Ende Jänner muß er abgenommen werden – und untersuchen Sie bitte, ob sich nicht auch nützliche Insekten wie Ohrwürmer oder Marienkäfer zum Überwintern in Ihrem Ring eingefunden haben, denn die sollte man dann tunlichst retten und unter einer Laubdecke im Garten wieder aussetzen.

Gegen Himbeerblütenstecher helfen sogenannte Fangtrichter aus Papier, die beispielsweise in Gurkengläser gesteckt werden. Mit diesen Gläsern bewaffnet nähert man sich der Himbeerstaude und klopft sie kräftig ab – die Himbeerblütenstecher stürzen in das Gurkenglas und können vernichtet oder aber anderswo ausgesetzt werden.

Ebenso verfährt man mit Apfelblütenstechern: Breiten Sie unter den befallenen Bäumen alte Bettücher aus, dann schlagen Sie mit dem Besenstiel fest gegen den Apfelbaum. Die herabpurzelnden Käfer brauchen Sie dann nur noch zu entsorgen – allerdings nicht auf Ihren eigenen Komposthaufen.

Für diese Aktivitäten ist der abnehmende Mond der richtige Zeitrahmen. Ideal sind die Wendetage Zwillinge und Schütze, sowie der Krebs.

Eine biologisch unbedenkliche Hilfe im Obstgarten sind Hühner. Sie kratzen Raupen, Puppen und Larven aus dem Boden und fressen sie mit Begeisterung. Wenn Sie sich keine eigenen Seidenhühner anschaffen wollen, leihen Sie sich vielleicht von einem nahegelegenen Bauernhof einige dieser freundlichen Gartenhelfer aus – eine Woche Hühner wirkt Wunder!

Schädlinge im Gemüsebeet

Bohnenrostsporen finden sich zum Überwintern oft im Holz der Bohnenstangen ein. Deshalb empfiehlt es sich, die Bohnen an Schnüren oder Drahtseilen zu ziehen.

Wenn Sie Kohl davor bewahren wollen, daß er als Brutstätte für Kohlweißlingeier mißbraucht wird, legen Sie zwischen die Pflanzen leere, weiße Eierschalen. Ein anfliegendes Kohlweißlingweibchen glaubt nun, daß hier gerade Eier abgelegt werden, und sucht eine neue Kinderkrippe.

Die Spargelfliege versucht irgendwann zwischen Frühling und Frühsommer, ihre Eier in den weißen Spitzen des Spargels abzulegen. Dagegen stecken Sie während der Flugzeit der Spargelfliege weiße spargeldicke Holzstäbe ins Beet, deren Spitzen mit Fliegenleim bestrichen waren. Die Fliegen lassen sich täuschen.

Um Zwiebeln vor der Zwiebelfliege zu schützen, brauchen Sie etwas Holzkohlepulver zum Bestäuben. Sparen Sie einige Pflanzen von dieser Behandlung aus, denn wenn die Zwiebelfliege gar keine geeigneten Objekte findet, ignoriert sie ihre Abneigung gegen Holzkohle, und die Sache geht schief. Die unbekohlten Zwiebelpflanzen reißen Sie aus, sobald sie befallen sind, die anderen sind gerettet. Achtung: Nicht auf den Kompost damit!

Stechende und beißende ungebetene Gäste

Stechmücken, die es auf Ihr Blut abgesehen haben, und Fliegen, die genau auf Ihrem Grillkotelett landen möchten, vertreiben Sie recht erfolgreich mit einem oder zwei Töpfen Basilikum am

Grillplatz. Auch am Küchenfensterbrett wirkt Basilikum gegen Insekten. Oder geben Sie etwas Nelkenöl auf die Markise oder auf den Sonnenschirm, schon werden die Mücken Sie in Ruhe lassen.

Wenn Sie gründlicheren Schutz brauchen, reiben Sie Arme und Beine mit Zitronenmelisse ein. Das geht ganz einfach: Zerreiben Sie ein paar Blätter auf Ihrer Haut. Wenn Sie zu Allergien neigen, probieren Sie das erst in der Armbeuge aus, ehe Sie sich großflächig einreiben, um zu prüfen, ob Sie die Wirkstoffe der Zitronenmelisse auf der Haut vertragen.

Gegen vorhandene Mückenstiche an Armen und Beinen gibt es ein wunderbares Mittel aus dem Garten, das den Juckreiz lindert und die Stiche schneller abschwellen läßt: Nehmen Sie Spitzwegerich (er wächst garantiert als Unkraut in Ihrem Rasen) und zerkauen Sie die Blätter ein wenig, damit der Saft auch gut an die Haut kann. Dann geben Sie den Brei aus Speichel und Spitzwegerichblättern auf die betroffenen Hautstellen. Auch bei Brennesselverbrennungen hat sich dieses Mittel bewährt.

Auch Wespen tauchen garantiert immer dann auf, wenn der Tisch gedeckt ist. Doch auch sie lassen sich umleiten. Geben Sie in eine Flasche mit engem Hals einige Löffel Marmelade mit Wasser. Die Flasche hängen Sie dann einige Meter vom Sitzplatz oder vom Gartentisch entfernt auf. Das Ganze beginnt nach einiger Zeit zu gären, die Wespen klettern in die Flasche und kommen nicht mehr heraus. Mit ein paar Tropfen Essig in der Flasche können Sie übrigens verhindern, daß auch Bienen in Ihre Falle gehen.

Erstaunlich, aber wirksam

Die Veraschung gehört zu jenen unzähligen Methoden, die nicht wirklich wissenschaftlich erklärbar sind, aber doch Wirkung zeigen. Bei Unkraut verfahren Sie wie folgt: Sie verbrennen Wurzeln und Samen des Unkrauts, dem Sie den Kampf ansagen, in einem Eierkarton auf dem Grill. Wenn die Asche ausgeglüht und weiß ist, wird sie über die betroffenen Flächen verstreut, was das noch im Beet vorhandene Unkraut zum Verschwinden animiert. Sie können sich das so erklären, daß die Asche dem lebenden Unkraut auf energetische Weise die Information übermittelt, daß an diesem Platz diese Pflanzen verbrannt werden, und das Unkraut verzieht sich, bevor es selbst ein ähnliches Schicksal erleiden muß.

Nach dem gleichen Prinzip funktioniert auch das Kochen oder Verbrennen abgesammelter Schnecken, Kartoffelkäfer und anderer Schädlinge. Es ist allerdings nicht jedermanns Sache, fünfzig Schnecken zu sammeln, um sie dann auf dem Grill zu verbrennen oder 24 Stunden lang zu kochen.

Schädlingsbekämpfung für Fortgeschrittene

Immer wieder leiden eifrige Balkongärtner darunter, daß ihre Blumenkästen und deren Bewohner von der Weißen Fliege oder Mottenschildlaus heimgesucht werden. Dagegen ist ein Kraut, besser gesagt, ein Tier gewachsen: Die Schlupfwespe, zu deren Lieblingsspeise die Weiße Fliege zählt. Einziges Problem mit der Schlupfwespe: Sie ist sehr kälteempfindlich, daher lohnt sich die Aufzucht zur Fliegenvernichtung nur im Glashaus oder im Blumenfenster.

Obwohl Wanzen im allgemeinen als Schädlinge gelten, trifft das doch nicht auf alle Arten zu. Vor allem die Blumen- und Weichwanzen sind Nützlinge, da sie sich nicht wie ihre Kollegen von Zier- und Nutzpflanzen, sondern von Spinnmilben, Gallmückenlarven oder Blattläusen ernähren.

Der Drahtwurm, also die Larve des Schnellkäfers, liebt viele Gartengewächse, und ganz besonders schätzt er Salate aller Art.

Doch auch er läßt sich täuschen: Halbieren Sie Kartoffeln, und legen Sie sie mit der Schnittfläche nach oben in die Erde. Der Drahtwurm wird nicht widerstehen können, und Sie müssen nur noch täglich die Kartoffeln aus der Erde holen und die Drahtwürmer einsammeln.

Vorsicht ist geboten, wenn Sie in Ihrem Komposthaufen beim Umsetzen fette, weiße Larven entdecken, denn diese Larven richten massive Schäden an. Es handelt sich um die Larven des Gefurchten Dickmaulrüßlers. Man kann sie mit Nematoden abtöten, das sind Fadenwürmer, die von Pflanzenschutzlabors bezogen werden können. Auf keinen Fall dürfen Sie aber den verseuchten Kompost auf Ihre Beete ausbringen! Eine andere, bessere Möglichkeit wäre es, einfach rings um Ihren Komposthaufen etwas Wermut zu pflanzen. Dessen Geruch mögen die Gefurchten Dickmaulrüßler nicht, und so lassen sie Ihren Kompost in Ruhe.

Balkon, Terrasse, Zimmergarten und der Mond

Auf dem Balkon, der Terrasse oder im Zimmer gehaltene Pflanzen leben genauso gemäß einem natürlichen Rhythmus, für den der Zyklus des Mondes ein sichtbares Bild sein kann, wie Pflanzen, die im Freien wachsen und gedeihen. Allerdings gibt es zwei wesentliche Unterschiede:

Balkon- und Zimmerpflanzen sind vollständig von unserer Pflege abhängig, da sie nicht die Möglichkeit haben, einfach tiefer im Erdreich nach Wasser und Nahrung zu suchen.

Und sie sind viel anfälliger für Krankheiten und Schädlingsbefall, da sie auf engstem Raum und sehr dicht beieinander wachsen, dichter, als das in der freien Natur der Fall wäre. Außerdem sind viele von ihnen bei uns nicht heimisch und bedürfen daher besonderer Aufmerksamkeit.

Dies sollten wir berücksichtigen, wenn wir uns jetzt die Regeln für das Gärtnern mit dem Mond auf kleinstem Raum ansehen.

Ableger

Die Ableger von Zimmerpflanzen wurzeln besser bei hoher Luftfeuchtigkeit. Stülpen Sie daher ein Glas über die Anzuchtschalen. Denken Sie jedoch auch daran, die Ableger hin und wieder zu lüften.

Umtopfen

Zimmerpflanzen müssen jährlich umgetopft werden. Topfen Sie sie im Februar oder März um, wenn die Wachstumsperiode beginnt. Wenn Sie Pflanzen im Winter umtopfen, würden sie in der neuen Erde nicht einwurzeln. Zum Umtopfen ist der zunehmende Mond ideal. An Jungfrautagen umgetopfte Pflanzen wurzeln auch dann wieder ideal an, wenn sie bei abnehmendem Mond in ihr neues Quartier gesetzt werden.

Blumen, die im Winter blühen, die also im Herbst nicht vor ihrer Ruheperiode stehen, sollte man im Herbst umsetzen.

Wenn Sie die folgenden Tips beachten, kann beim Umtopfen nicht viel schiefgehen.

- Legen Sie neue Tontöpfe vor Gebrauch ein paar Stunden ins Wasser. So können sich die Poren füllen, und der Erde wird nicht zuviel Wasser entzogen. Ton enthält meist vom Brennen noch giftige Rückstände, die empfindlichen Pflanzen schaden können.

- Da Blumentöpfe luftdurchlässig sein müssen, dürfen sie nie lackiert werden. Lackierte Blumentöpfe, die Sie geschenkt bekommen, können Sie aber als Übertöpfe benutzen.

- Wenn Ihre alten Tontöpfe weiße Kalkränder haben, legen Sie sie einen Tag in Essigwasser, und lassen Sie sie gut trocknen. Am besten machen Sie dies bei abnehmendem Mond.

- Neue Töpfe sollten immer nur eine Nummer größer sein als die alten. Anderfalls wachsen die Wurzeln besser als die Blüten.

• Legen Sie statt einer Scherbe ein Knochenstück zum Abdecken des Bodenlochs in den Topf. Der Kalk ernährt die Pflanze. Vorsicht: Dieser Trick funktioniert nur bei Pflanzen, die Kalk vertragen. Für Azaleen und Rhododendren ist er nicht gedacht.

• Damit die Blumenerde nicht schimmelt, gibt man Sand als letzte Schicht in den Topf.

• Übertöpfe dürfen den Blumentopf nicht zu eng umschließen, da die Pflanze sonst zu wenig Luft bekommt. Außerdem kann man ansonsten nicht überprüfen, ob die Pflanze im Fußbad steht.

Düngen

Pflanzen in Balkonkästen und Töpfen müssen in der Wachstumsperiode mäßig, aber regelmäßig gedüngt werden. Während der Wintermonate dürfen Pflanzen nicht gedüngt werden.

Das Düngen ist bei Balkon- und Terrassenpflanzen besonders wichtig, da durch die geringe Menge an Erde die Pflanzen zu wenig Nahrung bekommen. Gegenüber den Mengenangaben auf den Packungen sollten Sie dennoch vorsichtig sein. Reichen Sie eher weniger Dünger als angegeben, düngen Sie aber regelmäßig.

Daß sie Dünger brauchen, zeigen Ihnen Ihre Pflanzen, indem sie gelbe Blätter bekommen – ein sicheres Anzeichen für einen Nährstoffmangel. Braune Blattränder hingegen, wenig Blüten und abfallende Knospen sind ein Zeichen für zu viel Dünger.

Der richtige Zeitpunkt zum Düngen ist der abnehmende Mond, ideal sind Wassertage. Hier ein paar Beispiele für natürlichen, organischen Dünger:

• Eierschalen. Man legt sie bei Neumond für zwei bis drei Wochen ins Wasser und gießt dann bei abnehmendem Mond die

Pflanzen mit dem Wasser. Man kann aber auch zerdrückte oder gemahlene Eierschalen direkt in die Erde drücken.

- Wasser, in dem Fleisch gewaschen wurde.

- Der Saft, der beim Auftauen von Fleisch auftritt, mit Wasser verdünnt.

- Wasser vom Gemüseputzen, Salatwaschen, Kochwasser von Kartoffeln oder Eiern.

- Wasser aus dem Süßwasser-Aquarium.

- Holzasche.

- Teesatz vom schwarzen Tee.

- Kaffeesatz.

- Vergessene Anti-Baby-Pillen.

- Etwas im Gießwasser aufgelöste Hefe.

Gießen

Und wenn es noch so verschmutzt ist – Regenwasser schmeckt Ihren Pflanzen besser als das köstlichste, feinste Leitungswasser. Versuchen Sie also irgendwie, das Regenwasser für Ihre Pflanzen zu sammeln – sie werden es Ihnen danken.

Schütten Sie aber auch abgestandenes Mineralwasser nicht weg, es ist wegen seiner Mineralstoffe wertvoll für die Pflanzen. Auf keinen Fall sollte man Blumen mit frischem Leitungswasser gießen. Wenn man sonst kein geeignetes Wasser zur Verfügung hat, gießt man entweder mit abgekochtem Wasser oder mit Wasser, das schon mindestes 24 Stunden abgestanden ist, damit ein Teil des Chlors entweichen kann. Stellen Sie es über Nacht so, daß das Mondlicht darauf fällt.

Manche Pflanzen, unter ihnen Azaleen, lieben von Zeit zu Zeit, wenn sie stark ausgetrocknet sind, ein erfrischendes Wasserbad. Man taucht die Pflanze dabei bis zum Topfrand ins Wasser, bis keine Bläschen mehr aufsteigen. Dann ist die Erde wieder gut durchfeuchtet. Trocknen Sie danach den Topf gut ab.

Trockene Luft schadet den meisten Pflanzen. Wenn Sie keinen Luftbefeuchter haben, übersprühen Sie die Pflanzen morgens und mittags aus einer Sprühflasche. Besonders während der Heizperiode sollten Sie Ihren Pflanzen diese Wohltat gönnen.

Haben Sie Sorge, daß Ihre Topfpflanzen ertrinken oder vertrocknen, gibt es einen ganz einfachen Test, um das festzustellen: Klopfen Sie an den Topf. Klingt der Ton hell und klingend, ist die Erde trocken, und Sie können beruhigt gießen. Ist der Ton dumpf, ist das ein Zeichen, daß die Erde feucht ist. Klingt es scheppernd, so hat Ihr Topf einen Sprung.

Der richtige Zeitpunkt zum Gießen von Zimmer- und Balkonpflanzen sind die Wassertage. Gleich, ob bei abnehmendem oder bei zunehmendem Mond, an Wassertagen können sie besonders viel Wasser aufnehmen und speichern. Meist sind es zwei oder drei Tage hintereinander, Sie haben also ausreichend Gelegenheit, Ihre Pflanzen auch großzügig zu gießen, ohne daß sie gleich in Staunässe ersticken.

Wenn Sie es nicht übers Herz bringen, Ihre Pflanzen nur an Wassertagen zu gießen, nehmen Sie halt noch die Tage dazu, an denen der Mond in einem Erdzeichen steht. An Lufttagen sollten Sie allerdings den Griff zur Gießkanne auf jeden Fall vermeiden. Wenn Sie Ihre Blumen an diesen Tagen gießen, ist das die offene Einladung an Blattläuse, sich auf ihnen niederzulassen.

Wie Sie bei Balkonpflanzen verhindern, daß sie bei Regen auch an Lufttagen gegossen werden, ist Ihrer Findigkeit überlassen. Im Allgäu sieht man oft über den eindrucksvollen Blumentrögen der Balkons schräg montierte Plexiglasscheiben, die das Regenwasser ableiten sollen.

Gewöhnen Sie Ihre Pflanzen daran, daß sie nicht täglich gegossen werden. Nur bei Exoten, die keine Staunässe vertragen, aber viel Feuchtigkeit benötigen, werden Sie um häufigeres Gießen als an den Wassertagen nicht herumkommen. Der Vorteil längerer Gießintervalle: Sie können auch einmal eine Woche verreisen, ohne daß Ihre Blumen gleich verdursten. Eine Abdeckung der Erde mit feuchtem Moos hilft den Pflanzen, Phasen der Trockenheit besser zu überstehen.

Auch bei längerer Abwesenheit müssen Ihre Pflanzen nicht gleich verdursten. Machen Sie sie für diese Zeit zu „Selbstversorgern": Stellen Sie dafür ein Gefäß voll Wasser auf den Tisch. Die Blumentöpfe stehen rings um den Tisch auf dem Fußboden. Legen Sie nun dicke Wollfäden vom Wassergefäß zu den Blumentöpfen, dadurch holen sich Ihre Pflanzen so viel Wasser, wie sie brauchen.

Vielleicht schaffen Sie es aber auch, mit den Nachbarn einen gegenseitigen Blumengießdienst einzurichten? Sie können das Thema ja während des Austauschs von Stecklingen besprechen.

Jedes Jahr verenden mehr Kübelpflanzen an zu viel Wasser als an zu wenig. Sorgen Sie daher unbedingt dafür, daß Ihre Gefäße einen Ablauf haben, damit das überschüssige Wasser abrinnen kann. Das gilt auch für Balkonkästen.

Nicht nur nach dem Gießen, sondern auch nach dem Regen kommt es zur Bildung von Staunässe, die die wenigsten Pflanzen vertragen. Auch wenn Sie selbst zu den sparsamen Gießern gehören: Denken Sie bei Pflanzen, die im Freien stehen, unbedingt an die Abflußlöcher.

Blattpflege

Abgeblühte Blätter und Blüten müssen entfernt werden. Dann erst kann Ihre Pflanze neue Triebe ansetzen. Welke Blätter nehmen Sie erst ab, wenn sie gelb geworden sind, da der Pflanze sonst wichtige Aufbaustoffe entzogen werden. Am besten ist hierfür ein Zeitpunkt bei abnehmendem Mond, zumindest aber bei absteigendem Mond. Verwelkte Blüten sollten Sie nicht stehenlassen, da ansonsten viel Kraft der Pflanze in die Samenbildung gesteckt und dem Wachstum der neuen Blüten entzogen wird.

Pflanzen, die nicht und nicht buschig werden wollen, kann man durch Zurückschneiden motivieren: Beschneiden Sie kurz vor oder bei Neumond vorsichtig die Triebe um einige Zentimeter, dann wird Ihre Pflanze bald neue Triebe bilden und bis weit in den Herbst hinein blühen.

Wenn die Blüten sehr lange schon auf sich warten lassen, gibt es einen einfachen Trick. Legen Sie an einem Lufttag im zunehmenden Mond einen reifen Apfel neben Ihren Patienten, und decken Sie beide mit Glas oder Folie ab. Bald schon wird der blütenfaule Freund in voller Pracht Farbe bekennen. Der Apfel gibt das Reifegas Ethylen ab. Das motiviert die Pflanze!

Die Blätter der Pflanzen, die auf dem Balkon oder der Dachterrasse dem Staub und den Schwebstoffen ausgesetzt sind, müssen immer wieder abgewaschen werden. Das geht am leichtesten an einem Wassertag im abnehmenden Mond. Achten Sie darauf, daß Sie den Staub nicht in die Blattporen hineinreiben.

Wegen der Staubbelastung sind Kübelpflanzen mit haarigen Blättern eher ungeeignet für eine überdurchschnittlich schadstoffreiche Umgebung. Wenn sich Ihr Balkon mitten in einem Industriegebiet oder an einer verkehrsreichen Straße befindet, beflanzen Sie ihn am besten mit Pflanzen wie Oleander, Bambus oder Buchsbaum. Diese sind gegen Umweltverschmutzung überraschend resistent.

Wenn Sie beim Abwischen der Blätter Ihrer Zimmerpflanzen ein paar Tropfen Glyzerin auf das Tuch geben, erhalten die Blätter einen besonderen Glanz.

Auch eine Mischung aus Wasser und Milch, im Verhältnis 3:1, oder abgestandenes Bier geben den Blättern einen schönen Glanz.

Überwintern

Natürlich können Sie Glück haben, und Sie bringen gelegentlich einige Ihrer Kübelpflanzen im Freien durch den Winter, weil der Winter sehr mild ist oder weil die Pflanze einen besonderen Schutzengel hat.

Grundsätzlich gilt aber: Es gibt keine Winterharten im Kübel.

Gartenerde gefriert nie so sehr zu einem Eisblock wie die Erde im Topf oder Kübel. Der Frost wäre nicht das Problem. Doch es verdursten im Winter in der gefrorenen Erde viele Kübelpflanzen, die im Garten überhaupt kein Problem hätten. Ausnahmen sind Koniferen und Kletterpflanzen.

Winterhart ist ein relativer Begriff. Das sollten Sie berücksichtigen, wenn Sie ein Buch über Balkon- und Kübelpflanzen, das aus dem Englischen oder Niederländischen übersetzt ist, durchblättern und staunen, was darin alles als winterhart beschrieben wird. In milden britischen oder niederländischen Wintern (Golfstrom!) kommen Pflanzen durch, die im Voralpenland oder dem Hunsrück nie eine Chance hätten.

Spätestens beim ersten Frost stellt sich also die Frage, wohin mit den Kübelpflanzen. Sofern sie keine Einjährigen sind, müssen sie irgendwohin, wo es kühl und frostfrei ist. Die Wohnung ist meist zu warm, Keller oder Garage sind nicht immer vorhanden. Im Notfall heißt es also: ins Treppenhaus. Wenn das eine allzu gestrenge Hausordnung verwehrt, bleibt nur mehr die – bitte ungeheizte! – Diele oder, wenn Sie kein Freund von stundenlangen Vollbädern sind, das kühle Badezimmer, sofern es ein Außenfenster hat. Hier ist zumindest für eine – für die Pflanzen – erfreuliche Luftfeuchtigkeit gesorgt.

Haben Sie all diese Möglichkeiten nicht, dann bleibt nur noch der Gärtner: In vielen Fällen übernimmt der Gärtner, bei dem Sie Ihre Pflanzen gekauft haben, Ihre Zöglinge während der Wintermonate. Besprechen Sie diese Alternative schon bei Kauf, damit Sie sich später mühevolle Suchereien nach einem geeigneten Winterquartier ersparen!

Das Wohnzimmer ist vermutlich die schlechteste Lösung – doch manche Pflanzen verzeihen selbst das. Überlebenschancen im geheizten Wohnzimmer haben Lorbeer, Oleander, Olive und Yucca – allerdings müssen Sie dann Ihr Zimmer regelmäßig, häufig und gut durchlüften und für eine vernünftige Luftfeuchtigkeit sorgen.

Spätestens wenn der Zeitpunkt kommt, zu dem Sie die Pracht in den Keller oder ins Treppenhaus übersiedeln müssen, stellen Sie fest, die Töpfe sind unglaublich schwer. Im Interesse Ihres Rückens sollten Sie Gurte verwenden, wie man sie von den Möbelpackern kennt, aus breiten Holzlatten Rampen improvisieren, oder aber Sackkarren einsetzen, mit denen man auch über steile Treppen fahren kann.

Ein wenig können Sie das Gewicht Ihrer Pflanzenkübel reduzieren, indem Sie sie vor dem Umzug ins Winterquartier ein paar Tage lang nicht gießen (jeder Liter Wasser wiegt ein Kilo!) und einen allfälligen Rückschnitt noch auf der Terrasse durchführen.

Ist es im Winterquartier nicht frostfrei, erfrieren Ihre Pflanzen. Ist es zu warm, entwickeln sie nutzlose Triebe, die ihnen im Frühjahr alle Energie wegnehmen, oder aber sie werden von Milben und Krankheiten aller Art befallen. Die Temperatur im Winterquartier sollte irgendwo zwischen fünf und fünfzehn Grad liegen. Bei einigen Pflanzen sind Sonderwünsche im Pflanzenteil ab Seite 101 angegeben.

Grundregel für das Gießen im Winterquartier ist: Je dunkler der Ort, desto weniger darf gegossen werden.

Stellen Sie unter die Töpfe all Ihrer Wintergäste Untersetzer. Die trockene Wintererde kann das Gießwasser nicht so gut aufnehmen, und es läuft höchstwahrscheinlich Wasser auf den Boden. In der Garage oder dem Keller ist das nicht so dramatisch, aber beim Parkettboden in der Diele sind die Folgen ärgerlich.

Auch Ihre Balkonkästen sollten etwa Ende Oktober ins Haus übersiedeln, die optimale Winterumgebung wäre ein Keller zwischen fünf und zehn Grad. Scheiden Sie die Triebe noch einmal sorgfältig zurück, holen Sie Wurzelballen aus den Kästen, wickeln Sie sie in Zeitungspapier ein und hängen Sie sie kopfüber auf.

Für den Umzug der Kübel- und Balkonpflanzen ins Winterquartier ist ein Tag bald nach Vollmond ideal.

Schädlinge in Blumentopf und Balkonkasten

Marienkäfer und Schwebefliegen sind herzlich willkommen im kleinen Paradies auf dem Balkon, denn sie ernähren sich von Schädlingen, die auf Balkonen ideale Lebensbedingungen vorfinden, da hier die Bepflanzung dichter ist als in jedem Garten.

Wenn die Marienkäfer nicht mehr mit der Jagd nach den Schädlingen nachkommen, hilft leider nur mehr, die befallenen Pflanzenteile zu entfernen.

Wem das zuwenig ist, der kann es mit Schmierseifenlösung probieren: 20 Gramm Schmierseife in einem Liter Wasser aufgelöst auf die befallenen Blätter gestrichen geben den ärgerlichen Schädlingen den Rest. Vorsicht aber in der prallen Sonne: Warten Sie lieber einen trüben Tag ab, und waschen Sie die Blätter anschließend gleich ab, sonst kann Ihre Pflanze verbrennen.

Der richtige Zeitpunkt ist natürlich bei abnehmendem Mond, denn die Pflanze soll sich ja von etwas Unnötigem trennen. Ideal sind die Wendetage, wenn der Mond im Schützen oder in den Zwillingen steht (und Sie wollen doch eine Wende herbeiführen, oder?), oder Krebstage, weil dann alles rückwärts geht (so einfach ist das bisweilen mit den Analogien).

Um Ungeziefer vorzubeugen, pflanzen Sie eine Knoblauchzehe in jeden Blumentopf. Stutzen Sie den Knoblauch zurück, wenn er zu wachsen beginnt, damit er die Pflanze nicht überwuchert.

Und nun zu den Schädlingen im einzelnen.

Blattläuse

Blattläuse lassen sich sehr gut vertreiben, indem man die Pflanze von allen Seiten mit lauwarmem Wasser abwäscht und mit kaltem Schwarztee gießt.

Auf Bäumchen und Pflanzen befindliche Läuse sprüht man mehrmals mit einer Schmierseifenlösung ein. So können sich die Blattläuse nicht mehr halten und verschwinden. Bei Bäumen kann man eventuell die Spitzen abschneiden.

Blattläuse auf Rosen und Topfpflanzen kann man auch mit dem Schaum von Geschirrspülmitteln vernichten. Den Schaum auf die Pflanze tupfen. Wenn der Schaum zerfallen ist, sind die Blattläuse tot. Danach die Pflanze mit klarem Wasser abwaschen.

Auch Tabakasche, auf die Pflanze gestreut, vertreibt Blattläuse. Oder kochen Sie aus Tabakresten einen Sud, lassen ihn abkühlen, filtern ihn durch und sprühen diese Flüssigkeit auf Ihre Pflanzen.

Oder versuchen Sie es mit einem Kopfüberbad: Über einen Eimer legen Sie zwei Holzstäbe, darauf stellen Sie verkehrt herum den Topf mit der befallenen Pflanze, so daß die Pflanze selbst völlig im Wasser hängt. Nach etwa einer Stunde sollte Ihre Topfpflanze lausfrei sein. Falls nicht, wiederholen Sie die Prozedur mit Schmierseife im Wasser.

Eine andere und wesentlich lausfreundlichere Methode ist es, Ihre Topfpflanzen oder Balkonkästen einige Nächte lang einfach ins Gras zu legen. Die Läuse verlassen dann – angeblich – ihre Behausung und wenden sich dem geräumigeren Rasen zu. Diese Methode ist allerdings nur dann zu empfehlen, wenn Sie einen eigenen Rasen für diese Übersiedlung zur Verfügung haben – vielleicht sieht es der Nachbar doch nicht so gern, wenn er fremde Blattläuse erbt.

Lavendel, Majoran, Thymian und Salbei schrecken Blattläuse ab. Im Obstgarten hilft Kapuzinerkresse gegen die Blutlaus.

Schwefelhaltige Streichhölzer, mit dem Köpfchen nach unten in die Erde gesteckt, töten die Blattläuse innerhalb von zwei Wochen. Da Schwefel aber nicht nur für Läuse giftig ist, sollte diese Methode nur an Zier- und Zimmerpflanzen angewendet werden, nicht aber bei Gemüse oder Obst.

Auch kalter Kaffee oder schwarzer Tee bringt Blattläuse zur Verzweiflung. Angeblich erliegen die Blattläuse, wenn man die befallenen Blätter mit Resten von Kaffee oder schwarzem Tee übergießt, augenblicklich einem Herzschlag. Vorsicht übrigens – nicht alle Pflanzen vertragen diese Methode gleich gut. Sensible Bubiköpfe oder Usambaraveilchen sollen danach schon gemeinsam mit den Läusen in den Tod gegangen sein.

Eine ähnliche Wirkung hat Tee aus Efeublättern. Doch hier müssen Sie achtgeben: Nur die Blätter des Efeus sind zu verwenden, die Früchte sind sehr giftig, auch für Menschen!

Nochmals: Der beste Zeitpunkt für all diese Maßnahmen ist der abnehmende Mond, und hier besonders die Wendezeichen Schütze und Zwillinge, sowie der Krebs.

Erdflöhe

Gegen Erdflöhe steckt man bei abnehmendem Mond, während der Mond in einem Erdzeichen steht, Streichhölzer mit Schwefelköpfen in die Erde.

Mehltau

Wenn sich Mehltau auf einer Pflanze befindet, begießt man die erkrankte Pflanze bei abnehmendem Mond, ideal wäre ein Skorpiontag, mit einer leichten Salzwasserlösung.

Spinnmilben

Spinnmilben auf Pflanzen verschwinden, wenn man sie bei abnehmendem Mond an einem Wassertag mit einer leichten Spülmittellösung abwäscht.

Würmer

Würmer in Blumentöpfen überlisten Sie mit einem überreifen Apfel. Legen Sie ihn an einem Erdetag bei zunehmendem Mond in den Blumentopf. Bald sind alle Würmer im Apfel, den man dann mit den Übeltätern wegwerfen kann.

Oder begießen Sie sie bei abnehmendem Mond mit dem Wasser von gekochten Kastanien oder Nußblättern.

Man kann auch Ruß und Wasser vermischen und in die Blumentöpfe gießen oder die Blumentöpfe bis an den Rand in Kalkwasser stellen – jedoch nicht bei Azaleen.

Wurzelschmarotzer

Ist in der Blumenerde ein Wurzelschmarotzer, geben Sie zwei Eßlöffel getrocknete Brennesseln und zwei Eßlöffel Kaffeesatz ins Gießwasser. Lassen Sie es über Nacht stehen und gießen dann am nächsten Tag die Blume damit. Dieser sollte ein Erdetag bei abnehmendem Mond sein. Oder locken Sie bei zunehmendem Mond die Schädlinge mit einer Kartoffelscheibe an die Oberfläche, von wo sie leicht zu entfernen sind.

Die Pflanzen und der Mond

Vor Ihnen warten eine Blumenkiste, ein Beet oder eine Reihe leerer Blumentöpfe, ein paar Ableger, Setzlinge, Jungpflanzen oder Samen von Pflanzen, die Sie in dieser Vegetationsperiode mit dem Mond kultivieren möchten? Der Boden ist vorbereitet, Werkzeug und Gießkanne stehen bereit, es fehlt nur noch der richtige Termin? In diesem Kapitel finden Sie alles, was Sie brauchen.

Die wichtigsten Blumen, Kräuter und Gartengemüse sind hier munter gemischt, in rein alphabetischer Reihenfolge behandelt. Sie können diesen Teil also wie ein Lexikon benutzen. Sollten Sie das erste Kapitel übersprungen haben, weil Sie es so genau nun auch wieder nicht wissen wollen, nur ein Hinweis:

Am Rand jeder folgenden Seite finden Sie die Elemente Feuer, Erde, Luft und Wasser und die ihnen zugeordneten Tierkreiszeichen aufgelistet, mit ihren Symbolen, wie sie in den Mondkalendern am Ende des Bandes erscheinen. Wenn Sie also etwa lesen: „bei zunehmendem Mond in einem Wasserzeichen", so finden Sie am Rand derselben Seite die dem Element Wasser zugeordneten Zeichen, und unter ihren Symbolen suchen Sie sich den nächsten passenden Termin im Mondkalender am Schluß des Buches heraus. Die Tabelle auf Seite 33 hilft bei der Orientierung. Und nun steht der Arbeit und dem Erfolg wirklich nichts mehr im Wege!

Feuer:
♈ Widder
♌ Löwe
♐ Schütze

Erde:
♉ Stier
♍ Jungfrau
♑ Steinbock

Luft:
♊ Zwillinge
♎ Waage
♒ Wassermann

Wasser:
♋ Krebs
♏ Skorpion
♓ Fische

Akelei

Standort:
Halbschattig oder sonnig. Wo sie sich wohl fühlt, verbreitet sich die Akelei rasch durch Selbstaussaat. In unserem Garten hat sie sich auf feuchtem, schwerem Boden fast schon zu einem Unkraut entwickelt.
Besonderes: In alten Kräuterbüchern wird ein Absud aus Wurzeln und Samen der Akelei, äußerlich angewendet, gegen Impotenz empfohlen, besonders dann, wenn diese das Werk böser Zauber ist. Wir sind bei unserer Beschreibung davon ausgegangen, daß Sie sich an den Blüten erfreuen wollen.

Aussaat:
Säen Sie Akelei ab April bei zunehmendem Mond an einem Lufttag, möglichst dicht am Vollmond, direkt ins gelockerte Beet.

Pflege:
Anspruchslos, sofern die Wassermenge stimmt. Gießen Sie sie bei abnehmendem Mond an einem Lufttag.

Ernte:
Schnitt für Sträuße bei zunehmendem Mond an einem Lufttag. Rückschnitt im Herbst bei abnehmendem Mond, möglichst kurz vor Neumond.

Unser Tip:

Wenn Sie Ihre Akelei halten wollen, um die Wurzel daraus zu gewinnen, pflegen Sie sie bitte wie Baldrian. Geht es Ihnen um die Samen, so verfahren Sie bitte wie bei Anis.

Alant

Standort:
Sehr sonnige, auch trockene Standorte.
Besonderes: Der Alant ist eine alte Heilpflanze gegen Hauterkrankungen und Hautunreinheiten, aber auch ein wirksames Mittel bei Bronchialkatarrhen. Verwendet wird hierzu die Wurzel.

Aussaat:
Aussaat oder Pflanzung bei abnehmendem Mond im Steinbock.

Pflege:
Gießen, Düngen und Mulchen am besten bei abnehmendem Mond im Steinbock oder Stier.

Ernte:
Im Winter, bei abnehmendem Mond im Steinbock. Bei Vollmond in den Zwillingen geerntet, hat die Wurzel ihre größte Heilkraft gegen Husten und andere Erkrankungen der Atemwege.

Amerikanischer Schneeball

Standort:
Sonnig bis halbschattig.
Besonderes: Dieser Busch mit den attraktiven kugeligen weißen Blüten sollte nicht an unbeaufsichtigten Kinderspielplätzen gepflanzt werden.

Pflanzung:
Bei zunehmendem Mond an einem Zwillingetag.

Rückschnitt:
Bei abnehmendem oder absteigendem Mond im Herbst, möglichst dicht am Neumond.

Feuer:
Widder ♈
Löwe ♌
Schütze ♐

Erde:
Stier ♉
Jungfrau ♍
Steinbock ♑

Luft:
Zwillinge ♊
Waage ♎
Wassermann ♒

Wasser:
Krebs ♋
Skorpion ♏
Fische ♓

Feuer:
♈ Widder
♌ Löwe
♐ Schütze

Erde:
♉ Stier
♍ Jungfrau
♑ Steinbock

Luft:
♊ Zwillinge
♎ Waage
♒ Wassermann

Wasser:
♋ Krebs
♏ Skorpion
♓ Fische

Anis

Standort:
Sehr sonnig, geschützt auf gut entwässertem, alkalischem Boden.
Besonderes: Die Samen sind ein beliebtes Gewürz für winterliches Gebäck und Plätzchen, aber auch ein Heilmittel bei Verdauungsstörungen und Magenkrämpfen. Die unteren Blätter können Sie auch als Salatgewürz pflücken. Anis ist anspruchslos und läßt sich auch auf dem Fensterbrett halten.

Aussaat:
Aussaat im Frühjahr direkt ins Freie bei zunehmendem Mond in einem Feuerzeichen.

Pflege:
Die Jungpflänzchen werden bis auf 20 cm Abstand ausgedünnt und sollen nicht mehr verpflanzt werden. Sorgfältig von Unkraut befreien. Düngen bei abnehmendem Mond in einem Feuerzeichen.

Ernte:
Im Juli/August schneidet man die gesamte Pflanze bei zunehmendem Mond in einem Luft- oder Feuerzeichen, am besten kurz vor Vollmond, ab und hängt sie im Schatten zum Trocknen auf.
An einem Jungfrautag geerntete Samen sind besonders wirksam gegen Verdauungsstörungen.

Apfelbaum

Standort:
Sonnig. Je nach Sorte ist ein geschützter Standort empfehlenswert. Apfelbäume bevorzugen gute, tiefgründige Lehmböden.

Pflanzung:
Pflanzen Sie Apfelbäume in der Ruhephase zwischen Laubabwurf und neuem Austreiben, also zwischen Ende Oktober und Ende Februar. Achten Sie darauf, daß die Wurzeln unbeschädigt sind, schneiden Sie zu lange und beschädigte Wurzeln ab, und wässern Sie den Wurzelstock gut, ehe Sie ihn einsetzen. Geben Sie in das Pflanzloch auch ein paar Brocken Kalkstein. Die Veredelungsstelle soll mindestens eine Handbreit über dem Boden liegen. Der ideale Zeitpunkt ist um Neumond, oder im zunehmenden Mond im März, vielleicht an einem Jungfrautag, zum besseren Anwurzeln.

Pflege:
Apfelbäume freuen sich bei abnehmendem Mond im November über eine Düngung, die die Wurzeln kräftigt, und im Mai tut ihnen Dünger gut, weil nun die Blüte viel Kraft kostet. Eine von Unkraut und Gras freigehaltene Baumscheibe, auf der kräftig mit Grünzeug und Kompost gemulcht wird, fördert das Wachstum des Baumes.

Rückschnitt:
Bei abnehmendem oder absteigendem Mond im Februar, allerdings nur bei Temperaturen von über –5° C, möglichst dicht am Neumond. Der Schnitt im Frühjahr fördert den Fruchtansatz und schützt

Feuer:
Widder ♈
Löwe ♌
Schütze ♐

Erde:
Stier ♉
Jungfrau ♍
Steinbock ♑

Luft:
Zwillinge ♊
Waage ♎
Wassermann ♒

Wasser:
Krebs ♋
Skorpion ♏
Fische ♓

Unser Tip:

Geben Sie in das Pflanzloch zuunterst gute, humusreiche Erde und auf die Wurzeln einige Handvoll Gerste. Diese zersetzt sich und wird die Wuchsfreude des Baumes anspornen.

Feuer:
♈ Widder
♌ Löwe
♐ Schütze

Erde:
♉ Stier
♍ Jungfrau
♑ Steinbock

Luft:
♊ Zwillinge
♎ Waage
♒ Wassermann

Wasser:
♋ Krebs
♏ Skorpion
♓ Fische

den Baum zugleich vor Krankheiten. Lassen Sie sich im Zweifel von einem Fachmann beraten.

Ernte:
Um Vollmond, vor allem wenn die Früchte bald verbraucht werden sollen. Zum Einlagern bestimmte Früchte erntet man bei abnehmendem Mond in einem Luft- oder Feuerzeichen.

Aprikose

Standort:
Sonnig, geschützt.

Pflanzung:
Pflanzen Sie Aprikosenbäume nur in der Ruhephase zwischen Laubabwurf und neuem Austreiben, also zwischen Ende Oktober und Ende Februar. Achten Sie darauf, daß die Wurzeln unbeschädigt sind, schneiden Sie zu lange und beschädigte Wurzeln ab, und wässern Sie den Wurzelstock gut, ehe Sie ihn einsetzen. Die Veredelungsstelle soll mindestens eine Handbreit über dem Boden liegen. Der ideale Zeitpunkt ist bei zunehmendem Mond im November oder im März.

Pflege:
Aprikosen freuen sich bei abnehmendem Mond im November über eine Düngung, die die Wurzeln

Unser Tip:

Lagern Sie Äpfel auf ihren eigenen Blättern, dann bleiben sie lange frisch. Achten Sie darauf, verschiedene Sorten nicht zu mischen, sie stecken einander mit der Reifung an.

kräftigt, und im Mai tut ihnen Dünger gut, weil nun die Blüte viel Kraft kostet.

Rückschnitt:
Bei abnehmendem oder absteigendem Mond zwischen November und Anfang März, allerdings nur bei Temperaturen von über –5° C, möglichst dicht am Neumond. Ein Rückschnitt im Herbst fördert die Bildung neuer Triebe, ein Rückschnitt im Februar hemmt das Wachstum der Triebe und fördert eher den Fruchtansatz.

Ernte:
Um Vollmond, vor allem wenn die Früchte bald verbraucht werden sollen. Zum Einlagern bestimmte Früchte erntet man im abnehmenden Mond in einem Luft- oder Feuerzeichen. An Wassertagen geerntete Aprikosen halten sich nicht lange.

Artischocke

Standort:
Sonnig.
Besonderes: Artischocken sind mehrjährig. Geerntet werden ab dem zweiten Jahr die Knospen vor der Blüte. Da Artischocken an den Boden hohe Ansprüche stellen, sollten sie nach zwei bis drei Jahren

Feuer:
Widder ♈
Löwe ♌
Schütze ♐

Erde:
Stier ♉
Jungfrau ♍
Steinbock ♑

Luft:
Zwillinge ♊
Waage ♎
Wassermann ♒

Wasser:
Krebs ♋
Skorpion ♏
Fische ♓

Unser Tip:

Lassen Sie im Herbst ein paar Knospen der Artischocken aufblühen. Die zartblauen Blüten trocknen in der Vase und sind eine attraktive Zierde winterlicher Sträuße.

Feuer:
♈ Widder
♌ Löwe
♐ Schütze

Erde:
♉ Stier
♍ Jungfrau
♑ Steinbock

Luft:
♊ Zwillinge
♎ Waage
♒ Wassermann

Wasser:
♋ Krebs
♏ Skorpion
♓ Fische

umgesetzt werden. Bei uns sind sie nur in wirklich geschützten Lagen winterfest – ansonsten betten Sie die ausgegrabenen Wurzeln zum Überwintern in einem kalten, trockenen Keller in Sand.

Aussaat:
Aussaat ins Frühbeet oder auf dem Fensterbrett im März oder April bei zunehmendem Mond an einem Lufttag möglichst dicht vor Vollmond. Nach den Eisheiligen können Sie sie ins Freiland setzen, möglichst an einem Waagetag, ansonsten an einem Tag bei absteigendem Mond.

Pflege:
Düngen, gießen, Planzenschutz mit Jauche: klassischerweise bei abnehmendem Mond an einem Lufttag. Doch die Artischocke gehört in die Analogiekette des Löwen. Pflegen Sie ganz gegen die herrschende Lehrmeinung Ihre Artischocken an einem Löwetag im abnehmenden Mond.

Ernte:
Im Sommer des zweiten und jedes folgenden Jahres können Sie die Knospen ernten, am besten bei zunehmendem Mond an einem Lufttag möglichst kurz vor Vollmond.

Rückschnitt:
Schneiden Sie die Artischockenstauden im Spätherbst bei abnehmendem Mond, möglichst kurz vor Neumond, bis zur Erde zurück und decken Sie sie mit einem umgestülpten Blumentopf zu. Auf den Topf wird Erde geleert, bis das Ganze aussieht wie ein Maulwurfshügel. Die Erde rund um den Topf müssen Sie glattklopfen, damit das Wasser

abfließen kann. Nicht nur die Kälte kann jetzt Ihrer Artischocke nichts mehr anhaben, auch ungebetene Nagetiere bleiben ihr fern.

Arnika

Standort:
Volles Sonnenlicht auf saurem, sandigem Boden.
Besonderes: Arnika gehört zu jenen Pflanzen, die Bienen anziehen. Aus den Blüten und Wurzeln gewonnene Arnikatinktur hilft hervorragend gegen Blutergüsse und Verstauchungen, Prellungen und rheumatische Beschwerden. Sie darf jedoch niemals auf offene Wunden aufgetragen werden. Im Kräutertabak können getrocknete Arnikawurzeln und -blüten geraucht werden.

Aussaat:
Vermehren Sie die Arnika durch Wurzelteilung, so pflanzen Sie sie am besten bei zunehmendem Mond an einem Lufttag an ihren neuen Standort. Wenn Sie sie aus Samen ziehen, so verlieren Sie nicht die Geduld, die Samen keimen langsam Wollen Sie sie wegen der Wurzeln ziehen, so säen Sie sie bei abnehmendem Mond in einem Erdzeichen.

Pflege:
Nicht düngen. Sparsam gießen bei abnehmendem Mond an einem Luft- oder an einem Steinbocktag.

Ernte:
Die voll geöffneten Blüten werden bei zunehmendem Mond an einem Lufttag, möglichst dicht an Vollmond, oder an einem Widdertag gesammelt. Wurzeln erntet man an einem Steinbocktag im

Feuer:
Widder ♈
Löwe ♌
Schütze ♐

Erde:
Stier ♉
Jungfrau ♍
Steinbock ♑

Luft:
Zwillinge ♊
Waage ♎
Wassermann ♒

Wasser:
Krebs ♋
Skorpion ♏
Fische ♓

Feuer:
♈ Widder
♌ Löwe
♐ Schütze

Erde:
♉ Stier
♍ Jungfrau
♑ Steinbock

Luft:
♊ Zwillinge
♎ Waage
♒ Wassermann

Wasser:
♋ Krebs
♏ Skorpion
♓ Fische

abnehmenden Mond im Frühjahr. Man wäscht sie ab, zerkleinert sie und läßt sie an einem luftigen Ort im Schatten trocknen.

Aster

Standort:
Viel Sonne und ein guter, durchlässiger Boden sind für diese Blumen ideal. Sie brauchen recht viel Platz. Sommerastern sind einjährige Pflanzen, die von Juli bis Oktober in allen Farben blühen und auch als Balkonblumen geeignet sind. Herbstastern sind Stauden, die recht hoch werden können. Beide liefern ausgezeichnete Schnittblumen, die sich lange in der Vase halten.

Aussaat:
Aussaat in Saatkistchen im März bei zunehmendem Mond in einem Luftzeichen oder an einem Jungfrautag; die Jungpflanzen werden im Abstand von 20 bis 25 Zentimetern ausgepflanzt.

Pflege:
Düngen bei abnehmendem Mond in einem Luftzeichen. Vorsichtig gießen, Staunässe ist gefährlich. Bei großer Hitze vertragen Astern reichlich Wasser.

Schnitt für Sträuße:
Bei zunehmendem Mond an einem Lufttag sind die Farben besonders leuchtend, und die Pflanzen halten sich auch gut in der Vase.

Rückschnitt:
Bei abnehmendem Mond kurz vor Neumond in einem Luftzeichen.

Azalee

Standort:
Azaleen brauchen einen hellen Standort ohne direkte Sonneneinstrahlung. Als Moorpflanze möchte die Azalee niemals zu trocken stehen.
Besonderes: Sie verträgt sich gut mit Bambus.

Aussaat:
Aussaat ins Freiland bei zunehmendem Mond in einem Luftzeichen.

Pflege:
Azaleen mögen nicht mit hartem Leitungswasser gegossen werden. Während der Blüte brauchen sie viel Wasser, und zwischendurch tut ihnen auch ein Tauchbad gut. Ideal wäre eine Regentonne, in die Sie den gesamten Topf hineinhalten können, bis keine Luftblasen mehr aufsteigen, damit sich der Wurzelballen richtig vollsaugen kann. Der beste Termin zum Gießen und Düngen ist bei abnehmendem Mond in einem Luftzeichen, während der Blüte auch bei absteigendem Mond.

Überwintern:
Sind die Azaleen verblüht, kann man sie dazu bringen, in der nächsten Saison wieder zu blühen. Dazu stellen Sie die Pflanze im Frühjahr an einen kühlen, frostfreien und sonnengeschützten Platz. Bei richtiger Pflege entwickeln die Pflanzen junge Triebe, die aber nach einiger Zeit gestutzt werden müssen. Ab Ende April/Anfang Mai sollen die Triebe nicht mehr geschnitten werden. Ende Mai können Sie die Azalee dann auf den Balkon stellen oder an einem schattigen Platz im Garten samt Topf ein-

Feuer:
Widder ♈
Löwe ♌
Schütze ♐

Erde:
Stier ♉
Jungfrau ♍
Steinbock ♑

Luft:
Zwillinge ♊
Waage ♎
Wassermann ♒

Wasser:
Krebs ♋
Skorpion ♏
Fische ♓

Feuer:
♈ Widder
♌ Löwe
♐ Schütze

Erde:
♉ Stier
♍ Jungfrau
♑ Steinbock

Luft:
♊ Zwillinge
♎ Waage
♒ Wassermann

Wasser:
♋ Krebs
♏ Skorpion
♓ Fische

graben. Ende September sind die neuen Blütenknospen ausgebildet, und die Azalee wandert zum Überwintern wieder ins Haus. Stellen Sie die Azalee aber zunächst in einen kühlen Raum, sonst können die Knospen abfallen. Wenn sie sich akklimatisiert hat, kann man sie zum Austreiben der Blüten in einen warmen, hellen Raum ohne direkte Sonneneinstrahlung bringen. Die Blätter sollten so oft wie möglich besprüht werden.

Rückschnitt:
Bei abnehmendem Mond, am besten kurz vor Neumond, in einem Luftzeichen.

Baldrian

Standort:
Sonnig, doch am liebsten die Wurzeln im Schatten. Bevorzugt schwere, lehmige Böden.
Besonderes: Baldrian fördert das Wachstum seiner Nachbarn und gehört daher in jedes Gemüsebeet. Die Wurzeln ziehen nicht nur Katzen magisch an, sondern auch Ungeziefer und Würmer. Geben Sie die Blätter im Herbst auf den Komposthaufen, sie sind sehr mineralreich.
Ein Absud der Wurzel hilft als Gesichtswasser gegen Akne und Ausschläge sowie bei Prellungen, der Saft der frischen Wurzel hilft gegen Schlaflosigkeit und beruhigend auf das Nervensystem.

Aussaat /Vermehrung:
Im Frühjahr legt man bei abnehmendem Mond in einem Erdzeichen die Samen auf den Boden und drückt sie leicht an, bedeckt sie jedoch nicht mit Erde. In dieser Zeit können auch die Wurzelstöcke

geteilt und die Pflanzen auf diese Weise vermehrt werden.

Pflege:
Gießen am besten bei abnehmendem Mond an einem Erdzeichen.

Ernte:
Im Herbst oder Frühling bei abnehmendem Mond in einem Erdzeichen, wenn Sie die Wurzel trocknen wollen. Sie graben die gesamte Wurzel aus, entfernen die faserigen Nebenwurzeln, schneiden den gewaschenen Wurzelstock in Stücke und lassen ihn gut trocknen. An einem Wassermanntag geerntet, hilft Baldrianwurzel besonders gut gegen Krampfzustände. Erleichterung bei Magen- und Darmkrämpfen bringt an einem Jungfrautag geernteter Baldrian.

Banane

Standort:
Sonnig bis halbschattig, warm und windgeschützt – sonst werden die großen Blätter vom Wind zerfetzt. *Besonderes:* Bananen vertragen keinen Frost. Sie müssen daher vor den ersten Nachtfrösten ins Haus geholt werden und können erst Ende Mai wieder ins Freie. Das Winterquartier sollte nicht zu warm,

Feuer:
Widder ♈
Löwe ♌
Schütze ♐

Erde:
Stier ♉
Jungfrau ♍
Steinbock ♑

Luft:
Zwillinge ♊
Waage ♎
Wassermann ♒

Wasser:
Krebs ♋
Skorpion ♏
Fische ♓

Unser Tip:

Die Hälfte ihres Lebens verbringen Bananen bei uns im Inneren des Hauses – überlegen Sie also vorher, ob Sie ihnen passende Lebensbedingungen bieten können.

Feuer:
♈ Widder
♌ Löwe
♐ Schütze

Erde:
♉ Stier
♍ Jungfrau
♑ Steinbock

Luft:
♊ Zwillinge
♎ Waage
♒ Wassermann

Wasser:
♋ Krebs
♏ Skorpion
♓ Fische

hell und ausreichend feucht sein. Ein Wintergarten oder eine Orangerie wäre ideal, ein wenig beheizter Raum in der Wohnung wäre ebenfalls geeignet.

Aussaat:
Aus Samen lassen sich Bananen das ganze Jahr über ziehen. Wählen Sie dazu einen Tag, an dem der zunehmende Mond in einem Feuerzeichen steht.

Pflege:
Im Winter nur wenig gießen, am besten an Feuertagen im abnehmenden Mond, jedoch auf keinen Fall in das Herz, sonst verfault die Pflanze. Im Sommer brauchen Bananen viel Wasser, und im Hochsommer vertragen sie auch mal ein Fußbad. Lassen Sie das Gießwasser unbedingt vorher in der Sonne stehen und anwärmen, wenn Sie kein Regenwasser zur Verfügung haben.

Ernte:
Herzlichen Glückwunsch, wenn Ihre Banane eine Staude trägt! Ernten Sie Bananen bei zunehmendem Mond, am besten kurz vor Vollmond, wenn der Mond in einem Feuerzeichen steht.

Basilikum

Standort:
Sehr sonnig, verträgt Hitze, doch darf es nicht vertrocknen.
Besonderes: Ein paar Basilikumpflanzen sollten Sie unbedingt in Ihrem Garten halten, wenn Sie Rosen, Gemüse oder Stachelbeeren pflanzen. Mit Tomaten vertragen sie sich ausgezeichnet, Rosen und Stachelbeeren schützen sie vor Mehltau, aus

dem Gemüsebeet halten sie Erdflöhe und Kohlfliegen fern, und auch neben Gurken machen sie sich nützlich, indem sie die Insekten anziehen, die Gurkenblüten bestäuben.
Basilikum ist das ideale Tomatengewürz. Auch hilft es als Tee gegen Magen-Darm-Krämpfe.

Aussaat:
Ab Mitte März am Fensterbrett, Mitte Mai ins Freiland, und zwar bei zunehmendem Mond an einem Wassertag, möglichst bald nach Neumond.

Ernte:
Bei Vollmond oder zunehmendem Mond in einem Wasserzeichen, wenn die Blätter frisch verwendet (zu Tomatengerichten), eingefroren oder in Essig und Öl eingelegt werden sollen. Bei abnehmendem Mond an einem Lufttag, wenn sie getrocknet werden sollen. An einem Krebs- oder Jungfrautag gepflückte Blätter und Sproßspitzen helfen als Tee besonders gut bei Magen-Darm-Verstimmungen.

Begonie

Standort:
Hell, verträgt sowohl Sonne als auch Halbschatten. Begonien lassen sich wunderbar als Balkonpflanzen halten.

Feuer:
Widder ♈
Löwe ♌
Schütze ♐

Erde:
Stier ♉
Jungfrau ♍
Steinbock ♑

Luft:
Zwillinge ♊
Waage ♎
Wassermann ♒

Wasser:
Krebs ♋
Skorpion ♏
Fische ♓

Unser Tip:

Geben Sie eine Handvoll Basilikumblätter in einem Leinensäckchen ins Badewasser – die aromatische, desodorierende und belebende Wirkung wird Sie sicher begeistern.

Feuer:
♈ Widder
♌ Löwe
♐ Schütze

Erde:
♉ Stier
♍ Jungfrau
♑ Steinbock

Luft:
♊ Zwillinge
♎ Waage
♒ Wassermann

Wasser:
♋ Krebs
♏ Skorpion
♓ Fische

Besonderes: Wollen Sie während der lichtarmen Monate die winterblühende Begonie in ihrer Blühkraft stärken, stellen Sie sie während der Dämmerung in einem Abstand von ca. 50–80 cm unter eine 60-Watt-Birne. Sie können dadurch die Blütezeit der Pflanze wesentlich verlängern.

Pflege:
Düngen alle 14 Tage bei abnehmendem oder absteigendem Mond in einem Luftzeichen. Nach der Blüte werden die Triebe gekürzt und eine Ruheperiode eingeschaltet. Anschließend können Sie sie umtopfen und erneut antreiben.
Die Knollenbegonie kann überwintert werden: Vor dem ersten Herbstfrost nehmen Sie sie vorsichtig aus Ihrem Pflanzgefäß heraus und schütteln die Erde aus den Wurzeln. Lassen Sie sie an einem geschützten Ort nachtrocknen, dann schneiden Sie die oberirdischen Stengelteile knapp über den Knollen ab. Wenn die Knollen trocken sind, kommen sie in den Überwinterungsraum, am besten in trockenen Torfmull oder Zeitungspapier eingeschlagen. Im Frühling, am besten Ende März, Anfang April, pflanzen Sie die Knollen in lockere, humusreiche Erde – und schon im Mai werden Sie sich an den ersten Jungpflanzen erfreuen können.

Beifuß

Standort:
Sehr sonnig. Beifuß braucht viel Platz. Er bevorzugt stickstoffreiche Böden und wächst wild oft an Straßenrändern, in Höfen und an Bahndämmen. Ein Platz im Vorgarten stört ihn also nicht.

Besonderes: Beifuß ist ein bitter-aromatisches Gewürz, das den Appetit anregt und die Verdauung fördert. Bei unregelmäßiger Menstruation trinkt man ein bis zwei kleine Tassen Beifußtee morgens auf nüchternen Magen.

Aussaat:
Aussaat oder Verpflanzung direkt ins Freiland bei zunehmendem Mond in einem Luftzeichen.

Ernte:
Schneiden Sie die blühenden Sproßspitzen im Juli oder August zu Beginn der Blüte bei zunehmendem Mond an einem Lufttag, möglichst dicht am Vollmond (im August ist Vollmond an einem Wassermanntag) ab, und legen Sie sie im Schatten zum Trocknen aus, oder hängen Sie sie in kleinen Büscheln luftig auf. Aufbewahrt werden sie dann in luftdurchlässigen Papier- oder Stoffsäckchen. Für Heiltees für den Magen-Darm-Bereich werden die Sproßspitzen an einem Krebs- oder Jungfrautag, bei Menstruationsstörungen an einem Krebstag frisch gepflückt und gleich verwendet.

Beinwell

Standort:
Schattig und feucht. Braucht viel Platz. Bevorzugt stickstoffreichen, neutralen Boden.
Besonderes: Seit der Antike ist Beinwell dafür bekannt, daß er Wunden schließt, die nicht heilen wollen. Schrunden, Risse, krampfaderige Geschwüre, Juckreiz, aber auch Prellungen und selbst Knochenbrüche läßt er rasch verheilen. Überlegen Sie sich trotzdem gut, ob Sie Beinwell in Ihrem

Feuer:
♈ Widder
♌ Löwe
♐ Schütze

Erde:
♉ Stier
♍ Jungfrau
♑ Steinbock

Luft:
♊ Zwillinge
♎ Waage
♒ Wassermann

Wasser:
♋ Krebs
♏ Skorpion
♓ Fische

Garten einen Platz einräumen wollen, denn er neigt zum Wuchern.

Vermehrung:
Über Wurzelableger bei abnehmendem Mond in einem Erdzeichen.

Pflege:
Gießen und Düngen am besten bei abnehmendem Mond in einem Erdzeichen, und zwar im Frühjahr und Spätsommer jeweils eine größere Düngergabe.

Ernte:
Die Heilwirkung der Pflanze liegt hauptsächlich in ihrer Wurzel, ist aber auch in den Blättern vorhanden. Sie können daher im Hochsommer bei zunehmendem Mond in einem Wassertag möglichst dicht am Vollmond Blätter pflücken und zu einer hochwirksamen Hautcreme verarbeiten.
Die Wurzeln graben Sie bei abnehmendem Mond in einem Erdzeichen aus. Zerkleinern und trocknen.

Bibernelle

Standort:
Sonnig, trocken. Wächst wild auf Bahndämmen und Brachland, gedeiht problemlos in Steingärten. *Besonderes*: Als Bibernelle oder Pimpinelle werden zwei ganz verschiedene Pflanzen bezeichnet: *Sanguisorba officinalis*, auch Wiesenknopf oder Steinpetersilie, ein Gewürz für Salat, Suppen und Wein, das als Heilkraut bei Dünndarmentzündungen und als Kompresse bei Hämorrhoiden hilft (und hier im folgenden behandelt ist), und *Pimpinella saxifraga*, ein altes Schutzkraut, das man gegen die Pest essen

und gegen unerwünschte Schwangerschaft bei sich tragen sollte.

Aussaat:
Aussaat ins Freiland bei zunehmendem Mond in einem Luftzeichen.

Pflege:
Bei abnehmendem Mond in einem Luftzeichen nur wenig gießen.

Ernte:
Für die Verwendung im Salat können die Blätter jederzeit gepflückt werden. Zum Trocknen schneidet man die Pflanze bei abnehmendem Mond an einem Lufttag ab und hängt sie an einen luftigen, warmen Ort. Aufbewahrt wird sie in luftdurchlässigen Papier- oder Stoffsäckchen.

Birnbaum

Standort:
Sonnig bis halbschattig. Birnen sind nicht so widerstandsfähig wie Äpfel, und sie lassen sich auch nicht so lange lagern.

Pflanzung:
Pflanzen Sie Birnbäume in der Ruhephase zwischen Ende Oktober und Ende Februar. Achten Sie darauf, daß die Wurzeln unbeschädigt sind, schneiden

Unser Tip:

Bei Birnen gilt wie bei Äpfeln: Legen Sie sie auf ihr eigenes Laub, wenn Sie sie im Keller einlagern. Und achten Sie darauf, daß sich die Früchte nicht berühren.

Feuer:
Widder ♈
Löwe ♌
Schütze ♐

Erde:
Stier ♉
Jungfrau ♍
Steinbock ♑

Luft:
Zwillinge ♊
Waage ♎
Wassermann ♒

Wasser:
Krebs ♋
Skorpion ♏
Fische ♓

Feuer:
♈ Widder
♌ Löwe
♐ Schütze

Erde:
♉ Stier
♍ Jungfrau
♑ Steinbock

Luft:
♊ Zwillinge
♎ Waage
♒ Wassermann

Wasser:
♋ Krebs
♏ Skorpion
♓ Fische

Sie zu lange und beschädigte Wurzeln ab, und wässern Sie den Wurzelstock gut, ehe Sie ihn einsetzen. Die Veredelungsstelle soll eine Handbreit über dem Boden liegen. Der ideale Zeitpunkt ist um Neumond oder im zunehmenden Mond im März, zum Anwurzeln am besten an einem Jungfrautag.

Pflege:
Bald nach dem Pflanzen sollten Sie rings um den Baum kräftig mit Grünzeug mulchen, ohne daß die Mulchdecke jedoch den Stamm berührt. Birnbäume freuen sich bei abnehmendem Mond im November über eine Düngung, die die Wurzeln kräftigt, und im Mai tut ihnen Dünger gut, weil nun die Blüte viel Kraft kostet.

Rückschnitt:
Bei abnehmendem oder absteigendem Mond in der Ruheperiode, allerdings nur bei Temperaturen von über –5° C, möglichst dicht am Neumond. Ein Rückschnitt im Herbst fördert die Bildung neuer Triebe, ein Rückschnitt im Februar hemmt das Wachstum der Triebe und fördert eher den Fruchtansatz. Lassen Sie sich im Zweifelsfall von einem Fachmann beraten.

Ernte:
Um Vollmond, vor allem wenn die Früchte bald verbraucht werden sollen, ansonsten im abnehmenden Mond an einem Luft- oder Feuertag.

Blumenkohl

Standort:
Sonnig bis halbschattig.

Besonderes: Neben Dill, Erdbeeren, Kohlrabi, Lauch, Mangold, Radieschen, Roter Bete, Spinat und Tomaten fühlt sich Blumenkohl wohl, neben Knoblauch, Schnittlauch und Zwiebeln gedeiht er weniger gut.

Aussaat:
Ende April bis Ende Mai können Sie Blumenkohl ins Freiland säen, am besten bei zunehmendem Mond in einem Luftzeichen oder an Krebstagen (damit er nicht schießt, sondern kopft). Wenn Sie ihn im Fensterkistchen vorziehen, achten Sie darauf, ihn nicht zu tief einzupflanzen. Blumenkohl liebt es warm, und wenn er dicht unter der Erdoberfläche eingesetzt wird, kann er schon früh die Wärme genießen. Häufeln Sie lieber die Pflanze später etwas an, um sie zu stützen.

Pflege:
Düngen bei abnehmendem Mond in einem Luftzeichen, am besten mit Brennesseljauche. Blumenkohl braucht viel Wasser und sollte auch bei zunehmendem Mond gegossen werden. Der Kopf des Blumenkohls wird weiß und zart, wenn Sie die Blätter über ihm rechtzeitig – also wenn sich das erste Weiß zeigt – nach innen abknicken. Kontrollieren Sie ihn auch regelmäßig auf Raupenbefall.

Feuer:
Widder ♈
Löwe ♌
Schütze ♐

Erde:
Stier ♉
Jungfrau ♍
Steinbock ♑

Luft:
Zwillinge ♊
Waage ♎
Wassermann ♒

Wasser:
Krebs ♋
Skorpion ♏
Fische ♓

Unser Tip:

Im Oktober hört Blumenkohl im Freien auf zu wachsen. Wenn Sie ihn mit Blättern abschneiden und im Keller in Sand betten, wachsen die Köpfe noch ein wenig weiter.

Feuer:
♈ Widder
♌ Löwe
♐ Schütze

Erde:
♉ Stier
♍ Jungfrau
♑ Steinbock

Luft:
♊ Zwillinge
♎ Waage
♒ Wassermann

Wasser:
♋ Krebs
♏ Skorpion
♓ Fische

Ernte:
Die Köpfe, die ja Knospen sind, werden bei zunehmendem Mond, am besten kurz vor Vollmond, in einem Luftzeichen geerntet, wenn sie gleich verbraucht werden. Zum Lagern bestimmte Köpfe ernten Sie besser, wenn der Mond in einem Feuerzeichen steht.

Bohnen

Standort:
Sonnig.
Besonderes: Busch- wie auch Stangenbohnen vertragen sich sehr gut mit Bohnenkraut, Erdbeeren, Kartoffeln, Kohlrabi, Roter Bete, Salat, Sellerie, Spinat und Tomaten. Dagegen geht es ihnen nicht gut, wenn sie neben Erbsen, Fenchel, Knoblauch, Lauch und Zwiebeln stehen.
Nicht sehr sozial präsentieren sich dicke Bohnen: Sie stehen gerne weit auseinander in Einzelreihen, am liebsten seitlich von Kartoffelbeeten. Sie brauchen viel Licht und mögen es windig. Stangenbohnen wachsen schneller und sind ertragreicher, wenn sie in der Waagerechten wachsen. Ziehen Sie sie also an einem Gerüst nach oben und führen Sie sie in der Höhe von etwa einem Meter in die Horizontale, auch in mehreren Etagen.

Unser Tip:

Wenn Sie zu jenen Menschen gehören, die leicht unter Blähungen leiden, sollten Sie bei zunehmendem Mond keine Bohnen und andere Hülsenfrüchte essen.

Aussaat:
Aussaat nach den Eisheiligen, doch vor der Sommersonnenwende, also zwischen Mitte Mai und Ende Juni, ins Freiland bei zunehmendem Mond in einem Feuerzeichen. Sie können sie auch auf dem Fensterbrett vorziehen. Auch hier gilt die Empfehlung: am besten aussäen, wenn der Mond in einem Feuerzeichen steht und zunimmt. Die Bohnen werden in Gruppen zu mehreren nur wenige Zentimeter tief in die Erde gesteckt.

Pflege:
Düngen bei abnehmendem Mond in einem Erdzeichen, bei zunehmendem Mond in einem Feuerzeichen vorsichtig hacken, gießen bei abnehmendem Mond an Feuertagen.

Ernte:
Kurz vor Vollmond in einem Feuerzeichen, wenn sie frisch verwendet werden sollen. Zum Lagern bestimmte Bohnen werden bei abnehmendem Mond an einem Widdertag gepflückt.

Bohnenkraut

Standort:
Sehr sonnig. Liebt gut entwässerte, fruchtbare Böden, gern auch lehmhaltig.

Feuer:
Widder ♈
Löwe ♌
Schütze ♐

Erde:
Stier ♉
Jungfrau ♍
Steinbock ♑

Luft:
Zwillinge ♊
Waage ♎
Wassermann ♒

Wasser:
Krebs ♋
Skorpion ♏
Fische ♓

Unser Tip:

Geben Sie eine Handvoll Bohnenkraut in einem Leinensäckchen ins Badewasser, am besten an einem Wassertag – und genießen Sie die aromatische und belebende Wirkung.

Feuer:
♈ Widder
♌ Löwe
♐ Schütze

Erde:
♉ Stier
♍ Jungfrau
♑ Steinbock

Luft:
♊ Zwillinge
♎ Waage
♒ Wassermann

Wasser:
♋ Krebs
♏ Skorpion
♓ Fische

Besonderes: Zwischen Bohnen und Zwiebeln fühlt es sich sehr wohl. Bohnenkraut ist besonders pflegeleicht und kann auch auf dem Fensterbrett gezogen werden. Das klassische Bohnengewürz wirkt anregend, verdauungsfördernd und galt bei den Römern als Aphrodisiakum.

Aussaat:
Das mehrjährige Winterbohnenkraut *(Satureja montana)* wird im Frühjahr oder Herbst gesät, im Frühjahr bei zunehmendem Mond an einem Lufttag, im Herbst bei abnehmendem Mond an einem Wurzeltag. Man kann die Pflanze durch Teilung oder Stengelableger vermehren. Das einjährige Sommerbohnenkraut wird im Frühjahr bei zunehmendem Mond in einem Luftzeichen gesät und später auf 20 cm ausgedünnt.

Ernte:
Bei zunehmendem Mond oder Vollmond in einem Wasserzeichen, wenn die Blätter in Essig oder Öl eingelegt werden sollen. Wollen Sie sie trocknen, wählen Sie einen Lufttag im abnehmenden Mond.

Borretsch

Standort:
Volle Sonne. Nicht zu trocken, aber jedenfalls ohne Staunässe.
Besonderes: Borretsch ist pflegeleicht und kann auch auf dem Fensterbrett gezogen werden. Zwischen Rosen hält er Unkraut fern, in Nachbarschaft zu Stachelbeeren gepflanzt, fördert er ihr Wachstum so wie diese das seinige. Er fühlt sich auch neben Erdbeeren und Kohlrabi ausgesprochen wohl. Die

Blüten oder blühenden Sproßspitzen ergeben einen hervorragenden Hustentee, eine Abkochung der Blätter wirkt innerlich reinigend und harntreibend. Borretsch heißt auch „Herzfreude“, weil man ihm nachsagte, er mache mutig und stähle das Herz.

Aussaat:
Aussaat bei zunehmendem Mond an einem Wassertag im Frühjahr, entweder im Topf vorziehen, oder direkt ins Freie. Borretsch sät sich im Herbst selbst aus und blüht dann im kommenden Frühjahr.

Ernte:
Die Blätter zupfen Sie bei zunehmendem Mond in einem Luftzeichen von April bis zur Blütezeit ab, wenn Sie sie trocknen wollen. Die Blüten werden in frisch geöffnetem Zustand gesammelt, am besten an einem Lufttag im abnehmenden Mond, wenn Sie sie trocknen wollen. Wenn Sie an einem Steinbocktag im zunehmenden Mond ganze Pflanzen ernten, können Sie daraus einen juckreizlindernden Tee zum äußerlichen Auftragen herstellen, der sich auch sehr gut für Mundspülungen eignet.

Bougainvillea

Standort:
Sonnig, an einem warmen, zugfreien Platz auf Ihrer Terrasse oder Ihrem Balkon.
Besonderes: Die glattblättrigen Sorten sind robuster als ihre behaarten Schwestern.

Pflege:
Bei uns nur als Kübelpflanze zu halten. Ab Mitte Oktober muß sie ins Winterquartier gebracht wer-

Feuer:
♈ Widder
♌ Löwe
♐ Schütze

Erde:
♉ Stier
♍ Jungfrau
♑ Steinbock

Luft:
♊ Zwillinge
♎ Waage
♒ Wassermann

Wasser:
♋ Krebs
♏ Skorpion
♓ Fische

den, in einen möglichst hellen Raum, in dem die Temperatur zwischen 10 und 15 Grad beträgt. Düngen Sie sie bei abnehmendem Mond in einem Luftzeichen. Während der Winterruhe verliert die Bougainvillea ihre Blätter. Sobald die Tage sonniger werden, wird sie wieder ins Freie übersiedelt.

Rückschnitt:
Ab Ende Februar oder Anfang März kommen die neuen Triebe. Nun ist es notwendig, die alten Triebe zurückzuschneiden, im Idealfall um ein Drittel. Das geschieht am besten bei abnehmendem Mond, kurz vor Neumond, in einem Luftzeichen.

Brennessel

Standort:
Beliebig. Brennesseln gedeihen fast überall.
Besonderes: Die Brennessel ist eine wichtige Schmetterlingspflanze und ein gesundes Salatkraut mit hohem Mineral- und Vitamingehalt. Zugleich ist sie eine äüßerst vielseitige Heilpflanze, die man unbedingt im oder am Garten halten sollte. Als Jauche bei abnehmendem Mond aufgebracht, wirkt sie kräftigend auf andere Pflanzen im Garten.

Aussaat/Vermehrung:
Aussaat ins Freiland bei zunehmendem Mond in einem Wasserzeichen. Sie können aber die Wurzel einer vorhandenen Pflanze teilen und sie bei zunehmendem Mond in einem Wasserzeichen eingraben.

Ernte:
Für Salat erntet man bei zunehmendem Mond, am besten kurz vor Vollmond in einem Wasserzeichen,

die jungen Pflanzen. Zum Trocknen schneidet man (mit Handschuhen) die Pflanzen an einem Lufttag oder einem Widdertag bei abnehmendem Mond und hängt sie luftig zum Trocknen auf. An Waagetagen gesammelte Blätter wirken als Tee besonders harntreibend, an einem Steinbocktag gepflückte Pflanzen helfen als Tee gegen rheumatische Beschwerden.

Brokkoli

Standort:
Sonnig und geschützt.
Besonderes: Neben Bohnen, Dill, Gurken, Mangold, Salat, Spinat und Tomaten fühlt Brokkoli sich sehr wohl, mit Sellerie verbindet ihn geradezu innige Freundschaft. Weniger gut verträgt er sich mit den Zwiebelgewächsen Knoblauch, Schnittlauch und Zwiebeln.

Aussaat:
Aussaat ins Frühbeet oder ins Kistchen auf dem Fensterbrett bei zunehmendem Mond in einem Luftzeichen möglichst nahe an Vollmond ab Mitte April. Die jungen Pflänzchen können nach Urbani, also Ende Mai, möglichst an einem Waagetag ins Freie gepflanzt werden, sind aber noch empfindlich gegen Kälte und Wind.

Pflege:
Düngen sollte man Brokkoli bei abnehmendem Mond in einem Feuerzeichen. Gießen Sie Brokkoli an allen Wassertagen, auch an denen im zunehmenden Mond. Verschrecken Sie den wärmeliebenden Brokkoli nicht mit kalten Duschen. Lassen Sie

Feuer:
Widder ♈
Löwe ♌
Schütze ♐

Erde:
Stier ♉
Jungfrau ♍
Steinbock ♑

Luft:
Zwillinge ♊
Waage ♎
Wassermann ♒

Wasser:
Krebs ♋
Skorpion ♏
Fische ♓

Feuer:
♈ Widder
♌ Löwe
♐ Schütze

Erde:
♉ Stier
♍ Jungfrau
♑ Steinbock

Luft:
♊ Zwillinge
♎ Waage
♒ Wassermann

Wasser:
♋ Krebs
♏ Skorpion
♓ Fische

das Gießwasser in der Sonne vorwärmen, und begießen Sie den Boden unter der Pflanze.

Ernte:
Bei zunehmendem Mond in einem Feuerzeichen können die grünen Knospen geerntet werden, ersatzweise auch im aufsteigenden Mond. Wenn Sie die erste Hauptknospe ernten, schneiden Sie sie vorsichtig ab: In den Blattachseln wachsen weitere Knospen nach, die Sie später ernten können.

Brombeere

Standort:
Beliebig. Brombeeren wachsen ähnlich wie Brennesseln fast überall.
Besonderes: Brombeeren können an beiden Enden eines Triebes Wurzeln schlagen. Wundern Sie sich also nicht, wenn sie in Ihrem Garten binnen kurzer Zeit ein undurchdringliches Dickicht bilden. Machen Sie sich dieses Phänomen jedoch für das Gewinnen von Ablegern zunutze: An einem Feuertag im abnehmenden Mond, ideal ist der Neumond im Löwen, können Sie den Trieb teilen und den kürzeren Teil ausgraben und versetzen.

Vermehrung:
Durch Absenken der Triebe in den Boden lassen sich Ableger gewinnen – am besten im Sommer bei Neumond im Löwen oder bei abnehmendem Mond in einem Feuerzeichen.

Ernte:
Die Früchte zum sofortigen Verzehr pflücken Sie bei zunehmendem Mond, am besten kurz vor

Vollmond, dann sind sie am aromatischsten. Zum Einkochen ist ein Löwe- oder Widdertag bei abnehmendem Mond ideal. Die Blätter, an einem Jungfrautag frisch gepflückt und als Tee zubereitet, wirken regulierend auf die Verdauung und unterstützen eine Hämorrhoidenbehandlung.

Brunnenkresse

Standort:
Halbschattig. Wächst im flachen Wasser.
Besonderes: Wegen ihres hohen Vitamin- und Mineralgehalts ist die Brunnenkresse vor der Blüte im Frühjahr eine wertvolle Nahrungsergänzung.

Ernte:
Bei zunehmendem Mond in einem Wasserzeichen im Frühjahr werden die oberirdischen Pflanzenteile abgeschnitten und sorgfältig gewaschen und frisch zum Salat gegeben.

Buchsbaum

Standort:
Schattig. Diese immergrüne Heckenpflanze ist anspruchslos, wächst langsam und verträgt ein erstaunliches Maß an Abgasen.

Pflanzung:
Bei zunehmendem Mond an einem Zwillingetag.

Rückschnitt:
Durch Schnitt kann Buchsbaum in verschiedene Formen gebracht werden. Dabei muß man allerdings den leichten Formschnitt, der zu jeder Zeit stattfinden kann, unterscheiden vom kräftigen

Feuer:
Widder ♈
Löwe ♌
Schütze ♐

Erde:
Stier ♉
Jungfrau ♍
Steinbock ♑

Luft:
Zwillinge ♊
Waage ♎
Wassermann ♒

Wasser:
Krebs ♋
Skorpion ♏
Fische ♓

Feuer:
♈ Widder
♌ Löwe
♐ Schütze

Erde:
♉ Stier
♍ Jungfrau
♑ Steinbock

Luft:
♊ Zwillinge
♎ Waage
♒ Wassermann

Wasser:
♋ Krebs
♏ Skorpion
♓ Fische

Rückschnitt, der für die Entwicklung des Buchses unerläßlich ist, und Anfang Juni oder im August stattfinden sollte, bei abnehmendem oder absteigendem Mond möglichst dicht am Neumond.

Chinakohl

Standort:
Hell.
Besonderes: Neben Tomaten und Spinat fühlt sich dieses Wintergemüse sehr wohl, weniger gut geht es ihm neben Zwiebeln und Knoblauch. Der Wasserbedarf dieser Pflanzen ist zu unterschiedlich.

Aussaat:
Bei abnehmendem Mond an einem Wassertag wird Chinakohl zwischen Mitte Juli und Mitte August gesät.

Pflege:
Chinakohl braucht feuchten Boden. Gießen Sie ihn daher an Wassertagen, nicht nur im abnehmenden Mond, sondern auch bei zunehmenden Mond.

Ernte:
Ab Oktober bei zunehmendem Mond in einem Wasser- oder Luftzeichen.

Clematis (Waldrebe)

Standort:
Sonnig, am liebsten den Kopf in der Sonne, die Füße im Schatten.
Besonderes: Clematis läßt sich wunderbar auf dem Balkon ziehen. Sie benötigt ein Spalier zum Ran-

ken und erreicht eine Höhe von etwa drei Metern. Allerdings benötigt sie ein größeres Gefäß.

Pflege:
Gießen und düngen bei abnehmendem Mond in einem Luftzeichen.

Rückschnitt:
Im Spätsommer bei abnehmendem Mond, am besten kurz vor Neumond, in einem Luftzeichen.

Clivie

Standort:
Halbschattig.

Pflege:
Im Sommer bei abnehmendem Mond in einem Luftzeichen oder im absteigenden Mond gießen. Da Clivien erst nach einer Trockenperiode wieder Blüten hervorbringen, sollten sie ab Oktober so trocken wie möglich stehen. Die Erde braucht in dieser Zeit nur vor dem Austrocknen bewahrt zu werden. Wenn der Blütentrieb ungefähr 15 Zentimeter lang ist, können Sie wieder zu gießen beginnen. Düngen während der Blütezeit bei abnehmendem Mond in einem Luftzeichen

Cosmea (Schmuckkörbchen)

Standort:
Sonnig, windgeschützt.

Aussaat:
Aussaat in Pflanzkästen im März bei zunehmendem Mond an einem Wasser- oder Lufttag. Nach den

Feuer:
♈ Widder
♌ Löwe
♐ Schütze

Erde:
♉ Stier
♍ Jungfrau
♑ Steinbock

Luft:
♊ Zwillinge
♎ Waage
♒ Wassermann

Wasser:
♋ Krebs
♏ Skorpion
♓ Fische

Eisheiligen können die Jungpflanzen ins Freie gesetzt werden.

Pflege:
Gießen bei abnehmendem Mond an einem Wassertag.

Ernte:
Wenn Sie die zarten Blumen bei zunehmendem Mond in einem Luftzeichen, möglichst dicht an Vollmond schneiden, ist ihre Farbe besonders leuchtend, und sie werden sich lange in der Vase halten. Cosmeen blühen bis weit in den Oktober hinein.

Dahlien

Standort:
Sonnig und windgeschützt. Setzen Sie sie nach Möglichkeit vor eine Mauer – da kommen sie hervorragend zur Geltung und sind zugleich ein wenig windgeschützt, denn die langstieligeren Exemplare brechen leicht ab. Höhere Sorten und Sorten mit besonders schweren, großen Blüten benötigen eventuell Halt an einem Spalier.
Besonderes: Neben den klassischen, hohen Gartendahlien gibt es inzwischen auch niedrige Arten für Balkonkästen. Sie werden aus Samen selbstgezogen.

Unser Tip:

Sind Ihre Dahlien blühfaul, versuchen Sie einmal, sie zum Blühen anzuregen, indem Sie an einem Lufttag im abnehmenden Mond Holzasche in ihre Erde mischen.

Aussaat:
Dahlien werden entweder im März bei zunehmendem Mond in einem Luftzeichen gesät und im Mai ins Freie verpflanzt oder als Knollen oder Pflänzchen beim Gärtner gekauft. Selbst überwinterte Knollen werden im Mai nach den Eisheiligen bei zunehmendem Mond an einem Feuer- oder Lufttag im Abstand von etwa 30 Zentimetern ausgesetzt.

Pflege:
Dahlien benötigen recht viel Wasser. Gießen und düngen Sie sie regelmäßig bei abnehmendem und absteigendem Mond in einem Luftzeichen. Schneiden Sie alle Triebe bis auf vier ab, und schneiden Sie auch gnadenlos die erste Blütenknospe weg. Die folgenden Blüten werden dadurch viel größer und üppiger als ohne diese Maßnahmen.

Schnitt für Sträuße:
Bei zunehmendem Mond an einem Lufttag duften die Blüten am stärksten, und die Blumen halten sich auch gut in der Vase.

Rückschnitt:
Bei abnehmendem Mond, am besten kurz vor Neumond, im Stier oder in einem Luftzeichen.

Dill

Standort:
Sehr sonnig, windgeschützt, auf fruchtbarem Boden ohne Staunässe.
Besonderes: Mit Kopfsalat und Zwiebeln verträgt Dill sich gut. Von Fenchel sollte man ihn ein gutes Stück entfernt pflanzen, denn die Pflanzen befruch-

Feuer:
Widder ♈
Löwe ♌
Schütze ♐

Erde:
Stier ♉
Jungfrau ♍
Steinbock ♑

Luft:
Zwillinge ♊
Waage ♎
Wassermann ♒

Wasser:
Krebs ♋
Skorpion ♏
Fische ♓

Feuer:
♈ Widder
♌ Löwe
♐ Schütze

Erde:
♉ Stier
♍ Jungfrau
♑ Steinbock

Luft:
♊ Zwillinge
♎ Waage
♒ Wassermann

Wasser:
♋ Krebs
♏ Skorpion
♓ Fische

ten sich gegenseitig, und dann vermischt sich ihr Aroma. Die Früchte als Gewürz oder Tee helfen bei Blähungen und fördern die Verdauung und die Harnausscheidung. Dill kann auch auf dem Fensterbrett gezogen werden.

Aussaat:
Aussaat ins Freiland bei zunehmendem Mond in einem Wasserzeichen.

Ernte:
Die Blätter zupfen Sie während des Sommers bei zunehmendem Mond in einem Wasserzeichen ab und verwenden sie frisch als Gewürz zu Salaten, Eiern, Kartoffeln oder Grillfleisch.
Bei zunehmendem Mond, am besten kurz vor Vollmond, an einem Löwe- oder Schützetag werden die Blütenköpfe gepflückt, sobald sich Früchte bilden. Sie werden kopfunter über einem Tuch aufgehängt, in das die Samen fallen können. Tee gegen Verdauungsprobleme wirkt besonders gut an Krebs- oder Jungfrautagen aus frischen Pflanzen.

Ebereschen

Standort:
Hell, in lichten Hecken und Gebüschen. Sie liebt einen feuchten, auch moorigen Boden.

Unser Tip:

Gegen Entzündungen der Mundschleimhäute hilft es, wenn Sie aus Dillsamen einen Absud zubereiten und damit gurgeln und den Mund mehrmals täglich ausspülen.

Besonderes: Saft und Tee aus Vogelbeeren hilft bei Durchfall und Hämorrhoiden. Für die Vögel sind die Beeren im Winter eine wichtige, gesunde Nahrung. Sie können auch Marmelade daraus kochen.

Pflanzung:
Bei zunehmendem Mond an einem Zwillingetag.

Rückschnitt:
Bei abnehmendem oder absteigendem Mond im Herbst, möglichst dicht am Neumond. Ernte der Beeren: Zum Entsaften bei zunehmendem Mond in einem Feuerzeichen, zum Verarbeiten als Marmelade bei abnehmendem Mond in einem Feuerzeichen, am besten bald nach Vollmond, zum Trocknen bei abnehmendem Mond in einem Luftzeichen oder an einem Jungfrautag.

Edelkastanie

Standort:
Edelkastanien benötigen hohe Luftfeuchtigkeit und eine lange Vegetationsperiode. Wenn Sie nicht in einer milden Gegend wohnen, kann es sein, daß sie bei Ihnen keine Früchte tragen. Schauen Sie sich in Ihrer Nachbarschaft um. Gedeihen dort Edelkastanien? Dann hat es Sinn, daß Sie auch eine pflanzen – vorausgesetzt, Ihr Garten ist groß genug.
Besonderes: Die Blätter können Sie als Tee in kleinen Schlucken gegen Husten trinken oder zum Gurgeln einsetzen.

Pflanzung:
Pflanzen Sie Kastanien in der Ruhephase zwischen Laubabwurf und neuem Austreiben, also zwischen

Feuer:
♈ Widder
♌ Löwe
♐ Schütze

Erde:
♉ Stier
♍ Jungfrau
♑ Steinbock

Luft:
♊ Zwillinge
♎ Waage
♒ Wassermann

Wasser:
♋ Krebs
♏ Skorpion
♓ Fische

Ende Oktober und Ende Februar. Achten Sie darauf, daß die Wurzeln unbeschädigt sind, schneiden Sie zu lange und beschädigte Wurzeln ab, und wässern Sie den Wurzelstock gut, ehe Sie ihn einsetzen. Der ideale Zeitpunkt ist um Neumond.

Ernte:
Edelkastanien trennen sich von selbst von ihren Früchten, wenn der richtige Zeitpunkt gekommen ist. Sammeln Sie sie auf, während der Mond in einem Feuerzeichen steht, dann lassen sie sich besonders gut lagern.

Efeu

Standort:
Schattig bis halbschattig, eher sandiger Boden, verträgt keine Staunässe.
Besonderes: Efeu wächst sehr langsam, ist aber auch sehr widerstandsfähig und übersteht selbst Abgase recht gut. Er erklimmt auch ohne Rankhilfen hohe Mauern.

Aussaat:
Bei zunehmendem Mond an einem Wassertag. Efeu läßt sich auch sehr gut durch Stecklinge vermehren. Setzen Sie diese bei zunehmendem Mond im Steinbock oder einem Wasserzeichen ein.

Pflege:
Gießen und sparsam düngen bei zunehmendem Mond an einem Wassertag.

Ernte:
Die Früchte des Efeus sind giftig. Wenn Sie aus Efeublättern, die Sie bei zunehmendem Mond kurz

vor Vollmond, am besten an einem Wasser- oder Steinbocktag pflücken, einen Absud zubereiten und diesen ins heiße Badewasser geben, ist das eine optimale Vorbereitung Ihrer Haut auf eine Cellulitis-Massage.

Eibe

Standort: Schattig.
Besonderes: Dieser sehr ausdauernde Baum kann zwar wunderbar zu Hecken geschnitten werden und bietet sich auf schattigen Grundstücken daher regelrecht an, doch darf nicht übersehen werden, daß sowohl die Blätter als auch die roten Früchte giftig sind.

Pflanzung:
Bei zunehmendem Mond an einem Zwillingetag.

Rückschnitt:
Bei abnehmendem oder absteigendem Mond im Herbst, möglichst dicht am Neumond.

Eibisch

Standort:
An sonnigen Standorten auf feuchtem, doch eher magerem Boden gedeiht Eibisch prächtig, er verträgt auch salzigen Boden.
Besonderes: Eibischwurzeln sind ein bekanntes, hochwirksames Hustenmittel. Die getrockneten Wurzeln müssen etwa acht Stunden lang in kaltem Wasser ziehen, die Flüssigkeit wird dann erhitzt – nicht mehr kochen! – und als Tee in kleinen Schlucken getrunken.

Feuer:
♈ Widder
♌ Löwe
♐ Schütze

Erde:
♉ Stier
♍ Jungfrau
♑ Steinbock

Luft:
♊ Zwillinge
♎ Waage
♒ Wassermann

Wasser:
♋ Krebs
♏ Skorpion
♓ Fische

Aussaat/Vermehrung:
Durch Wurzelteilung oder Aussaat im Frühjahr bei abnehmendem Mond in einem Erdzeichen. Setzen Sie die Pflanzen in etwa 30 cm Abstand und vereinzeln Sie sie nach einem Jahr auf 60 cm Abstand.

Pflege:
Gießen am besten bei abnehmendem Mond an einem Erdzeichen.

Ernte:
Die Wurzeln werden im Winter bei abnehmendem Mond in einem Erdzeichen ausgegraben, gründlich gewaschen, in kleine Stücke geschnitten und dann zum Trocknen ausgebreitet.

Eissalat

Standort:
Sonnig, nicht zu trocken.
Besonderes: Setzen Sie Eissalat nicht neben Petersilie. Neben Kartoffeln, Lauch und Bohnen fühlt er sich wohl, auch mit Kohl, Erdbeeren, Radieschen, Sellerie und Tomaten verträgt er sich sehr gut

Aussaat:
In Saatkistchen ab März bei zunehmendem Mond an einem Krebstag oder bei aufsteigendem Mond in den Fischen; die Jungpflanzen können Sie bei

Unser Tip:

Schneiden Sie Wurzeln, die Sie trocknen wollen, vorher in kleine Stücke. Das geht wesentlich leichter, als später harte, getrocknete Wurzeln zu zerteilen.

abnehmendem Mond im Stier oder im Steinbock auspflanzen.

Pflege:
Gießen Sie Eissalat frühmorgens bei abnehmendem Mond an Wassertagen.

Ernte:
Bei zunehmendem Mond, am besten in einem Wasserzeichen, zum sofortigen Gebrauch.

Endivie

Standort:
Sonnig.
Besonderes: Der einzige Salat mit einer gewissen Lagerfähigkeit möchte in vieler Hinsicht anders als seine Artgenossen angebaut und behandelt werden. Neben Bohnen, Fenchel, Kohl und Lauch fühlt die Endivie sich wohl, neben Petersilie sollte man auch sie nicht pflanzen.

Aussaat:
Aussaat während der Holunderblüte bei zunehmendem Mond an einem Wassertag.

Pflege:
Gießen und düngen bei abnehmendem Mond an einem Wassertag.

Ernte:
Bei zunehmendem Mond in einem Wasserzeichen, wenn Sie ihn sofort verbrauchen wollen. Winterendivien werden an einem Lufttag im abnehmenden Mond geerntet und frostgeschützt in sandige Erde gebettet.

Feuer:
♈ Widder
♌ Löwe
♐ Schütze

Erde:
♉ Stier
♍ Jungfrau
♑ Steinbock

Luft:
♊ Zwillinge
♎ Waage
♒ Wassermann

Wasser:
♋ Krebs
♏ Skorpion
♓ Fische

Engelwurz

Standort:
Leicht schattig. Bei sonnigem Standort sollte der Boden durch eine Mulchschicht geschützt werden. Engelwurz liebt feuchte Wiesen und Flußufer.
Besonderes: Getrocknete Blätter in Kräutertees wirken stimmungsaufhellend, helfen bei Erkältungen und Blähungen und senken beim Einkochen den Zuckerbedarf. Besonders aromatisch ist die getrocknete Wurzel. Vorsicht: Wenn Sie zu viel Engelwurz erwischen, kann ihre anregende Wirkung in Depressionen umschlagen.

Aussaat:
Aussaat im Frühherbst aus Samen direkt ins Freiland bei zunehmendem Mond in einem Luftzeichen. Keimlinge sollten Sie im Frühjahr verpflanzen, ehe sie ihre lange Pfahlwurzel ausbilden.

Ernte:
Blätter schneiden Sie bei zunehmendem Mond an einem Lufttag ab, die Wurzeln graben Sie im Herbst aus, am besten an einem Jungfrautag kurz vor Neumond. Die Dolden lassen sich gut trocknen (an einem Lufttag im abnehmenden Mond abschneiden und aufhängen) und für dekorative winterliche Trockensträuße verwenden.

Enzian

Standort:
Sonnig, auf magerem Boden, gedeiht im Steingarten. In der Natur wächst er in Flachmooren, im Rasen und auf felsigem, kargem Boden im Gebirge.

Besonderes: Blüte und Blätter wirken als Tee verdauungsfördernd und fiebersenkend. Im Magenbitter kommt Enzian zu Ehren.

Aussaat/Vermehrung:
Bei zunehmendem Mond an einem Wassertag. Auch durch Teilung der Wurzel läßt sich der Enzian vermehren, am besten bei abnehmendem Mond in einem Erdzeichen, vorzugsweise im Steinbock.

Ernte:
Wenn Sie Enzian für Ihren eigenen Likör pflücken wollen, so schneiden Sie ihn während der Blüte knapp über dem Wurzelhals ab – bei zunehmendem Mond, wenn Sie ihn sofort verarbeiten, bei abnehmendem Mond an einem Luftzeichen, wenn Sie ihn trocknen wollen.

Erbsen

Standort:
Sonnig, windgeschützt. Ranken sich bei geeignetem Halt bis in etwa einen Meter Höhe hinauf.
Besonderes: Zwischen Gurken, Möhren, Radieschen, Rettich, Spinat und Zucchini fühlen sich Erbsen wohl, sie vertragen sich hingegen nicht mit Bohnen und Tomaten.

Aussaat:
Aussaat ab Mitte März ins Freiland bei zunehmendem Mond in einem Feuerzeichen.

Pflege:
Gießen Sie Erbsen bei abnehmendem Mond in einem Feuerzeichen. Düngen ist meist nicht erforderlich.

Feuer:
Widder ♈
Löwe ♌
Schütze ♐

Erde:
Stier ♉
Jungfrau ♍
Steinbock ♑

Luft:
Zwillinge ♊
Waage ♎
Wassermann ♒

Wasser:
Krebs ♋
Skorpion ♏
Fische ♓

Feuer:
♈ Widder
♌ Löwe
♐ Schütze

Erde:
♉ Stier
♍ Jungfrau
♑ Steinbock

Luft:
♊ Zwillinge
♎ Waage
♒ Wassermann

Wasser:
♋ Krebs
♏ Skorpion
♓ Fische

Ernte:
Bei zunehmendem Mond, am besten kurz vor Vollmond, wenn Sie sie frisch verzehren wollen. Zum Einfrieren pflücken Sie sie an einem Feuertag bei abnehmendem Mond, bald nach Vollmond.

Erdbeeren

Standort:
Sonnig.
Besonderes: Zwischen Bohnen, Kartoffeln, Kopfsalat, Spinat, Sonnenblumen und Zwiebeln fühlen sich Erdbeeren besonders wohl. Auch Borretsch mögen sie gern neben sich.

Pflanzung:
Bei zunehmendem Mond in einem Feuerzeichen. Setzen Sie die Pflanzen nicht zu dicht. Wenn Ihre Erdbeeren absterben und die Wurzeln rötlich und verfault sind, dann liegt das wahrscheinlich an der Wurzel- oder Rhizomfäule, einer Pilzerkrankung. Um diese Krankheit schon im Vorfeld zu vermeiden, empfehlen wir Ihnen, Ihre Erdbeeren jedes Jahr auf einem anderen Beet zu ziehen.

Pflege:
Nur sparsam düngen, am besten bei abnehmendem Mond an einem Feuertag. Damit die Früchte nicht

Unser Tip:

Pflücken Sie Erdbeeren nie ohne Stiel, denn durch das entstehende Loch gelangen Fäulnisbakterien in die Beeren, und Sie haben nach wenigen Stunden verdorbene Früchte.

zu feucht stehen, gibt man nach der Blüte Stroh oder Holzwolle auf den Boden unter die Pflanzen.

Ernte:
Bei zunehmendem Mond, am besten kurz vor Vollmond, an einem Feuertag. Wenn Sie sie an einem Widdertag bei abnehmendem Mond einkochen, benötigen Sie weniger Zucker für die Marmelade, und sie wird besonders aromatisch.

Estragon

Standort:
Sehr sonnig, fruchtbare, eher trockene Böden.
Besonderes: Estragon ist ausgesprochen pflegeleicht und kann auch im Kistchen auf dem Fensterbrett gezogen werden.

Vermehrung:
Durch Teilung der Wurzeln im Frühjahr bei zunehmendem Mond in einem Luftzeichen.

Ernte:
Bei zunehmendem Mond kurz vor Vollmond an einem Wasser- oder Lufttag, wenn die Blätter frisch verwendet oder in Öl oder Essig eingelegt werden sollen. Bei abnehmendem Mond in einem Luftzeichen, wenn sie getrocknet werden sollen.

Farn

Standort:
Schattig und feucht.
Besonderes: Farne sind die klassischen Schattenpflanzen im Garten. Im Zimmer merken Sie an der Farbe der Wedel, ob Ihr Farn zu hell steht: Dann

Feuer:
Widder ♈
Löwe ♌
Schütze ♐

Erde:
Stier ♉
Jungfrau ♍
Steinbock ♑

Luft:
Zwillinge ♊
Waage ♎
Wassermann ♒

Wasser:
Krebs ♋
Skorpion ♏
Fische ♓

Feuer:
♈ Widder
♌ Löwe
♐ Schütze

Erde:
♉ Stier
♍ Jungfrau
♑ Steinbock

Luft:
♊ Zwillinge
♎ Waage
♒ Wassermann

Wasser:
♋ Krebs
♏ Skorpion
♓ Fische

werden sie auffällig blass- oder hellgrün. Steht der Farn zu dunkel, wächst er nicht.

Vermehrung:
Durch Teilen des Wurzelstocks bei zunehmendem Mond an einem Wassertag.

Pflege:
Zimmerfarne schätzen es, wenn man sie mit Wasser und einem Schuß Milch gießt. Sie lassen sich einfach und natürlich düngen, indem man sie mit schwachem schwarzem Tee gießt oder einen benutzten Teebeutel in die Erde steckt. Am besten eignet sich auch hierfür ein Wassertag bei abnehmendem Mond.

Feige

Standort:
Hell, warm und geschützt, sonnig erst, wenn die neuen Blätter ausgewachsen sind. Verträgt leichten Frost, ist daher in sehr milden Lagen winterhart, besonders wenn sie vor einer wärmenden Mauer gepflanzt wird. Läßt sich gut als Kübelpflanze halten. Da Blüten und Früchte nur ausgebildet werden, wenn die Wurzeln an Grenzen stoßen, ist die Kübelhaltung vielleicht doppelt interessant. Im Freien sollte man Feigen in eine begrenzte Pflanz-

Unser Tip:

Schneiden Sie einige Farnwedel bei abnehmendem Mond an einem Lufttag, und legen Sie damit Ihre Kellerregale aus. Farne wirken fäulnishemmend und schützen so Ihr Obst.

wanne von etwa einem Kubikmeter setzen. Feigen sollten bei zwei bis acht Grad überwintern und möglichst früh wieder hinaus. Sie mögen lehmigen Boden, mit Einheitserde vermischt.

Pflanzung:
Pflanzen Sie Feigen, die Sie aus Stecklingen heranziehen können, im zunehmenden Mond bald nach Neumond in einem Feuerzeichen oder an einem Tag im Skorpion.

Pflege:
Bei abnehmendem oder absteigendem Mond regelmäßig gießen und von Frühjahr bis August auch fleißig düngen.

Ernte:
Vermutlich wird sich das Problem des Lagerns und Trocknens Ihrer Feigenernte nicht wirklich stellen. Dennoch: Feigen lassen sich sehr gut lagern, wie Äpfel auf eigenem Laub oder auf Lorbeerblättern. Pflücken Sie zum Lagern bestimmte Früchte bei abnehmendem Mond an einem Feuertag. Feigen, die Sie sofort verzehren wollen, pflücken Sie, wenn Sie Appetit darauf haben, möglicherweise bei zunehmendem Mond in einem Feuerzeichen.

Feldsalat

Standort:
Sonnig.
Besonderes: Neben Bohnen, Dill, Erdbeeren, Kartoffeln, Kohl, Lauch, Radieschen, Roter Bete, Sellerie und Zwiebeln fühlt sich Feldsalat sehr wohl, Petersilie sollte nicht neben ihm stehen.

Feuer:
Widder ♈
Löwe ♌
Schütze ♐

Erde:
Stier ♉
Jungfrau ♍
Steinbock ♑

Luft:
Zwillinge ♊
Waage ♎
Wassermann ♒

Wasser:
Krebs ♋
Skorpion ♏
Fische ♓

Feuer:
♈ Widder
♌ Löwe
♐ Schütze

Erde:
♉ Stier
♍ Jungfrau
♑ Steinbock

Luft:
♊ Zwillinge
♎ Waage
♒ Wassermann

Wasser:
♋ Krebs
♏ Skorpion
♓ Fische

Aussaat:
Der Feldsalat wird bei zunehmendem Mond an einem Wassertag ausgesät, und zwar für die Herbsternte, wenn die Beeren der Eberesche reif sind, und für die Frühjahrsernte, wenn die Holunderbeeren reif sind.

Pflege:
Bei abnehmendem Mond an einem Wassertag.

Ernte:
Bei zunehmendem Mond, am besten in einem Wasserzeichen.

Fenchel (Gemüse)

Standort:
Sonnig und warm, in sehr gutem, tiefgründigem Boden, in den viel Mist eingearbeitet wurde.
Besonderes: Zwischen Erbsen, Gurken, Lauch und Salat fühlt Fenchelgemüse sich wohl. Mit Bohnen und Tomaten verträgt es sich weniger gut.

Aussaat:
Aussaat bei zunehmendem Mond an einem Wassertag, wenn die roten Johannisbeeren reif sind, in geschützten Lagen auch schon ab Mitte April.

Pflege:
An Wassertagen sollte man Fenchel unbedingt gießen. Wenn Sie ihn zusätzlich anhäufeln, bleibt die Feuchtigkeit besser erhalten.

Ernte:
Im Spätherbst bei zunehmendem oder aufsteigendem Mond in einem Wasserzeichen zum sofortigen

Verbrauch. Fenchel sollte nicht gelagert, sondern nach der Ernte frisch zubereitet werden.

Fenchel (Gewürz)

Standort:
Sehr sonnig. Fenchel wächst wild in Südeuropa auf trockenen Felsabhängen und alten Mauern – zu viel Wasser verträgt er also nicht. Ansonsten ist er pflegeleicht.
Besonderes: Neben Dill und Koriander sollte Fenchel nicht stehen, denn mit ersterem kreuzen sich die Samen, letzterer verringert die Samenproduktion des Fenchels. Als Brotgewürz und Bestandteil von Hustenbonbons (Bayerisch Malz) sind Fenchelsamen wohlbekannt. Aus ihnen zubereiteter Tee ist ein wirksames Mittel bei Bauchschmerzen, die auf Gärungsprozesse im Darm zurückzuführen sind. Wenn Kinder also zuviel unreifes Obst gegessen haben, kann er wirksam helfen. Die Blätter werden als Gewürz für Gemüse- und Fischgerichte verwendet.

Aussaat/Vermehrung:
Aussaat nach den Eisheiligen ins Freiland bei zunehmendem Mond in einem Feuerzeichen. Vermehrung durch Wurzelteilung im Herbst, ebenfalls bei zunehmendem Mond.

Feuer:
Widder ♈
Löwe ♌
Schütze ♐

Erde:
Stier ♉
Jungfrau ♍
Steinbock ♑

Luft:
Zwillinge ♊
Waage ♎
Wassermann ♒

Wasser:
Krebs ♋
Skorpion ♏
Fische ♓

Unser Tip:

Geben Sie einen Absud aus einer Handvoll Fenchelsamen ins Badewasser – das ergibt ein anregendes, desodorierendes und reinigendes Bad.

Feuer:
♈ Widder
♌ Löwe
♐ Schütze

Erde:
♉ Stier
♍ Jungfrau
♑ Steinbock

Luft:
♊ Zwillinge
♎ Waage
♒ Wassermann

Wasser:
♋ Krebs
♏ Skorpion
♓ Fische

Ernte:
Bei zunehmendem Mond, am besten kurz vor Vollmond, in einem Wasserzeichen, kann man die Blätter pflücken, die man einfrieren oder in Essig und Öl einlegen will.
An einem Feuertag bei abnehmendem Mond im August oder September schneidet man die Dolden ab und hängt sie kopfunter zum Trocknen auf. Die Samen werden aus den trockenen Dolden geklopft, nochmals getrocknet und dann lichtgeschützt in einem Glas oder Steingutgefäß aufbewahrt.
An einem Krebs- oder Jungfrautag ist ihre Wirksamkeit bei Magen- und Darmbeschwerden besonders groß.

Ficus

Standort:
Schattig bis halbschattig.
Besonderes: Nach einem langen Winter im trockenen, überheizten Büro, während dem der Ficus seinen wichtigen Beitrag zur Reinigung und Befeuchtung der Luft geleistet hat, sollten Sie ihm einen Erholungsurlaub in der Sommerfrische Ihres Balkons oder Gartens gönnen.

Vermehrung:
Durch Stecklinge. Pflanzen Sie sie bei zunehmendem Mond an einem Wassertag.

Pflege:
Gießen, Düngen und Mulchen bei abnehmendem Mond an einem Wassertag. Hohe Luftfeuchtigkeit schützt alle Ficus-Arten vor Spinnmilbenbefall.

Fingerhut

Standort:
Sonnig und windgeschützt.
Besonderes: Die ganze Pflanze ist giftig, besonders die Blätter während der Blütezeit. Für einen Garten, zu dem Kinder Zugang haben, ist sie also nicht geeignet. In der Medizin wird das Gift des Fingerhuts *(Digitalis)* bei Herzerkrankungen verwendet. Von einer Selbstmedikation ist jedoch unbedingt abzuraten!

Aussaat:
Aussaat aus gesammelten Samen ins Freiland bei zunehmendem Mond in einem Luftzeichen.

Schnitt für Sträuße:
Bei zunehmendem Mond an einem Lufttag duften die Blüten am stärksten, und die Blumen halten sich auch gut in der Vase.

Rückschnitt:
Bei abnehmendem Mond, am besten kurz vor Neumond, in einem Luftzeichen.

Fleißiges Lieschen

Standort:
Schattig bis halbschattig.
Besonderes: Blüht den ganzen Sommer zuverlässig, ist anspruchslos und läßt sich gern auch in Balkonkästen halten.

Aussaat:
Aussaat oder Pflanzung bei zunehmendem Mond an einem Wassertag.

Feuer:
Widder ♈
Löwe ♌
Schütze ♐

Erde:
Stier ♉
Jungfrau ♍
Steinbock ♑

Luft:
Zwillinge ♊
Waage ♎
Wassermann ♒

Wasser:
Krebs ♋
Skorpion ♏
Fische ♓

Feuer:
♈ Widder
♌ Löwe
♐ Schütze

Erde:
♉ Stier
♍ Jungfrau
♑ Steinbock

Luft:
♊ Zwillinge
♎ Waage
♒ Wassermann

Wasser:
♋ Krebs
♏ Skorpion
♓ Fische

Pflege:
Gießen bei abehmendem Mond und an Wassertagen. Lufttage meiden, sonst frohlocken die Blattläuse.
Sollten Sie bobachten, daß Ihr Fleißiges Lieschen seine Blätter abwirft und nicht mehr wächst, kann die Ursache dafür Staunässe sein, die dann entsteht, wenn das Gießwasser nicht abrinnen kann. Topfen Sie einige Pflanzen aus und betrachten Sie den Wurzelballen: Sind sie weiß und intakt, liegt eine andere Krankheit vor. Sind sie aber schwarz, müssen Sie Ihre Fleißigen Lieschen weniger gießen oder aber in frische Erde umpflanzen.

Flieder

Standort:
Sonnig.
Besonderes: Fliederblütentee hilft bei Rheumatismus, aus der Rinde kann man einen fiebersenkenden Absud zubereiten.

Pflanzung:
Bei zunehmendem Mond an einem Zwillingetag.

Schnitt für Sträuße:
Bei zunehmendem Mond an einem Lufttag geschnittene Blüten duften besonders stark und hal-

Unser Tip:

Flieder hält sich länger in der Vase, wenn Sie das Laub entfernen, die Rinde etwas abschälen und die Stiele dann für einige Minuten in warmes Wasser stellen.

ten sich auch gut in der Vase. Allerdings muß man die Stiele mit dem Hammer aufklopfen.

Rückschnitt:
Bei abnehmendem oder absteigendem Mond im Herbst, möglichst dicht am Neumond. Entfernt werden vor allem die trockenen Triebspitzen.

Forsythie

Standort:
Sonnig.
Besonderes: Am Barbaratag (4. Dezember) geschnittene Forsythienzweige sollten wie auch Kirschzweige bis Weihnachten blühen. Forsythien lassen sich auch zu schön geformten Hecken schneiden.

Pflanzung:
Bei zunehmendem Mond an einem Zwillingetag.

Schnitt für Sträuße:
Werden die Blüten bei zunehmendem Mond an einem Lufttag geschnitten, duften sie besonders stark und halten sich auch gut in der Vase.

Rückschnitt:
Bei abnehmendem oder absteigendem Mond im Herbst, möglichst dicht am Neumond. Vorsicht: Die Forsythie blüht am vorjährigen Holz. Schneiden Sie daher keine jungen Triebe weg.

Frauenmantel

Standort:
Schattig oder halbschattig auf schwerem, lehmigem Boden.

Feuer:
Widder ♈
Löwe ♌
Schütze ♐

Erde:
Stier ♉
Jungfrau ♍
Steinbock ♑

Luft:
Zwillinge ♊
Waage ♎
Wassermann ♒

Wasser:
Krebs ♋
Skorpion ♏
Fische ♓

Feuer:
♈ Widder
♌ Löwe
♐ Schütze

Erde:
♉ Stier
♍ Jungfrau
♑ Steinbock

Luft:
♊ Zwillinge
♎ Waage
♒ Wassermann

Wasser:
♋ Krebs
♏ Skorpion
♓ Fische

Besonderes: Ein Dampfbad aus getrockneten Blättern hilft bei Akne, ein Absud in Kompressen heilt entzündete Wunden, und Frauenmanteltee heilt Entzündungen der weiblichen Unterleibsorgane und lindert Menstruationsbeschwerden.

Aussaat/Vermehrung:
Aussaat im Frühjahr bei zunehmendem Mond an einem Wassertag. Im Frühjahr und im Herbst läßt sich die Pflanze auch durch Teilung vermehren. Kleine Pflanzen lassen sich bei entsprechender Sorgfalt auch auf dem Fensterbrett halten.

Ernte:
Bei zuehmendem Mond während der Blüte, möglichst in einem Wasserzeichen gepflückte Blätter müssen sofort verwendet werden. Zum Trocknen vorgesehene Blätter pflückt man besser bei abnehmendem Mond an einem Lufttag.

Freesien

Standort:
Sonnig.
Besonderes: Nur in wirklich milden Lagen lohnt sich der Versuch, Freesien im Garten anzubauen. Wer ein Gewächshaus zur Verfügung hat, kann es mit Aussicht auf Erfolg versuchen.

Unser Tip:

Eine Handvoll Frauenmantelblätter in einem Stoffsäckchen im Badewasser wirkt bei Akne und Hautunreinheiten auf Gesäß und Rücken zusammenziehend und lindert die Rötung.

Vermehrung:
Durch Teilung der Rhizomknollen. Bei zunehmendem Mond in einem Luftzeichen kann man sie ins Freiland bringen.

Schnitt für Sträuße:
Bei zunehmendem Mond an einem Lufttag duften die Blüten am stärksten, und die Blumen halten sich auch gut in der Vase.

Rückschnitt:
Bei abnehmendem Mond, am besten kurz vor Neumond, in einem Luftzeichen.

Fuchsien

Standort:
Schattig bis halbschattig. Fuchsien sind dankbare Topf- oder Kübelpflanzen, die im Wintergarten überwintern sollten.
Besonderes: Fuchsien blühen von Juni bis Oktober im Schatten, sie benötigen aber zunächst ein wenig Sonne, damit sie zur Blüte angeregt werden.

Aussaat:
Aussaat im Frühjahr bei zunehmendem Mond in einem Luftzeichen auf dem Fensterbrett. Nach den Eisheiligen können Fuchsien ins Freie gepflanzt werden, wieder bei zunehmendem Mond in einem Luftzeichen.

Pflege:
Überwinterte Pflanzen: Anfang März werden bei abnehmendem Mond kurz vor Neumond die Triebe zurückgeschnitten und die Pflanzen wieder häufiger gegossen. Auch hierfür sind Tage bei

Feuer:
Widder ♈
Löwe ♌
Schütze ♐

Erde:
Stier ♉
Jungfrau ♍
Steinbock ♑

Luft:
Zwillinge ♊
Waage ♎
Wassermann ♒

Wasser:
Krebs ♋
Skorpion ♏
Fische ♓

Feuer:
♈ Widder
♌ Löwe
♐ Schütze

Erde:
♉ Stier
♍ Jungfrau
♑ Steinbock

Luft:
♊ Zwillinge
♎ Waage
♒ Wassermann

Wasser:
♋ Krebs
♏ Skorpion
♓ Fische

abnehmendem Mond, möglichst in einem Luftzeichen, ideal.

Rückschnitt:
Nach der Blüte bei abnehmendem Mond, am besten kurz vor Neumond, in einem Luftzeichen.

Funkien

Standort:
Schattig und feucht.
Besonderes: Funkien sind klar strukturierte Blattpflanzen mit schönem, auch mehrfarbigem Laub. Nach der Blüte ziehen sie sich von selbst ein.

Aussaat:
Aussaat oder Pflanzung bei zunehmendem Mond an einem Wassertag.

Pflege:
Gießen und gelegentlich Düngen bei abnehmendem Mond an einem Wassertag.

Gänseblümchen

Standort:
Sonnig, halbschattig.
Besonderes: In den meisten Wiesen kommen Gänseblümchen ohnedies vor. Wenn Sie sie ausstechen und zur Beetbegrenzung einsetzen, werden Sie sich wundern, wie groß und kräftig diese unscheinbaren Korbblütler werden können.

Aussaat:
Gänseblümchen sät man bei zunehmendem Mond an einem Wassertag aus.

Ernte:
Bei zunehmendem Mond in einem Wasserzeichen gepflückte Blätter und Blüten stellen im Frühjahr eine gesunde Ergänzung des Salattellers dar, sollten aber frisch verbraucht werden.

Geranien (Pelargonien)

Standort:
Sonnig, frei von Zugluft.
Besonderes: Diese klassischen Balkonpflanzen sind anspruchslos und blühen den ganzen Sommer in üppiger Pracht. Es gibt sie in hängenden und stehenden Formen. Um ihren Duft zu genießen, sollten Sie die Pflanzgefäße möglichst so postieren, daß der Wind ihn zu Ihrem Lieblingsplatz trägt.

Aussaat/Vermehrung:
Aussaat in Balkonkästen bei zunehmendem Mond in einem Luftzeichen. Die Pflanzen sind das klassische Schulbeispiel für eine Vermehrung aus Blättern. Sie zu überwintern, ist recht schwierig, neu gezogene Jungpflanzen blühen außerdem bei uns früher und schöner als überwinterte Pflanzen.

Pflege:
Regelmäßig düngen, am besten bei abnehmendem Mond in einem Luftzeichen, und gießen. Achtung:

Feuer:
Widder ♈
Löwe ♌
Schütze ♐

Erde:
Stier ♉
Jungfrau ♍
Steinbock ♑

Luft:
Zwillinge ♊
Waage ♎
Wassermann ♒

Wasser:
Krebs ♋
Skorpion ♏
Fische ♓

Unser Tip:

Geranien lieben sauren Boden. Und den erzeugen Sie ganz billig, indem Sie Kaffeesatz auf die Blumenerde verteilen und anschließend gießen.

Feuer:
♈ Widder
♌ Löwe
♐ Schütze

Erde:
♉ Stier
♍ Jungfrau
♑ Steinbock

Luft:
♊ Zwillinge
♎ Waage
♒ Wassermann

Wasser:
♋ Krebs
♏ Skorpion
♓ Fische

Geranien sollten nicht zu viel gegossen werden, da das die Entwicklung von Pilzbefall fördern kann. Die verwelkten Blüten werden während des Sommers immer bis zum darunterliegenden Blattpaar abgeschnitten. Umgetopft wird erst, wenn die Wurzeln schon bei den Topflöchern herauskommen.

Rückschnitt:
Vor Wintereinbruch nach der Blüte bei abnehmendem Mond, am besten kurz vor Neumond, in einem Luftzeichen.

Ginkgo

Standort:
Sonnig bis halbschattig, anspruchslos.
Besonderes: Dem von Goethe besungenen japanischen Tempelbaum sagt man nach, daß er nicht brennt. Er wird sehr groß und ausladend und ist daher für kleine Gärten nicht geeignet.

Aussaat:
Aussaat oder Pflanzung bei zunehmendem Mond an einem Wassertag.

Ginster

Standort:
Sonnig, geschützt, trocken. Bevorzugt magere, ungedüngte Böden.
Besonderes: In strengen Wintern friert Ginster zurück. Geben Sie ihm also einen wind- und frostgeschützten Standort.

Pflanzung:
Bei zunehmendem Mond an einem Zwillingetag.

Rückschnitt:
Blühende Zweige können Sie an einem Lufttag bei zunehmendem Mond schneiden und in einen Sommerblumenstrauß geben. Ein Rückschnitt der ganzen Pflanze erfolgt bei abnehmendem oder absteigendem Mond im Herbst, möglichst dicht am Neumond, aber erst bei alten Pflanzen.

Gladiolen

Standort:
Sonnig.
Besonderes: Nach der Blüte – wenn man sie im Garten ausblühen läßt – sollte man die Pflanze nicht sofort zurückschneiden. Das kostet die Zwiebel unnötig Kraft. Geben Sie ihr genug Zeit, die Blätter wieder einzuziehen.

Stecken der Zwiebeln:
Die Zwiebeln werden nach den Eisheiligen, am besten nach St. Urban (25. Mai) an einem Schützetag bei zunehmendem Mond gesteckt.

Pflege:
Pflegen Sie sie doch ganz entgegen herrschender Lehrmeinung nicht an Lufttagen, sondern an Schützetagen – Sie werden sehen, wie gut ihr das tut. Düngen und gießen Sie sie im abnehmenden Mond, denn dann ist der Boden besonders aufnahmefähig. Gladiolen vertragen keine Staunässe und sind beliebtes Angriffsziel für Blattläuse.

Schnitt für Sträuße:
Wenn Sie sie bei zunehmendem Mond an einem Lufttag schneiden, werden sie sich besonders lange

Feuer:
Widder ♈
Löwe ♌
Schütze ♐

Erde:
Stier ♉
Jungfrau ♍
Steinbock ♑

Luft:
Zwillinge ♊
Waage ♎
Wassermann ♒

Wasser:
Krebs ♋
Skorpion ♏
Fische ♓

Feuer:
♈ Widder
♌ Löwe
♐ Schütze

Erde:
♉ Stier
♍ Jungfrau
♑ Steinbock

Luft:
♊ Zwillinge
♎ Waage
♒ Wassermann

Wasser:
♋ Krebs
♏ Skorpion
♓ Fische

in der Vase halten, und alle Knospen gehen zuverlässig auf.

Rückschnitt/Ausgraben der Zwiebeln:
Besser als ein zu früher Rückschnitt ist es, wenn Sie das Grün im Herbst mitsamt der Zwiebel an einem Lufttag aus dem Boden ziehen und sie an einem schattigen, luftigen Ort zum Trocknen aufhängen. Bis zum nächsten Frühjahr trocken lagern.

Glockenblume

Standort:
Hell, ohne direkte Sonne, die Art *Campanula carpatica* vollsonnig. Alle Arten brauchen gut durchlässige, kalkhaltige Erde ohne Staunässe.

Aussaat:
Im Frühjahr Aussaat ins Freiland bei zunehmendem Mond in einem Luftzeichen. Auch durch Teilung und Stecklinge lassen sich Glockenblumen vermehren.

Pflege:
Düngen bei abnehmendem Mond in einem Luftzeichen, verblühte Triebe entfernen.

Schnitt für Sträuße:
Bei zunehmendem Mond an einem Lufttag. Die Blumen halten sich dann auch gut in der Vase.

Rückschnitt:
Bei abnehmendem Mond, am besten kurz vor Neumond, in einem Luftzeichen. Glockenblumen lassen sich an einem frostfreien, hellen Ort überwintern, Temperaturen von 8–10° C sind ideal.

Goldregen

Standort:
Sonnig. Anspruchslos.
Besonderes: Goldregen sollte nicht an unbeaufsichtigten Kinderspielplätzen gepflanzt werden, da ein Verzehr der Blüten zu Vergiftungserscheinungen führen kann.

Pflanzung:
Bei zunehmendem Mond an einem Zwillingetag.

Rückschnitt:
Bei abnehmendem oder absteigendem Mond im Herbst, möglichst dicht am Neumond.

Goldrute

Standort:
Sonnig bis halbschattig, anspruchslos, verträgt auch Trockenheit.

Aussaat:
Aussaat ins Freiland bei zunehmendem Mond in einem Luftzeichen. Goldruten lassen sich im Frühjahr oder im Herbst nach der Blüte auch durch Wurzelteilung vermehren.

Schnitt für Sträuße:
Bei zunehmendem Mond an einem Lufttag duften die Blüten am stärksten, und die Blüten halten sich auch gut in der Vase.

Rückschnitt:
Bei abnehmendem Mond, am besten kurz vor Neumond, in einem Luftzeichen.

Feuer:
Widder ♈
Löwe ♌
Schütze ♐

Erde:
Stier ♉
Jungfrau ♍
Steinbock ♑

Luft:
Zwillinge ♊
Waage ♎
Wassermann ♒

Wasser:
Krebs ♋
Skorpion ♏
Fische ♓

Feuer:
♈ Widder
♌ Löwe
♐ Schütze

Erde:
♉ Stier
♍ Jungfrau
♑ Steinbock

Luft:
♊ Zwillinge
♎ Waage
♒ Wassermann

Wasser:
♋ Krebs
♏ Skorpion
♓ Fische

Gräser

Standort:
Die meisten Gräser bevorzugen einen sonnigen Platz auf magerem Boden, sind anspruchslos, sollten jedoch nicht völlig austrocknen.

Aussaat:
Aussaat ins Freiland bei zunehmendem Mond in einem Luftzeichen. Gräser lassen sich auch durch Teilung vermehren.

Schnitt für Sträuße:
Bei abehmendem Mond an einem Lufttag, wenn sie bereits zu trocknen beginnen.

Rückschnitt:
Mehrjährige Gräser schneidet man bei abnehmendem Mond zurück, am besten kurz vor Neumond, in einem Luftzeichen, wenn sie ganz trocken sind.

Gummibaum

Standort:
Mäßig warm, jedoch hell und luftig. Der Standort sollte möglichst selten verändert werden.
Besonderes: Stehen die Pflanzen zu tief am Boden, können die unteren Blätter durch Lichtmangel absterben.

Unser Tip:

Der Gummibaum gedeiht noch besser, wenn man ihm ab und zu ein Aspirin in die Erde steckt. Waschen Sie auch regelmäßig die Blätter mit Bier ab.

Pflege:
Im Winter sollte der Gummibaum in einem ungeheizten Raum stehen. Verliert er Blätter, schneiden Sie mit einer Rasierklinge an einem Wassertag im zunehmenden Mond über der Blattnarbe eine kleine Kerbe ein. Schon bald wird sich dann dort ein neues Blatt bilden. Bei abnehmendem oder absteigendem Mond an Wassertagen sollten Sie Ihren Gummibaum düngen, gießen und auch regelmäßig abstauben.

Gurken

Standort:
Halbschattig, windgeschützt. Gurken lassen sich auch auf dem Balkon halten, das Gefäß sollte weit, aber nicht zu tief sein.
Besonderes: Zwischen Erbsen, Fenchel, Roter Bete, Spinat, Sellerie und Zwiebeln fühlen sich Gurken wohl. Weniger schätzen sie es dagegen, neben Kartoffeln, Radieschen, Salbei und Tomaten wachsen zu müssen.

Aussaat:
Aussaat ab Mitte April ins Mistbeet, nach den Eisheiligen ins Freiland bei zunehmendem Mond in einem Feuerzeichen.

Pflege:
Niemals an warmen Tagen mit kaltem Wasser gießen, sonst werden sie bitter. Aus dem gleichen Grund darf man Gurken auch niemals austrocknen lassen, sondern sollte sie stets gleichmäßig bewässern. Ideal ist ein Bodenbewässerungssystem, bei dem sonnengewärmtes Wasser aus einem Eimer

Feuer:
Widder ♈
Löwe ♌
Schütze ♐

Erde:
Stier ♉
Jungfrau ♍
Steinbock ♑

Luft:
Zwillinge ♊
Waage ♎
Wassermann ♒

Wasser:
Krebs ♋
Skorpion ♏
Fische ♓

Feuer:
♈ Widder
♌ Löwe
♐ Schütze

Erde:
♉ Stier
♍ Jungfrau
♑ Steinbock

Luft:
♊ Zwillinge
♎ Waage
♒ Wassermann

Wasser:
♋ Krebs
♏ Skorpion
♓ Fische

über einen Stoffstreifen stetig auf den Boden um die Wurzeln herum sickert. Zum Düngen von Gurken bietet sich Brennesseljauche an.

Ernte:
Frühmorgens, vor der Tageserwärmung, bei zunehmendem Mond, am besten kurz vor Vollmond. Einlagern und Konservieren an einem Feuertag bei abnehmendem Mond.

Hanf

Standort:
Sonnig.
Besonderes: Wenn Sie Hanf in Ihrem Garten halten, könnte es sein, daß Sie mit den Drogengesetzen in Konflikt kommen.

Aussaat:
Aussaat oder Pflanzung bei zunehmendem Mond an einem Wassertag.

Pflege:
Gießen bei abnehmendem Mond an Wassertagen.

Ernte:
Bei zunehmendem Mond in einem Wasserzeichen zum sofortigen Verbrauch. Blätter, die getrocknet werden sollen, pflückt man bei abnehmendem Mond in einem Luftzeichen.

Heckenrose

Standort:
Hell bis sonnig. Wild wachsend an Waldrändern, Straßenrändern und in Feldhecken.

Besonderes: Die Hagebutten werden wegen ihres hohen Vitamingehalts zu Tee, Marmelade oder Gelee verarbeitet. Die Haare und Kerne in ihrem Inneren lassen sich leicht entfernen, wenn Sie die einmal aufgekochten Früchte durch die Flotte Lotte passieren.

Pflanzung:
Bei zunehmendem Mond an einem Zwillingetag.

Rückschnitt:
Bei abnehmendem oder absteigendem Mond im Herbst, möglichst dicht am Neumond. Die Hagebutten erntet man an einem Feuertag im abnehmenden Mond. Wenn Sie die dekorativen Zweige mit den roten Früchten in die Vase stellen wollen, sollten Sie sie bei zunehmendem Mond kurz vor Vollmond schneiden.

Heidekraut

Standort:
Sonnig. Wächst in Heidelandschaften, in Mooren und auf Weiden, bevorzugt saure, magere Böden.
Besonderes: Die blühenden Sproßspitzen lassen sich zu einem ausgezeichneten Tee gegen Entzündungen der Harnröhren und des Urogenitalapparates verarbeiten.

Vermehrung/Pflege:
Durch Absenken eines Zweiges im August/September entstandene oder gekaufte Jungpflanzen pflanzen Sie bei zunehmendem Mond in einem Luftzeichen oder an einem Jungfrautag ein. Sie sollten gleichmäßig feucht stehen. Bei mehrjähriger

Feuer:
♈ Widder
♌ Löwe
♐ Schütze

Erde:
♉ Stier
♍ Jungfrau
♑ Steinbock

Luft:
♊ Zwillinge
♎ Waage
♒ Wassermann

Wasser:
♋ Krebs
♏ Skorpion
♓ Fische

Haltung sollten sie einmal im Frühjahr und einmal im Herbst gedüngt werden. Sie können ohne Winterschutz überwintern, dürfen aber nicht austrocknen. Heidekraut möchte am liebsten mit weichem Moor- oder Regenwasser gegossen werden.

Rückschnitt:
Im März/April bei abnehmendem Mond, am besten kurz vor Neumond, in einem Luftzeichen bis ins alte Holz zurückschneiden.

Heidelbeere

Standort:
Halbschattig bis schattig. Verträgt keine kalkhaltigen Böden. Heidelbeeren vertragen starken Frost und gedeihen am besten bei einem hohen Grundwasserspiegel, zum Beispiel in bergigen Mooren.
Besonderes: Heidelbeeren schärfen das Sehvermögen in der Dämmerung. Autofahrer sollten sie also im Herbst verstärkt essen. Kleine Kinder bekommen sie als Hausmittel gegen Durchfall.

Aussaat:
Aussaat ins Freiland bei zunehmendem Mond in einem Feuerzeichen.

Ernte:
Erst wenn sich die Früchte leicht lösen, sind sie aromatisch. Geerntet werden sie möglichst bei zunehmendem Mond, am besten kurz vor Vollmond. Zum Einkochen ist ein Feuertag bei abnehmendem Mond ideal, weil Sie dann mit weniger Zucker auskommen als gewöhnlich, die Marmelade zuverlässig geliert und hinterher auch nicht schimmelt.

Herbstzeitlose

Standort:
Sonnig.
Besonderes: Die gesamte Pflanze ist giftig; wenn Kinder in Ihren Garten kommen, sollten Sie sich überlegen, ob Sie sie wirklich kultivieren wollen. Interessant ist der Wuchsrhythmus dieser Pflanze: Im Herbst treibt sie nackte Blüten und zieht sich dann wieder ein. Im Frühjahr erscheinen Blätter und Früchte, die im Hochsommer wieder eingezogen werden.

Vermehrung/Pflanzen:
Die Vermehrung erfolgt durch Brutknollen. Die Knollen werden im Juli/August bei zunehmendem Mond an einem Lufttag etwa 15 cm tief eingegraben oder in einen ausreichend hohen Balkonkasten gesetzt. Von August bis Oktober blüht die Pflanze.

Pflege:
Feucht halten, jedoch Staunässe vermeiden. Gießen bei zunehmendem Mond an einem Lufttag. Düngen ab Frühjahr bis Juni, danach hat die Pflanze eine Ruhephase.

Hibiskus

Standort:
Hell, sonnig, wind- und regengeschützt. Bei uns läßt sich Hibiskus nur kurze Zeit des Jahres im Freien halten.
Besonderes: Sobald die Pflanze Knospen trägt, sollte man ihren Standort nicht mehr wechseln. Seien Sie also nicht zu enttäuscht, wenn Sie Pflanzen mit

Feuer:
Widder ♈
Löwe ♌
Schütze ♐

Erde:
Stier ♉
Jungfrau ♍
Steinbock ♑

Luft:
Zwillinge ♊
Waage ♎
Wassermann ♒

Wasser:
Krebs ♋
Skorpion ♏
Fische ♓

Feuer:
♈ Widder
♌ Löwe
♐ Schütze

Erde:
♉ Stier
♍ Jungfrau
♑ Steinbock

Luft:
♊ Zwillinge
♎ Waage
♒ Wassermann

Wasser:
♋ Krebs
♏ Skorpion
♓ Fische

Knospen geschenkt bekommen und diese nach einigen Tagen abfallen.

Pflanzung:
Bei zunehmendem Mond an einem Zwillingetag. Aus halbreifen Stecklingen können neue Pflanzen herangezogen werden.

Pflege:
Regelmäßig gießen und düngen, am besten bei abnehmendem Mond an einem Zwillingetag sowie an Wassertagen, jedoch Staunässe vermeiden. Hibiskus möchte hell überwintern, ideal sind Temperaturen zwischen 14 und 16 Grad.

Rückschnitt:
Ältere Pflanzen sollten Anfang Mai bei abnehmendem oder absteigendem Mond, möglichst dicht am Neumond geschnitten werden, ähnlich wie Rosen: Alle verdorrten und dünnen Triebe werden entfernt, die Haupttriebe um die Hälfte gekürzt. Geschnitten wird stets über einer auswärts weisenden Knospe.

Himbeere

Standort:
Halbschattig auf schwerem, feuchtem Boden.
Besonderes: Himbeerblätter-Tee ist ein wirksames

Unser Tip:

Frische Himbeeren können Sie als Gesichtsmaske auftragen. Sie wirken adstringierend, belebend und straffend. Nach 20 Minuten mit lauwarmem Wasser abwaschen.

Hausmittel gegen Hämorrhoiden und ein gutes Gurgelmittel bei Halsentzündungen.

Vermehrung/Anpflanzung:
Durch Teilung, Wurzeltriebe oder durch Absenker, die bei zunehmendem Mond in einem Feuerzeichen oder an einem Jungfrautag ausgepflanzt werden, im Abstand von etwa 60 Zentimetern. Himbeeren benötigen ein Gerüst aus Fäden, an dem sie Halt finden.

Pflege:
Kräftig düngen bei abnehmendem Mond in einem Feuerzeichen Himbeeren treiben aus dem vorjährigen Holz. Schneiden Sie daher keine neuen Triebe ab, sonst haben Sie im kommenden Jahr keine Himbeeren. Das alte Holz können Sie dagegen unbeschadet zurückschneiden, kurz vor Vollmond, während der Mond in einem Feuerzeichen steht.

Ernte:
Die Beeren werden bei zunehmendem Mond, am besten kurz vor Vollmond gepflückt und gegessen oder in Essig eingelegt. Zum Einkochen ist ein Feuertag ideal. Die Blätter pflücken Sie an einem Lufttag bei zunehmendem Mond möglichst dicht am Vollmond, ehe die Pflanze blüht.

Hirtentäschel

Standort:
Sonnig. Hirtentäschel liebt gut gedüngte Böden.
Besonderes: Hirtentäschel ist ein altes Heilmittel gegen stark blutende Wunden: Als Brei aufgetragen, stillt es die Blutung offener Wunden, als lauwarmer

Feuer:
♈ Widder
♌ Löwe
♐ Schütze

Erde:
♉ Stier
♍ Jungfrau
♑ Steinbock

Luft:
♊ Zwillinge
♎ Waage
♒ Wassermann

Wasser:
♋ Krebs
♏ Skorpion
♓ Fische

Tee getrunken, wirkt es einer zu starken Monatsblutung entgegen.

Aussaat:
Hirtentäschel kennt keine Saison. Die Samen treiben praktisch sofort aus, nachdem sie auf den Boden gefallen sind. Wenn Sie sie gezielt ansetzen wollen, säen Sie sie an einem Tag bei zunehmendem Mond in einem Wasserzeichen.

Ernte:
Bei zunehmendem Mond in einem Wasserzeichen geschnittene Pflanzen werden sofort verwendet.

Holunder

Standort:
Sonnig.
Besonderes: Die „Apotheke des Bauern" – so heißt der Holunderstrauch im Volksmund. Es gibt kaum ein Leiden, gegen das Rinde, Blätter, Blüten und Früchte des Holunders nicht helfen. Am bekanntesten ist die schweißtreibende, antirheumatische Wirkung des Holunderblütentees. Aus Blüten wie Früchten lassen sich gesunde und erfrischende Säfte, Weine, Liköre und Gelees zubereiten.

Pflanzung:
Bei zunehmendem Mond an einem Zwillingetag.

Ernte:
Die Blüten werden bei zunehmendem Mond in einem Luftzeichen, am besten an einem Zwillingetag gepflückt, die Früchte im August/September kurz vor Vollmond, wenn der Mond in einem Feuerzeichen steht.

Rückschnitt:
Bei abnehmendem oder absteigendem Mond im Herbst, möglichst dicht am Neumond.

Hopfen

Standort:
Sonnig. Hopfen benötigt einen tief aufgelockerten, fruchtbaren Boden.
Besonderes: Attraktiv sind die weiblichen Pflanzen mit ihren charakteristischen Blütenständen. Als schnelle Kletterer kann Hopfen zum Verkleiden unansehnlicher Sonnenmauern eingesetzt werden. Hopfenblütentee hilft gegen Schlaflosigkeit und Angstzustände und setzt, wie auch Bier, die sexuelle Aktivität herab.

Vermehrung:
Die Vermehrung erfolgt nicht durch Aussaat, sondern durch Teilung der Wurzeln und Schößlinge im Frühjahr bei zunehmendem Mond in einem Feuerzeichen. Wenn Sie die Jungpflanzen im Abstand von einem Meter direkt neben die Rankhilfe pflanzen, bedecken sie bald die gesamte Mauer.

Pflege:
Während der Wachstumszeit benötigt Hopfen viel Wasser, verträgt aber keine Staunässe. Gießen Sie ihn also lieber einmal zu häufig als einmal zu stark. Ideal sind alle Wassertage, aber auch die Feuertage.

Ernte:
Bei abnehmendem Mond kurz nach Vollmond schneidet man Blüten zum Trocknen für Tee und dekorative Ranken für Trockensträuße.

Feuer:
Widder ♈
Löwe ♌
Schütze ♐

Erde:
Stier ♉
Jungfrau ♍
Steinbock ♑

Luft:
Zwillinge ♊
Waage ♎
Wassermann ♒

Wasser:
Krebs ♋
Skorpion ♏
Fische ♓

Feuer:
♈ Widder
♌ Löwe
♐ Schütze

Erde:
♉ Stier
♍ Jungfrau
♑ Steinbock

Luft:
♊ Zwillinge
♎ Waage
♒ Wassermann

Wasser:
♋ Krebs
♏ Skorpion
♓ Fische

Hortensie

Standort:
Halbschattig. Läßt sich auch im Pflanzkübel halten. Benötigt Rhododendron-Erde.

Vermehrung:
Aus krautigen Stecklingen im Mai/Juni möglich, aber nicht leicht.

Pflege:
Während des Sommers reichlich gießen, jedoch nur mit weichem, entkalktem Wasser oder Regenwasser. Alle 14 Tage mit Rhododendrondünger füttern, möglichst bei abnehmendem Mond in einem Luftzeichen und an Stiertagen.

Schnitt für Sträuße:
Bei zunehmendem Mond an einem Lufttag geschnittene Blüten halten sich besonders gut.

Rückschnitt:
Bei abnehmendem Mond, am besten kurz vor Neumond, in einem Luftzeichen, nach der Blüte.

Huflattich

Standort:
Sonnig, stellt keine besonderen Ansprüche an den Boden.

Unser Tip:

Wollen Sie aus Ihren rosafarbenen Hortensien blaue zaubern? Dazu brauchen Sie eisenhaltigen Boden. Vergraben Sie altes Besteck unter den Hortensien.

Besonderes: Der klassische Hustentee! Er wird aus getrockneten Blüten oder Blättern bereitet, ein Absud der Blätter hilft auch äußerlich bei Haut- und Schleimhautentzündungen (Intimzonen).

Aussaat:
Im Frühjahr bei zunehmendem Mond an einem Lufttag. Sie können die Pflanze auch im Herbst bei abnehmendem Mond teilen oder durch Wurzelableger vermehren.

Ernte:
Bei zunehmendem Mond in einem Wasserzeichen pflücken Sie diejenigen Blätter, die Sie frisch zum Salat verwenden wollen. Bei abnehmendem Mond in einem Luftzeichen pflücken Sie Blüten und Blätter für Tee, die Sie in sehr dünnen Lagen an einem luftigen, schattigen Ort trocknen lassen und in Gläser oder Tongefäße abfüllen.

Hyazinthen

Standort:
Sonnig bis halbschattig.

Stecken der Zwiebeln:
Ende September/Anfang Oktober bei abnehmendem und absteigendem Mond, am besten an einem Waagetag. Hyazinthenzwiebeln sollten doppelt so tief eingepflanzt werden, wie sie dick sind.

Pflege:
Bei abnehmendem Mond mit Humus abdecken. Im Frühjahr bei Vollmond düngen, nach der Blüte mit Brennesseljauche die Zwiebeln kräftigen. Lassen Sie der Pflanze nach der Blüte noch sechs

Feuer:
Widder ♈
Löwe ♌
Schütze ♐

Erde:
Stier ♉
Jungfrau ♍
Steinbock ♑

Luft:
Zwillinge ♊
Waage ♎
Wassermann ♒

Wasser:
Krebs ♋
Skorpion ♏
Fische ♓

Feuer:
♈ Widder
♌ Löwe
♐ Schütze

Erde:
♉ Stier
♍ Jungfrau
♑ Steinbock

Luft:
♊ Zwillinge
♎ Waage
♒ Wassermann

Wasser:
♋ Krebs
♏ Skorpion
♓ Fische

Wochen Zeit, die Blätter einzuziehen, sonst verliert die Zwiebel zu viel Kraft.

Ausgraben:
Wenn Sie die Zwiebeln nicht überhaupt in der Erde lassen wollen, holen Sie sie bei abnehmendem Mond kurz vor Neumond an einem Lufttag aus der Erde, und lagern Sie sie möglichst luftig bis zum Herbst.

Ilex

Standort:
Halbschattig. Lebt als Untergehölz im Laubwald. *Besonderes:* Wegen des immergrünen Laubes ist die Stechpalme in Südeuropa untrennbar mit Weihnachten verbunden. Bei uns gedeiht sie als Einzelstrauch wie auch als beschnittene Hecke.

Pflanzung:
Bei zunehmendem Mond an einem Zwillingetag.

Vermehrung:
Durch Aussaat im Frühling, durch Stecklinge oder durch abgesenkte Triebe.

Rückschnitt:
Bei abnehmendem oder absteigendem Mond im Herbst, möglichst dicht am Neumond.

Unser Tip:

Viele immergrüne Pflanzen leiden im Winter unter Durst. Gießen Sie sie bis in den November reichlich. Als Kälteschutz dient eine zehn Zentimeter hohe Laubdecke.

Iris

Standort:
Sonnig bis halbschattig. Iris benötigt einen trockenen, humusreichen und gut durchlässigen Boden. Nur die japanische Sumpfiris *I. Kaempferi* gedeiht in feuchtem Boden am Rand eines Gewässers.

Aussaat:
Aussaat ins Freiland bei zunehmendem Mond in einem Luftzeichen.

Pflege:
Düngen bei abnehmendem Mond in einem Luftzeichen. Iris brauchen nur mäßig Wasser und sind ansonsten anspruchslos.

Schnitt für Sträuße:
Bei zunehmendem Mond an einem Lufttag duften die Blüten am stärksten, und die Blumen halten sich auch gut in der Vase.

Rückschnitt:
Bei abnehmendem Mond, am besten kurz vor Neumond, in einem Luftzeichen.

Jasmin, Winterjasmin

Standort:
Sonnig bis halbschattig, geschützt, auf durchlässigen, kalkhaltigen Böden. Zu heiße Mittagssonne verträgt er nicht. Im Topf lebende Jasminsträucher müssen jedes Jahr umgetopft werden.
Besonderes: Echter Jasmin benötigt eine Kletterhilfe, oder man läßt ihn über eine Mauer herabhängen. Er läßt sich auch gut im Kübel halten.

Feuer:
Widder ♈
Löwe ♌
Schütze ♐

Erde:
Stier ♉
Jungfrau ♍
Steinbock ♑

Luft:
Zwillinge ♊
Waage ♎
Wassermann ♒

Wasser:
Krebs ♋
Skorpion ♏
Fische ♓

Feuer:
♈ Widder
♌ Löwe
♐ Schütze

Erde:
♉ Stier
♍ Jungfrau
♑ Steinbock

Luft:
♊ Zwillinge
♎ Waage
♒ Wassermann

Wasser:
♋ Krebs
♏ Skorpion
♓ Fische

Pflanzung/Vermehrung:
Bei zunehmendem Mond an einem Zwillingetag. Jasmin läßt sich durch Stecklinge oder durch abgesenkte Triebstücke vermehren.

Rückschnitt:
Nach der Blüte bei abnehmendem oder absteigendem Mond, möglichst dicht am Neumond.

Johannisbeere

Standort:
Sonnig bis halbschattig. Sie stellen keine besonderen Ansprüche an den Boden – je sonniger, desto mehr Früchte tragen sie. Schwarze Johannisbeeren vertragen etwas höhere Bodenfeuchtigkeit als rote. *Besonderes:* Daß schwarze wie rote Johannisbeeren vitaminreich, durstlöschend und gesund sind, dürfte allgemein bekannt sein. Doch haben Sie gewußt, daß das Fruchtfleisch roter Johannisbeeren ein wunderbares Mittel bei Verbrennungen ist? Es muß allerdings sofort auf die betroffenen Stellen aufgetragen werden.

Vermehrung:
Im Herbst schneidet man Stecklinge von vorhandenen Sträuchern und setzt diese bei abnehmendem Mond in einem Erdzeichen in schmale Spalten auf

Unser Tip:

Tragen Sie bei trockener, gereizter Haut das Fruchtfleisch roter Johannisbeeren als Maske auf, lassen es zwanzig Minuten einwirken und spülen es mit warmem Wasser ab.

etwas Sand. Im November des folgenden Jahres werden diese Jungpflanzen bei zunehmendem Mond in einem Feuerzeichen an ihren endgültigen Standort gesetzt. Auch durch abgesenkte Triebe lassen sich Johannisbeeren vermehren.

Pflege:
Düngen bei abnehmendem Mond in einem Feuerzeichen mit Brennesseljauche.

Rückschnitt:
Schwarze Johannisbeeren tragen am neuen Holz – hier sollten Sie also die Triebe zurückschneiden, die getragen haben. Allerdings bildet sich meist an ihrer Spitze ein neuer Trieb. Rote und weiße Johannisbeeren hingegen tragen an neuen Trieben, die aus dem alten Holz herauskommen. Hier kürzt man lange Triebe ein und läßt altes Holz stehen.

Ernte:
Bei zunehmendem Mond, am besten kurz vor Vollmond. Einkochen an einem Feuertag bei abnehmendem Mond. Johannisbeeren lassen sich problemlos einfrieren.

Johanniskraut

Standort:
Sonnig.
Besonderes: Als unheilabwendende Pflanze schlechthin spielt das Johanniskraut in alten Sommerbräuchen eine bedeutende Rolle, heute wird vor allem das aus den Blüten gewonnene Öl äußerlich zur Wundheilung und Schmerzlinderung bei kleineren Brandwunden verwendet.

Feuer:
Widder ♈
Löwe ♌
Schütze ♐

Erde:
Stier ♉
Jungfrau ♍
Steinbock ♑

Luft:
Zwillinge ♊
Waage ♎
Wassermann ♒

Wasser:
Krebs ♋
Skorpion ♏
Fische ♓

Feuer:
♈ Widder
♌ Löwe
♐ Schütze

Erde:
♉ Stier
♍ Jungfrau
♑ Steinbock

Luft:
♊ Zwillinge
♎ Waage
♒ Wassermann

Wasser:
♋ Krebs
♏ Skorpion
♓ Fische

Aussaat:
Aussaat ins Freiland bei zunehmendem Mond in einem Luftzeichen.

Schnitt für Sträuße:
Bei zunehmendem Mond an einem Lufttag duften die Blüten am stärksten, und die Blumen halten sich auch gut in der Vase.

Rückschnitt:
Bei abnehmendem Mond, am besten kurz vor Neumond, in einem Luftzeichen.

Kaffeestrauch

Standort:
Sonnig. Bei uns als Kübelpflanze möglich, im Sommer auf der Veranda, im Winter im ungeheizten Gästezimmer.

Pflanzung und Pflege:
Pflanzen der ungerösteten Kaffeebohne bei zunehmendem Mond, möglichst an einem Löwetag. Der Strauch benötigt im Sommer viel Wasser.

Rückschnitt:
Bei abnehmendem oder absteigendem Mond im Herbst, möglichst dicht am Neumond, falls erforderlich.

Johanniskraut-Öltinktur für Wunden und Verbrennungen:

30 g blühende Sproßspitzen, 100 ml Olivenöl und 10 ml Weißwein 15 Tage bei abnehmendem Mond in der Sonne stehen lassen. Ab und zu schütteln, dann durchfiltern.

Kakteen

Standort:
Sonnig, hell.

Vermehrung:
Setzen Sie Ableger bei zunehmendem Mond in einem Feuerzeichen in feuchte Kakteenerde in ein Glas, spannen Sie Frischhaltefolie darüber und stellen Sie sie in die Sonne. So können die kleinen Kakteen gut anwurzeln.

Pflege:
Im Sommer vertragen Kakteen viel Wasser und können auch im Freien stehen. Im Winter möchten sie geradezu geizig gegossen werden. Blüten bilden Kakteen nur aus, wenn sie knapp vor dem Verdursten sind. Achten Sie beim Gießen darauf, daß Sie die Pflanzen selbst nicht naß machen. Bei kleinen Pflanzen können Sie sich mit einem Puppenfläschchen oder einer Pipette helfen.

Kalmus

Standort:
Sonnig, im Gartenteich.
Besonderes: Die getrocknete Wurzel wird für Kräuterliköre verwendet, sie ist ein altes appetitanregendes, verdauungsförderndes Heilmittel.

Feuer:
Widder ♈
Löwe ♌
Schütze ♐

Erde:
Stier ♉
Jungfrau ♍
Steinbock ♑

Luft:
Zwillinge ♊
Waage ♎
Wassermann ♒

Wasser:
Krebs ♋
Skorpion ♏
Fische ♓

Unser Tip:

Beim Umpflanzen von Kakteen kann eine Grillzange helfen. Sie halten die Pflanze damit recht sicher und beschädigen zugleich weniger Stacheln, als hielten Sie sie in der Hand.

Feuer:
♈ Widder
♌ Löwe
♐ Schütze

Erde:
♉ Stier
♍ Jungfrau
♑ Steinbock

Luft:
♊ Zwillinge
♎ Waage
♒ Wassermann

Wasser:
♋ Krebs
♏ Skorpion
♓ Fische

Vermehrung:
Durch Teilung des Wurzelstocks bei zunehmendem Mond an einem Wassertag.

Ernte:
Ab Ende September wird bei abnehmendem Mond in einem Wasserzeichen der Wurzelstock ausgegraben, von feinen Wurzeln befreit und zum Trocknen zerteilt.

Kamelie

Standort:
Hell bis halbschattig. Kamelien brauchen Anzuchterde und sollten das ganze Jahr über feucht stehen. Am besten ist Regen- oder Moorwasser, hartes Wasser vertragen sie nicht.
Besonderes: Die Knospen erscheinen im Sommer. Zur Reife benötigen sie Kühle und nur noch wenig Wasser. Bis zur Blüte sollten sie möglichst nicht über 12° C haben. Wenn sie blühen, „dürfen" es auch 15° C sein. Kamelien mit Knospen dürfen nicht mehr gedreht werden, nicht austrocknen und nicht zu naß stehen, sonst fallen die Knospen ab.

Vermehrung:
Im August nimmt man knospenlose Kopfstecklinge und steckt sie bei zunehmendem Mond in einem Luftzeichen in Azaleenanzuchterde.

Pflege:
Düngen bei abnehmendem oder fallendem Mond in einem Luftzeichen, einmal wöchentlich mit Azaleendünger, bis Ende Juli. Knospen und Blüten vertragen es gut, wenn sie öfter eingesprüht werden.

Kamille

Standort:
Sehr sonnig. Kamille stellt keine besonderen Ansprüche und liebt magere, gut entwässerte Böden. *Besonderes:* Neben Zwiebeln fühlt sie sich sehr wohl. Kamillentee ist wohl eines der bekanntesten Hausmittel überhaupt. Seine beruhigende Wirkung bei Magen-Darm-Beschwerden und Menstruationsschmerzen und seine lindernde Wirkung als Dampfbad bei Nasen- und Rachenschleimhautentzündungen bedürfen kaum der Erwähnung.

Aussaat:
Aussaat im Frühjahr ins Freiland bei zunehmendem Mond in einem Luftzeichen. Im Sommer kann man an einem Erdtag von den Seitentrieben Ableger nehmen und diese an einem Lufttag einpflanzen, wenn sie gut bewurzelt sind.

Ernte:
Bei abnehmendem Mond bald nach Vollmond an einem Lufttag werden die gerade erblühten Blüten abgeknipst und zum Trocknen in den Schatten gelegt (vorsichtig, damit die Blütenköpfchen nicht zerfallen!). An Stiertagen gepflückte Kamillenblüten sind besonders wirksam als Gurgelmittel bei Halsentzündungen. An Krebs- oder Jungfrautagen

Feuer:
Widder ♈
Löwe ♌
Schütze ♐

Erde:
Stier ♉
Jungfrau ♍
Steinbock ♑

Luft:
Zwillinge ♊
Waage ♎
Wassermann ♒

Wasser:
Krebs ♋
Skorpion ♏
Fische ♓

Unser Tip:

Aufhellen blonder Haare: Kamillenblüten in etwas Wasser ziehen lassen und ins frisch gewaschene Haar einmassieren. 5–10 Minuten in der Sonne einwirken lassen und ausspülen.

Feuer:
♈ Widder
♌ Löwe
♐ Schütze

Erde:
♉ Stier
♍ Jungfrau
♑ Steinbock

Luft:
♊ Zwillinge
♎ Waage
♒ Wassermann

Wasser:
♋ Krebs
♏ Skorpion
♓ Fische

geerntete Kamillenblüten helfen besonders gut bei Magen-Darm-Verstimmungen.

Kapuzinerkresse

Standort:
Sonnig bis halbschattig, liebt lehmig-sandige, magere Böden. Auf zu fetter Gartenerde bildet sie keine Blüten, sondern nur Blätter aus.
Besonderes: Neben Kartoffeln fühlt sich Kapuzinerkresse wohl. Blätter und Blüten sind eßbar und eine Bereicherung des Frühjahrssalates.

Aussaat:
Aussaat im April oder Mai bei zunehmendem Mond in einem Luftzeichen direkt in den Balkonkasten säen oder ab März auf dem Fensterbrett vorziehen und bei abnehmendem oder fallendem Mond ins Freie pflanzen.

Pflege:
Reichlich gießen bei abnehmendem Mond in einem Luftzeichen, nicht düngen. Zum Klettern braucht sie Maschendraht oder eine andere Rankhilfe.

Karotten, Möhren

Standort:
Sonnig. Karotten mögen gut durchgearbeiteten Gartenboden, vertragen jedoch keine Staunässe.
Besonderes: Zwischen Zwiebeln, Tomaten, Rettich, Radieschen, Lauch und Erbsen fühlen sich Karotten wohl. Karottensaft ist ein großartiger Vitaminspender und beugt Sonnenbrand vor.

Aussaat:
Aussaat ab März bei abnehmendem Mond in einem Erdzeichen in flache Rillen.

Pflege:
Bald nach dem Aufgehen der Saat müssen die Karotten vereinzelt werden. Das geschieht am besten bei zunehmendem Mond an einem Erdtag, weil die verbleibenden Pflänzchen die Störung ihrer Wurzeln dann leichter vertragen. Bei abnehmendem Mond an einem Erdzeichen sollte die Erde um sie herum gelockert werden.

Ernte:
Bei abnehmendem Mond in einem Erdzeichen. Zum Lagern werden sie bei abnehmendem Mond in einem Feuerzeichen im Keller in Kisten mit Sand gebettet.

Kartoffeln

Standort:
Sonnig. Kartoffeln vertragen tiefgründige, sandige Böden, die jedoch auch etwas Feuchtigkeit speichern können.
Besonderes: Zwischen Bohnen, Kapuzinerkresse, Kopfsalat und Spinat fühlen sich Kartoffeln wohl. Dagegen vertragen sie sich nicht mit Erbsen,

Feuer:
Widder ♈
Löwe ♌
Schütze ♐

Erde:
Stier ♉
Jungfrau ♍
Steinbock ♑

Luft:
Zwillinge ♊
Waage ♎
Wassermann ♒

Wasser:
Krebs ♋
Skorpion ♏
Fische ♓

Unser Tip:

Damit Frühkartoffeln schneller reifen, gräbt man sie aus, sobald sie groß genug, aber noch unreif sind, und stellt sie eine Woche in einer mit Sand gefüllten Kiste in die Sonne.

Feuer:
♈ Widder
♌ Löwe
♐ Schütze

Erde:
♉ Stier
♍ Jungfrau
♑ Steinbock

Luft:
♊ Zwillinge
♎ Waage
♒ Wassermann

Wasser:
♋ Krebs
♏ Skorpion
♓ Fische

Gurken, Sellerie, Sonnenblumen, Tomaten und Zwiebeln. Besonders günstig ist eine Anpflanzung von Tagetes oder Ringelblumen, denn diese vertreiben die Fadenwürmer (Nematoden), die die Kartoffeln gern befallen.

Auspflanzen:
Bei abnehmendem Mond in einem Erdzeichen – Frühkartoffeln Ende März, spätere bis Ende April.

Pflege:
Gießen, Düngen und Hacken am besten bei abnehmendem Mond an einem Erdzeichen, nach der Blüte an Erd- und Feuertagen gießen. Holzasche ist ein idealer Energiespender für Kartoffeln.

Ernte:
Bei abnehmendem Mond in einem Erdzeichen. Frühkartoffeln werden bereits geerntet, während das Kraut noch blüht, bei allen späteren Sorten warten Sie besser, bis es verwelkt ist und sich eingezogen hat – diese Kraft geht noch in die Knollen. Entnehmen Sie immer nur so viele Frühkartoffeln aus dem Beet, wie Sie für die jeweilige Mahlzeit brauchen. Den Rest der Staude decken Sie bis zur nächsten Ernte mit Erde wieder zu. Zum Einlagern von Kartoffeln sind Feuertage im abnehmenden Mond ideal, besonders Löwetage.

Kerbel

Standort:
Schattig bis halbschattig. Kerbel mag feuchte Böden. Ideal ist ein Standort unter einer laubabwerfenden Pflanze, unter der er im Herbst noch

genügend Sonnenwärme bekommt. Kerbel läßt sich auch auf dem Fensterbrett halten.
Besonderes: Die vitaminreichen rohen Blätter sind als Gewürz für Fisch-, Ei-, Gemüsegerichte, Suppen und Salate beliebt, wirken als Tee verdauungsfördernd und als Aufguß hautreinigend. Auch als Essigzusatz ist der hocharomatische Kerbel bei Feinschmeckern beliebt.

Aussaat:
Aussaat oder Pflanzung bei zunehmendem Mond an einem Wassertag, und das von Frühjahr bis Herbst monatlich. Bereits sechs bis acht Wochen nach dem Einsammeln können die Samen verwendet werden. Gekeimte Pflanzen nicht umsetzen.

Pflege:
Regelmäßig gießen, bei abnehmendem Mond an Wassertagen, und im Winter leicht abdecken.

Ernte:
Wenn die Pflanze etwa 10 cm hoch ist und noch nicht blüht, werden die Blätter bei zunehmendem Mond in einem Wasserzeichen gepflückt und frisch verwendet. Man kann sie problemlos einfrieren. Zum Trocknen bestimmte Blätter pflückt man bei abnehmendem Mond an einem Lufttag und legt sie im Schatten in dünnen Schichten aus.

Feuer:
Widder ♈
Löwe ♌
Schütze ♐

Erde:
Stier ♉
Jungfrau ♍
Steinbock ♑

Luft:
Zwillinge ♊
Waage ♎
Wassermann ♒

Wasser:
Krebs ♋
Skorpion ♏
Fische ♓

Unser Tip:

Ein bis zwei Handvoll Gerste im Pflanzloch des Kirschbaums werden sich zersetzen, wenn Sie die Erde nicht zu fest andrücken, und die Wuchsfreude des Baumes anspornen.

Feuer:
♈ Widder
♌ Löwe
♐ Schütze

Erde:
♉ Stier
♍ Jungfrau
♑ Steinbock

Luft:
♊ Zwillinge
♎ Waage
♒ Wassermann

Wasser:
♋ Krebs
♏ Skorpion
♓ Fische

Kirsche

Standort:
Sonnig.

Pflanzung:
Pflanzen Sie Kirschbäume in der Ruhephase zwischen Laubabwurf und neuem Austreiben, also zwischen Ende Oktober und Ende Februar. Achten Sie darauf, daß die Wurzeln unbeschädigt sind, schneiden Sie zu lange und beschädigte Wurzeln ab, und wässern Sie den Wurzelstock gut. Die Veredelungsstelle soll eine Handbreit über dem Boden liegen. Der ideale Zeitpunkt ist bei Vollmond oder im zunehmenden Mond im März.

Pflege:
Kirschbäume freuen sich bei abnehmendem Mond im November über eine Düngung, die die Wurzeln kräftigt, und im Mai tut ihnen Dünger gut, weil nun die Blüte viel Kraft kostet.

Rückschnitt:
Bei abnehmendem oder absteigendem Mond nach der Ernte, möglichst dicht am Neumond.

Ernte:
Um Vollmond, da die Früchte bald verbraucht werden sollten. Zum Einkochen ist ein Zeitpunkt im

Noch ein Tip zum Thema Kirschbaum:

Gegen die Kirschfliege helfen Nachbars Hühner. Sie halten deren verpuppte Maden für eine Delikatesse. Sie müssen im Spätsommer nur den Boden unter dem Baum auflockern.

abnehmenden Mond bald nach Vollmond in einem Feuerzeichen sehr günstig.

Kiwi

Standort:
Hell, aber nicht vollsonnig, geschützt an einer warmen Hauswand oder in Spalierform in Nord-Süd-Richtung. Kiwis sind ausladende, rankende, zweihäusige Pflanzen, die mühelos auch Frost aushalten. Wegen ihres hohen Vitamin-C-Gehalts sind Kiwis sehr wertvoll.

Aussaat/Auspflanzung:
Ins Freiland bei zunehmendem Mond in einem Wasserzeichen.

Pflege:
Während der Wachstumsperiode benötigen Kiwis viel Wasser. Düngen mit kalkfreiem Dünger im Frühjahr und im Hochsommer bei abnehmendem Mond in einem Feuerzeichen.

Ernte:
Ab Oktober bei zunehmendem Mond, am besten kurz vor Vollmond, wenn die Schale auf Fingerdruck nachgibt. Einlagern an einem Feuertag bei abnehmendem Mond.

Knoblauch

Standort:
Sehr sonnig. Knoblauch braucht guten, durchlässigen Boden.
Besonderes: Da er angeblich Wühlmäuse vertreibt, sollte Knoblauch in keinem Garten fehlen. Neben

Feuer:
Widder ♈
Löwe ♌
Schütze ♐

Erde:
Stier ♉
Jungfrau ♍
Steinbock ♑

Luft:
Zwillinge ♊
Waage ♎
Wassermann ♒

Wasser:
Krebs ♋
Skorpion ♏
Fische ♓

Feuer:
♈ Widder
♌ Löwe
♐ Schütze

Erde:
♉ Stier
♍ Jungfrau
♑ Steinbock

Luft:
♊ Zwillinge
♎ Waage
♒ Wassermann

Wasser:
♋ Krebs
♏ Skorpion
♓ Fische

Erdbeeren, Gurken, Karotten, Tomaten und Rosen fühlt Knoblauch sich wohl, und er schützt sie seinerseits vor Pilzbefall. Neben Bohnen, Erbsen, Weißkohl und Kohlrabi gedeiht er weniger gut.

Aussaat:
Ab Anfang März ins Freiland, und zwar mit der Spitze nach oben an einem Jungfrautag bei abnehmendem Mond.

Pflege:
Vor der Ernte nicht mehr gießen!

Ernte:
Ziehen Sie im Spätsommer bei zunehmendem Mond dicht an Vollmond in einem Erdzeichen die Knollen aus der Erde. Wenn nötig, muß dazu die Erde mit dem Spaten vorsichtig aufgelockert werden. Lassen Sie die Knollen mit dem Laub noch etwas liegen. An einem Lufttag im abnehmenden Mond flechten Sie das trockene Laub zu einem Zopf, den Sie an einem luftigen Ort zum Trocknen aufhängen und von dem Sie im Winter laufend „ernten". An Steinbocktagen geernteter Knoblauch wirkt besonders gut gegen rheumatische Beschwerden und Gicht. An Krebstagen geernteter (und sofort verwendeter) Knoblauch wirkt bei Erkältungen als gutes Breitbandantibiotikum.

Kohl

Standort:
Sonnig.
Besonderes: Zwischen Kartoffeln, Kopfsalat, Lauch, Sellerie und Spinat fühlt sich Kohl sehr wohl, zwi-

schen die Kohkköpfe gepflanzter Kohlrabi schützt ihn vor Schädlingen. Nur neben Knoblauch, Schnittlauch und Zwiebel gedeiht Kohl nicht so recht. Da er gar nicht so unempfindlich ist, empfiehlt es sich, ihn mit Stangenbohnen als Beetbegrenzung zu pflanzen. Das sieht auch hübsch aus.

Aussaat:
Da Kohl zunächst kräftige Wurzeln braucht, wird er bei abnehmendem Mond ausgesät (ab Mitte April) und bei zunehmendem Mond an einem Wassertag ab Mai ausgepflanzt.

Pflege:
Gießen, düngen und den Boden lockern bei abnehmendem Mond an einem Wassertag.

Ernte:
Bei zunehmendem Mond in einem Wasserzeichen, wenn er sofort verwendet werden soll. Wollen Sie ihn lagern, so ernten Sie Ihren Kohl bald nach Vollmond an einem Lufttag.

Kohlrabi

Standort:
Sonnig bis halbschattig.
Besonderes: Zwischen Bohnen, Erbsen, Gurken, Kartoffeln, Radieschen, Sellerie, Spinat und Tomaten fühlen Kohlrabi sich wohl.
Wenn man Kohlrabi zwischen Weiß- und Rotkohl pflanzt, halten sie dem Kohl die Larven des Kohlgallenrüßlers fern, ohne jedoch selbst Schaden zu nehmen. Mit Knoblauch verträgt sich Kohlrabi nicht so gut.

Feuer:
Widder ♈
Löwe ♌
Schütze ♐

Erde:
Stier ♉
Jungfrau ♍
Steinbock ♑

Luft:
Zwillinge ♊
Waage ♎
Wassermann ♒

Wasser:
Krebs ♋
Skorpion ♏
Fische ♓

Feuer:
♈ Widder
♌ Löwe
♐ Schütze

Erde:
♉ Stier
♍ Jungfrau
♑ Steinbock

Luft:
♊ Zwillinge
♎ Waage
♒ Wassermann

Wasser:
♋ Krebs
♏ Skorpion
♓ Fische

Aussaat:
Aussaat bei zunehmendem Mond an einem Wassertag, und zwar fortlaufend monatlich von April bis September.

Pflege:
Gießen, und Düngen mit Brennesseljauche bei abehmendem Mond an einem Wasser- oder Feuertag. Wenn Ihre Kohlrabi aufplatzen, ist kein böser Schädling am Werk, sondern schwankendes Wasserangebot die Ursache. Nach heftigen Regenfällen kommt es zu stärkerem Wachstum. Nun kann aber das Gewebe nicht so schnell mitwachsen, und der Kohlrabi bekommt so etwas Ähnliches wie Schwangerschaftsstreifen – die Knolle platzt auf.

Ernte:
Bei zunehmendem Mond in einem Wasserzeichen für den sofortigen Verbrauch. Zum Einlagern sind Lufttage im abnehmenden Mond besser geeignet.

Königskerze

Standort:
Sonnig und geschützt. Königskerzen bevorzugen nährstoffarme, gut entwässerte Böden. In der Natur wachsen sie auf Bahndämmen, geschotterten Flußufern und an Wegrändern.

Unser Tip:

Blüten von Königskerzen wirken in einem Dampfbad erweichend auf die Gesichtshaut. Idealer Termin: vor einer Pickelbehandlung an einem Steinbocktag bei abnehmendem Mond.

Besonderes: Königskerzen locken Bienen in den Garten. Die Blüten werden als Tee bei Husten, Erkältung und Grippe eingesetzt, der Absud der Blätter äußerlich bei Juckreiz, Furunkeln und Hämorrhoiden. Die Blätter nur äußerlich verwenden!

Aussaat:
Aussaat im Frühjahr oder Sommer ins Freiland bei zunehmendem Mond in einem Luftzeichen, sie sät sich auch selbst aus.

Ernte:
Die Blüten werden ohne die grünen Kelche gleich nach dem Aufblühen geerntet und getrocknet, die jungen Blätter bei abnehmendem Mond in einem Luftzeichen.

Rückschnitt:
Bei abnehmendem Mond, am besten kurz vor Neumond, in einem Luftzeichen.

Kopfsalat

Standort:
Sonnig.
Besonderes: Neben Bohnen, Dill, Erdbeeren, Kartoffeln, Kohl, Lauch, Radieschen, Roter Bete, Sellerie, Tomaten und Zwiebeln fühlt sich Kopfsalat wohl, er verträgt sich hingegen nicht mit Petersilie.

Aussaat:
Aussaat ab März bei zunehmendem Mond an einem Wassertag, Auspflanzung bei absteigendem Mond oder ab Mai im abnehmendem Mond im Stier.

Feuer:
♈ Widder
♌ Löwe
♐ Schütze

Erde:
♉ Stier
♍ Jungfrau
♑ Steinbock

Luft:
♊ Zwillinge
♎ Waage
♒ Wassermann

Wasser:
♋ Krebs
♏ Skorpion
♓ Fische

Pflege:
Damit der Salat nicht schießt, schneidet man seinen Stengel ein Stück weit ein. Er wächst dann langsamer. Gießen und Hacken bei abnehmendem Mond an einem Wassertag.

Ernte:
Bei zunehmendem Mond in einem Wasserzeichen ist Salat besonders saftig und knackig, er sollte dann aber auch rasch verbraucht werden.

Koriander

Standort:
Sehr sonnig. Besonders anspruchslos. Koriander läßt sich auch auf dem Fensterbrett halten, Sie sollten allerdings prüfen, ob Sie seinen Geruch als angenehm empfinden.
Besonderes: Nicht in die Nähe von Fenchel pflanzen, sie behindern sich gegenseitig im Wachstum.
Die Chinesen glaubten, Koriander verleihe Unsterblichkeit, im Mittelalter galt er als Aphrodisiakum, und die Römer konservierten damit Fleisch.

Aussaat:
Aussaat im Frühjahr ins Freiland bei zunehmendem Mond in einem Luftzeichen.

Ernte:
Die Blätter werden jederzeit gepflückt, sind allerdings bei zunehmendem Mond in einem Luftzeichen besonders aromatisch. Sie dienen als Salat-, Suppen- und Saucengewürz. Bei abnehmendem Mond in einem Luftzeichen werden die Samen zum Trocknen gesammelt. Sie verwendet man zum

Würzen von Ratatouille, Tomaten- und Currygerichten sowie Apfelkuchen.

Kresse

Standort:
Halbschattig bis sonnig. Kresse kommt mit sprichwörtlich wenig Erde aus und kann auch auf dem Fensterbrett gehalten werden. Sie liefert das ganze Jahr über wertvolle Vitamine und Mineralien.
Besonderes: Zwischen Kartoffeln und Radieschen fühlt sich Kresse besonders wohl.

Aussaat:
Bei zunehmendem Mond an einem Wassertag.

Pflege:
Ständig gut feucht halten, also nicht nur bei abehmendem Mond gießen.

Ernte:
Bei zunehmendem Mond in einem Wasserzeichen zur sofortigen Verwendung.

Krokus

Stecken der Zwiebeln:
Ende September/Anfang Oktober bei abnehmendem und absteigendem Mond in der Waage.

Feuer:
Widder ♈
Löwe ♌
Schütze ♐

Erde:
Stier ♉
Jungfrau ♍
Steinbock ♑

Luft:
Zwillinge ♊
Waage ♎
Wassermann ♒

Wasser:
Krebs ♋
Skorpion ♏
Fische ♓

Unser Tip:

Damit Krokusse natürlich verteilt wirken, streuen Sie die Zwiebeln einfach auf die Wiese und setzen sie dort ein, wo sie gerade hingefallen sind.

Feuer:
♈ Widder
♌ Löwe
♐ Schütze

Erde:
♉ Stier
♍ Jungfrau
♑ Steinbock

Luft:
♊ Zwillinge
♎ Waage
♒ Wassermann

Wasser:
♋ Krebs
♏ Skorpion
♓ Fische

Pflege:
Bei abnehmendem Mond mit Humus abdecken. Im Frühjahr bei Vollmond düngen, nach der Blüte mit Brennesseljauche die Zwiebeln kräftigen. Lassen Sie der Pflanze nach der Blüte noch sechs Wochen Zeit, die Blätter einzuziehen, sonst verliert die Zwiebel zu viel Kraft.

Ausgraben:
Wenn Sie die Zwiebeln nicht überhaupt in der Erde lassen wollen, holen Sie sie bei abnehmendem Mond kurz vor Neumond an einem Lufttag aus der Erde, und lagern Sie sie möglichst luftig bis zum Herbst.

Kürbis

Standort:
Sonnig.
Besonderes: Zwischen Stangenbohnen und Zwiebeln fühlt sich Kürbis wohl. Das Kauen von getrockneten oder mit Salz gerösteten Kürbiskernen ist eine wirksame, vorbeugende Maßnahme gegen Prostataleiden.

Aussaat:
Aussaat ins Freiland im April bei zunehmendem Mond in einem Feuerzeichen.

Pflege:
Entfällt, wenn Sie Kürbisse auf Ihrem Komposthaufen wachsen lassen. Sollten Sie große Früchte anstreben, so schneiden Sie die Ranken jeweils nach zwei oder drei Fruchtansätzen ab, und zwar bei abnehmendem Mond in einem Feuerzeichen.

Ernte:
Bei zunehmendem Mond, am besten kurz vor Vollmond, möglichst im Schützen. Kürbis sollte gleich verarbeitet werden.

Kümmel

Standort:
Sehr sonnig, fruchtbarer Lehmboden. Wächst auch auf einem sonnigen Fensterbrett.
Besonderes: Die Samen wirken verdauungsfördernd und gegen Blähungen – als Gewürz in Suppen, Brot, Kuchen, Käse, Kohl- und fetten Fleischgerichten, oder einfach roh gekaut.

Aussaat:
Nach den Eisheiligen ins Freiland in flache Rillen bei zunehmendem Mond in einem Feuerzeichen.

Ernte:
An einem Feuertag bei abnehmendem Mond die Samenköpfe pflücken und über einem Gefäß trocknen, das die herausfallenden Samen auffängt.

Lauch

Standort:
Sonnig.
Besonderes: Zwischen Erdbeeren, Kamille, Karotten, Kopfsalat, Sellerie und Tomaten fühlt sich der Lauch wohl, weniger gut gedeiht er neben Bohnen, Erbsen und Roter Bete.
Mit Karotten geht er geradezu eine Schutzgemeinschaft ein: Er schützt sie vor Karottenfliegen, sie hält ihm die Lauchmotten vom Hals.

Feuer:
♈ Widder
♌ Löwe
♐ Schütze

Erde:
♉ Stier
♍ Jungfrau
♑ Steinbock

Luft:
♊ Zwillinge
♎ Waage
♒ Wassermann

Wasser:
♋ Krebs
♏ Skorpion
♓ Fische

Aussaat:
Aussaat ab Ende März bei abehmendem Mond in einem Erdzeichen ins Saatkistchen. Im Mai können Sie den Lauch bei abnehmendem Mond ins Freiland pflanzen.

Pflege:
Bei abnehmendem Mond an Wassertagen gießen, nach dem Auspflanzen mit Brennesseljauche düngen.

Ernte:
Bei zunehmendem Mond in einem Wasserzeichen von November bis April. In kalten Lagen sollte man Lauch bei Wintereinbruch bei steigendem Mond ausgraben und in einer Kiste mit Erde im Keller frostsicher lagern.

Lavendel

Standort:
Sonnig und warm, auf gut durchlässigem, sandigem, eher kalkhaltigem Boden.
Besonderes: Blühender Lavendel vertreibt stechende Insekten, ist eine duftende, hübsche Zutat von Trockensträußen, und die Blüten im Duftkissen schützen Ihre Wäsche im Schrank und Ihre Wolle vor Motten und muffigem Geruch. Lavendeltee hilft bei Kopfschmerzen, und Lavendelwasser pflegt die Gesichtshaut.

Vermehrung:
Im Herbst oder Frühjahr bei zunehmendem Mond in einem Luftzeichen werden Pflanzen geteilt oder Stengelableger genommen.

Pflege:
Verwelkte Blütenstengel entfernen, nach der Blüte gründlich zurückschneiden. Der beste Termin ist bei abnehmendem Mond in einem Luftzeichen.

Schnitt:
Bei abnehmendem Mond an einem Lufttag oder an einem Waagetag schneidet man die Blütenstengel und hängt sie kopfunter zum Trocknen auf.

Liebstöckel

Standort:
Sonnig bis halbschattig, schwere, fruchtbare Böden.
Besonderes: Liebstöckel heißt auch Maggikraut – und so verwendet man es als Gewürz. Als Aphrodisiakum (Name!) ist es heute aus der Mode geraten. Die Samen werden in Likör eingelegt, auf Salate gestreut und gemahlen als Brotgewürz verwendet.

Aussaat/Vermehrung:
Aussaat im Spätsommer bei abnehmendem Mond an einem Wassertag. Im Frühjahr oder Herbst kann man Wurzelableger nehmen.

Pflege:
Gießen bei abnehmendem Mond an einem Wassertag.

Ernte:
Bei zunehmendem Mond in einem Wasserzeichen werden die frischen Blätter zur sofortigen Verwendung gepflückt. Bei abnehmendem Mond in einem Luftzeichen werden Blätter zum Trocknen geschnitten. Luftig im Schatten aufhängen. An Stier-

Feuer:
Widder ♈
Löwe ♌
Schütze ♐

Erde:
Stier ♉
Jungfrau ♍
Steinbock ♑

Luft:
Zwillinge ♊
Waage ♎
Wassermann ♒

Wasser:
Krebs ♋
Skorpion ♏
Fische ♓

Feuer:
♈ Widder
♌ Löwe
♐ Schütze

Erde:
♉ Stier
♍ Jungfrau
♑ Steinbock

Luft:
♊ Zwillinge
♎ Waage
♒ Wassermann

Wasser:
♋ Krebs
♏ Skorpion
♓ Fische

tagen gepflückte Liebstöckelblätter helfen gut bei Schilddrüsenschwellungen, an einem Jungfrautag geerntete Blätter ergeben einen wirksamen Tee gegen Blähungen.

Liguster

Standort:
Sonnig bis halbschattig. Anspruchslos, läßt sich gut durch Schnitt in Form bringen.

Pflanzung:
Bei zunehmendem Mond an einem Zwillingetag.

Rückschnitt:
Bei abnehmendem oder absteigendem Mond im Frühsommer und im Herbst, möglichst dicht am Neumond.

Lilie

Standort:
Sonnig und windgeschützt. Für Lilien ist durchlässiger Boden sehr wichtig, am besten vermischt man die Gartenerde mit Sand oder Kunststoffpartikeln. *Besonderes:* Lilienzwiebeln sind giftig.

Vermehrung:
Je nach Art durch Aussaat, Teilung, Brutzwiebeln oder Zwiebelschuppen, und zwar bei zunehmendem Mond in einem Luftzeichen.

Pflege:
Von Mai bis September reichlich gießen, dabei unbedingt Staunässe vermeiden. Im April einmal bei abnehmendem Mond in einem Luftzeichen mit

Langzeitdünger nähren. Ab Dezember dunkel und frostfrei bei höchstens 5° C überwintern, dabei stets ein wenig feucht halten.

Schnitt für Sträuße:
Bei zunehmendem Mond an einem Lufttag duften die Blüten am stärksten, und die Blumen halten sich auch gut in der Vase.

Rückschnitt:
Verwelkte Blüten abschneiden, die Pflanzen langsam einziehen lassen, im Oktober/November bei abnehmendem Mond, am besten kurz vor Neumond, in einem Luftzeichen zurückschneiden.

Lobelie

Standort:
Sonnig bis halbschattig.
Besonderes: Lobelien lassen sich in Balkonkästen und Kübeln gut halten. Als Unterpflanzung von Hochstämmchen verhindern sie das Austrocknen der Erde. Da sie sich polsterartig ausdehnen, sollte man sie an die vordere Kante von Kästen und Kübeln setzen, dann können sie über deren Rand hinabwuchern.

Aussaat:
Von Januar bis März, spätestens Anfang April, sät man bei zunehmendem Mond in einem Luftzeichen Lobelien ins Saatkistchen, von dort werden sie büschelweise in Töpfe pikiert.

Pflege:
Reichlich gießen und wöchentlich schwach düngen, beides bei abnehmendem Mond in einem

Feuer:
Widder ♈
Löwe ♌
Schütze ♐

Erde:
Stier ♉
Jungfrau ♍
Steinbock ♑

Luft:
Zwillinge ♊
Waage ♎
Wassermann ♒

Wasser:
Krebs ♋
Skorpion ♏
Fische ♓

Feuer:
♈ Widder
♌ Löwe
♐ Schütze

Erde:
♉ Stier
♍ Jungfrau
♑ Steinbock

Luft:
♊ Zwillinge
♎ Waage
♒ Wassermann

Wasser:
♋ Krebs
♏ Skorpion
♓ Fische

Luftzeichen. Wenn man Lobelien nach der ersten Blüte zurückschneidet, blühen sie bis in den Herbst immer wieder nach.

Lorbeer

Standort:
Sonnig und windgeschützt. Liebt fruchtbare, feuchte, doch gut entwässerte Böden.
Besonderes: Kann durch Schnitt geformt werden. Ehe Sie die Blätter als Gewürz verwenden, sollten Sie sie trocknen. Ein frisches Lorbeerblatt aß die Pythia, ehe sie im berühmten Orakel von Delphi weissagte. Ein Aufguß aus Lorbeerblättern wirkt verdauungsfördernd und appetitanregend.

Vermehrung:
Durch Stecklinge oder im Spätsommer abgesenkte Triebe. Bei abnehmendem Mond in einem Luftzeichen steckt man sie in gut feuchte Anzuchterde in ein Glas, deckt dieses mit Plastikfolie ab und stellt es an einen warmen Platz zum Austreiben.

Pflege:
Die Blätter sind nicht frosthart, die Wurzeln hingegen sehr wohl. Die Pflanze verträgt daher etwas Frost und kann bei mildem Klima im Freien mit Winterschutz überwintern. Der Lorbeer will zweimal in der Woche Wasser. Spritzen Sie Ihren Lorbeer gelegentlich mit dem Schlauch ab, um etwaige Schädlinge zu vertreiben.

Rückschnitt:
Bei abnehmendem Mond, am besten kurz vor Neumond, in einem Luftzeichen. Blätter zum Verzehr

werden bei abnehmendem Mond in einem Luftzeichen gepflückt und getrocknet, sollten allerdings bald verzehrt werden, da sie ihr Aroma verlieren.

Löwenmäulchen

Standort:
Sonnig bis halbschattig, eher trocken. Löwenmäulchen vertragen keine Staunässe.
Besonderes: Kleinere Sorten können problemlos im Balkonkasten gehalten werden.

Aussaat:
Aussaat ins Frühbeet im Februar bei 15–20°C Bodenwärme bei zunehmendem Mond in einem Luftzeichen. Die Jungpflanzen pflanzen Sie im Abstand von 20 cm bei steigendem oder zunehmendem Mond in einem Luftzeichen aus.

Pflege:
Sparsam gießen und düngen bei abnehmendem Mond in einem Luftzeichen.

Schnitt für Sträuße:
Bei zunehmendem Mond an einem Lufttag duften die Blüten am stärksten, und die Blumen halten sich auch gut in der Vase.

Löwenzahn

Standort:
Sonnig und feucht.
Besonderes: Rohe oder gekochte Löwenzahnblätter gehört zu einer gründlichen Frühjahrskur. Die Blätter enthalten nicht nur Vitamine und Mineralstoffe, sondern regen auch die Gallentätigkeit an.

Feuer:
Widder ♈
Löwe ♌
Schütze ♐

Erde:
Stier ♉
Jungfrau ♍
Steinbock ♑

Luft:
Zwillinge ♊
Waage ♎
Wassermann ♒

Wasser:
Krebs ♋
Skorpion ♏
Fische ♓

Feuer:
♈ Widder
♌ Löwe
♐ Schütze

Erde:
♉ Stier
♍ Jungfrau
♑ Steinbock

Luft:
♊ Zwillinge
♎ Waage
♒ Wassermann

Wasser:
♋ Krebs
♏ Skorpion
♓ Fische

Ernte:
Bei zunehmendem Mond an einem Wassertag werden im Frühjahr die jungen Blätter für Salate gepflückt. Die Blüten kann man an einem Lufttag im zunehmenden Mond pflücken, wenn sie voll erblüht sind, und zu Löwenzahnhonig verkochen.

Lungenkraut

Standort:
Schattig bis halbschattig und feucht. Das Lungenkraut wächst in Laubwäldern bis 1700 m Höhe.
Besonderes: Wie schon der Name vermuten läßt, wirkt ein Tee aus den Blüten dieser Pflanze bei Husten und Bronchialkatarrh schleimlösend und lindernd.

Vermehrung:
Durch Teilung bei zunehmendem Mond in einem Luftzeichen.

Ernte:
Bei abnehmendem Mond, am besten in einem Luftzeichen, schneidet man im Mai/Juni die blühenden Sproßspitzen ab und hängt sie zum Trocknen auf.

Mädesüß (Wiesengeißbart)

Standort:
Sonnig oder halbschattig, auf feuchtem, fruchtbarem, alkalischem Boden.
Besonderes: Zwischen Wäschestücke gelegt, im Zimmer aufgehängt oder im Aromatopf verbreiten Blätter und Blüten des Mädesüß einen angeneh-

men Duft. Marmeladen verleiht es ein angenehmes Mandelaroma.

Aussaat:
Aussaat im Frühjahr oder Teilung im Herbst, beides bei zunehmendem Mond in einem Luftzeichen.

Schnitt:
Blüten und Blätter, die getrocknet werden sollen, schneidet man bei abnehmendem Mond an einem Lufttag, für frische Kränze (z. B. Hochzeit)nach Möglichkeit vor Vollmond in einem Luftzeichen.

Maiglöckchen

Standort:
Schattig und feucht. Ideal zum Unterpflanzen von Bäumen, gedeiht auch unter Nadelbäumen.
Besonderes: Alle Teile der Pflanze sind giftig. In einem Garten, in dem Kinder unbeaufsichtigt spielen, sollte man sie daher nicht pflanzen.

Aussaat:
Ins Freiland bei zunehmendem Mond in einem Luftzeichen.

Schnitt für Sträuße:
Bei zunehmendem Mond Ende April/Anfang Mai an einem Lufttag duften die Blüten am stärksten, und die Blumen halten sich auch gut in der Vase.

Mais

Standort:
Sonnig, windgeschützt. Zuckermais hat gern viele Artgenossen dicht um sich herum. Daher empfiehlt

Feuer:
♈ Widder
♌ Löwe
♐ Schütze

Erde:
♉ Stier
♍ Jungfrau
♑ Steinbock

Luft:
♊ Zwillinge
♎ Waage
♒ Wassermann

Wasser:
♋ Krebs
♏ Skorpion
♓ Fische

es sich, ihn in Hecken aus Dreierreihen zu ziehen. Sie sind zugleich ein wunderbarer Windschutz.
Besonderes: Nicht nur, daß Ihnen der Mais im Spätsommer köstliche Kolben liefert, die mit Knoblauch, Butter und Salz gegessen eine Delikatesse sind – die Griffel, der sogenannte Maisbart, sind als Tee außerdem ein wirksames harn- und schweißtreibendes Mittel, das den Blutdruck senkt und gegen Rheumatismus hilft.

Aussaat:
Aussaat ins Freiland bei zunehmendem Mond in einem Feuerzeichen.

Pflege:
Düngen und Hacken bei abnehmendem Mond in einem Feuerzeichen.

Ernte:
Bei zunehmendem Mond, am besten kurz vor Vollmond, wenn Sie die Kolben frisch verzehren wollen, bei abnehmendem Mond an einem Feuertag, wenn Sie sie lagern wollen. Den Maisbart sammelt man im August/September, wenn die Pflanze bereits befruchtet und er bereits vorgetrocknet ist, und zwar bei abnehmendem Mond, möglichst an einem Löwetag.

Majoran

Standort:
Sehr sonnig. Trockener, alkalischer, nährstoffreicher Boden.
Besonderes: Majoran wurde seit alters her zum Haltbarmachen von Wurst verwendet, bei Erkältungen

eignet er sich gut zum Inhalieren, und als Tee genossen übt er eine anregende und normalisierende Wirkung auf alle Verdauungsprozesse aus.

Aussaat:
Aussaat ins Freiland bei zunehmendem Mond in einem Luftzeichen.

Ernte:
Will man Blätter in Essig oder Öl einlegen oder sofort verwenden, pflückt man sie bei zunehmendem Mond an einem Lufttag. Zum Trocknen bestimmte Blätter und Blüten sollten bei abnehmendem Mond bald nach Vollmond an einem Lufttag gepflückt werden.

Mandelbäumchen

Standort: Sonnig.

Pflanzung:
Bei zunehmendem Mond an einem Zwillingetag.

Rückschnitt:
Bei abnehmendem oder absteigendem Mond im Herbst, möglichst dicht am Neumond.

Mangold

Standort:
Sonnig. Schwere, fruchtbare Gartenerde
Besonderes: Neben Karotten, Kohl, Radieschen und Rettich fühlt sich Mangold besonders wohl.

Aussaat:
Im April oder Juli bei zunehmendem Mond in einem Wasserzeichen.

Feuer:
♈ Widder
♌ Löwe
♐ Schütze

Erde:
♉ Stier
♍ Jungfrau
♑ Steinbock

Luft:
♊ Zwillinge
♎ Waage
♒ Wassermann

Wasser:
♋ Krebs
♏ Skorpion
♓ Fische

Pflege:
Gießen an Wassertagen, nicht nur bei abnehmendem Mond, Mangold benötigt viel Wasser.

Ernte:
Bei zunehmendem Mond in einem Wasserzeichen werden die äußeren Bätter frisch verwendet.

Margerite

Standort:
Sonnig. Nicht zu feucht. Anspruchslos
Besonderes: Wächst wild in Wiesen. Mehrjährige Sorten gedeihen gut in Töpfen und Schalen an sonnigen Standorten. Höher wachsende Sorten brauchen an windigen Standorten eine Stütze, um nicht zu knicken.

Aussaat:
Aussaat im Frühjahr ins Freiland bei zunehmendem Mond in einem Luftzeichen.

Pflege:
Strauchmargeriten während des Sommers reichlich gießen, wöchentlich düngen, am besten an Lufttagen im abnehmenden Mond. Verblühte Blüten bei abnehmendem oder absteigendem Mond laufend entfernen.
Nach der Blüte im Herbst schneiden Sie die Margerite bodennah zurück und lassen sie in einem frostfreien, aber kühlen Raum bei 5–10° C an einem hellen Platz überwintern – eventuell im Treppenhaus, sofern es Fenster hat.
Wenn Sie sie alle vier Wochen bei abnehmendem Mond in den Zwillingen oder in der Waage etwas

gießen, stehen die Chancen gut, daß die Margerite Ende März, nachdem die Krone nochmals zurechtgestutzt wurde, wieder neu austreibt.

Schnitt für Sträuße:
Bei zunehmendem Mond an einem Lufttag duften die Blüten am stärksten, und die Blumen halten sich auch gut in der Vase.

Rückschnitt:
Bei abnehmendem Mond, am besten kurz vor Neumond, in einem Luftzeichen.

Mauerpfeffer

Standort:
Sonnig. Auf Mauern und in Steingärten.
Besonderes: Er lockt Bienen in den Garten.

Aussaat:
Aussaat ins Freiland bei zunehmendem Mond in einem Luftzeichen. Sie können Mauerpfeffer auch durch Wurzelteilung vermehren.

Meerrettich

Standort:
Sonnig.
Besonderes: Meerrettich braucht viel Platz. Neben Kartoffeln fühlt er sich wohl, einen Standort neben Zwiebeln schätzt er weniger.

Pflanzung:
Im Dezember werden bei abnehmendem Mond in einem Erdzeichen die Nebenwurzeln der ab Oktober geernteten Wurzeln gesteckt.

Feuer:
Widder ♈
Löwe ♌
Schütze ♐

Erde:
Stier ♉
Jungfrau ♍
Steinbock ♑

Luft:
Zwillinge ♊
Waage ♎
Wassermann ♒

Wasser:
Krebs ♋
Skorpion ♏
Fische ♓

Feuer:
♈ Widder
♌ Löwe
♐ Schütze

Erde:
♉ Stier
♍ Jungfrau
♑ Steinbock

Luft:
♊ Zwillinge
♎ Waage
♒ Wassermann

Wasser:
♋ Krebs
♏ Skorpion
♓ Fische

Pflege:
Gießen, Düngen und Hacken bei abnehmendem Mond in der Jungfrau oder im Steinbock. In den Sommermonaten benötigt Meerrettich Trockenheit, um scharf zu werden.

Ernte:
Ab Oktober bei abnehmendem Mond in einem Erdzeichen.

Melone

Standort:
Halbschattig, windgeschützt.
Besonderes: Zwischen Erbsen, Fenchel, Roter Bete und Spinat fühlen sich Melonen wohl. Am besten gedeihen sie auf dem Komposthaufen.

Aussaat:
Aussaat ab Mitte April ins Mistbeet, nach den Eisheiligen ins Freiland bei zunehmendem Mond in einem Feuerzeichen.

Pflege:
Melonen sollte man wie Gurken niemals an warmen Tagen mit kaltem Wasser gießen, schon gar nicht auf die Blätter. Ideal ist ein Bewässerungssystem, bei dem sonnengewärmtes Wasser aus einem Eimer über einen Stoffstreifen stetig auf den Boden um die Wurzeln herum sickert. Zum Düngen mit Brennesseljauche ist ein Feuertag im abnehmenden Mond ideal.

Ernte:
Bei zunehmendem Mond in einem Feuerzeichen, am besten kurz vor Vollmond. Einlagern und

Konservieren an einem Feuertag bei abnehmendem Mond.

Mimose

Standort:
Sonnig. Geschützt, bei uns nicht winterhart.

Pflanzung:
Bei zunehmendem Mond an einem Zwillingetag.

Schnitt für die Vase:
Bei zunehmendem Mond an einem Luft- oder Fischetag.

Rückschnitt:
Bei abnehmendem oder absteigendem Mond im Herbst, möglichst dicht am Neumond.

Minze

Standort:
Alle Arten lieben einen sonnigen, doch dabei eher feuchten Standort und alkalische Böden.
Besonderes: Wenn Sie mehrere Arten halten, sollten Sie die Blütenstengel abknipsen, da sie sich sonst gegenseitig befruchten. Als erfrischender Tee sind Minzearten wohl bestens bekannt. Zwischen Rosen angepflanzt, schützen sie diese vor Blattläusen. Im

Feuer:
Widder ♈
Löwe ♌
Schütze ♐

Erde:
Stier ♉
Jungfrau ♍
Steinbock ♑

Luft:
Zwillinge ♊
Waage ♎
Wassermann ♒

Wasser:
Krebs ♋
Skorpion ♏
Fische ♓

Unser Tip:

Lebensmittel in einem Kranz von Minzeblättern sind angeblich vor Mäusen geschützt. Wir probieren gerade aus, ob das auch die Mäuse wissen.

Feuer:
♈ Widder
♌ Löwe
♐ Schütze

Erde:
♉ Stier
♍ Jungfrau
♑ Steinbock

Luft:
♊ Zwillinge
♎ Waage
♒ Wassermann

Wasser:
♋ Krebs
♏ Skorpion
♓ Fische

Kleiderschrank und der Matratze vertreiben Minzeblätter Ameisen und Flöhe.

Aussaat:
Aussaat oder Pflanzung bei zunehmendem Mond an einem Wassertag.

Pflege:
Gießen, falls erforderlich, bei abnehmendem und absteigendem Mond an Wassertagen.

Ernte:
Vor der Blüte werden bei zunehmendem Mond in einem Wasserzeichen die Blätter abgezwickt, die eingefroren, in Essig und Öl eingelegt oder frisch verbraucht werden sollen. Zum Trocknen bestimmte Blätter pflücken Sie lieber an einem Lufttag im abnehmenden Mond, bald nach Vollmond.

Mirabelle

Standort: Sonnig.

Pflanzung:
Pflanzen Sie Mirabellen in der Ruhephase zwischen Laubabwurf und neuem Austreiben, also zwischen Ende Oktober und Ende Februar. Schneiden Sie zu lange und beschädigte Wurzeln ab, und wässern Sie den Wurzelstock gut, ehe Sie ihn einsetzen. Der ideale Zeitpunkt ist bei zunehmendem Mond im November oder im März.

Pflege:
Mirabellen freuen sich bei abnehmendem Mond im November über eine Düngung, die die Wurzeln kräftigt. Auch im Mai wollen sie gedüngt werden.

Rückschnitt:
Bei abnehmendem oder absteigendem Mond in der Ruheperiode, allerdings nur bei Temperaturen von über –5° C, möglichst dicht am Neumond. Ein Rückschnitt im Herbst fördert die Bildung neuer Triebe, ein Rückschnitt im Februar hemmt das Wachstum der Triebe und fördert eher den Fruchtansatz.

Ernte:
Kurz vor Vollmond, vor allem wenn die Früchte bald verbraucht werden sollen. Zum Einkochen bestimmte Früchte erntet man im abnehmenden Mond in einem Luft- oder Feuerzeichen und verarbeitet es im Feuerzeichen. An Wassertagen geerntetes Obst verfault sehr leicht.

Mistel

Standort:
Misteln wachsen als Schmarotzer auf hohen Laubbäumen und blühen von Februar bis April. Da sie immergrün sind, gehören Sie zum Weihnachtsschmuck und in die Weihnachtsbräuche.
Besonderes: Misteln sind eine wirksame Heilpflanze zur Behandlung von Krebs, doch von einer Selbstmedikation sei hier ausdrücklich abgeraten, bei falscher Dosierung besteht Vergiftungsgefahr.

Feuer:
Widder ♈
Löwe ♌
Schütze ♐

Erde:
Stier ♉
Jungfrau ♍
Steinbock ♑

Luft:
Zwillinge ♊
Waage ♎
Wassermann ♒

Wasser:
Krebs ♋
Skorpion ♏
Fische ♓

Unser Tip:

Kochen Sie Marmelade möglichst bei abnehmendem Mond an einem Widder-, Löwe- oder Schützetag ein. Sie brauchen weniger Gelierzucker, und die Marmelade schimmelt nicht.

Feuer:
♈ Widder
♌ Löwe
♐ Schütze

Erde:
♉ Stier
♍ Jungfrau
♑ Steinbock

Luft:
♊ Zwillinge
♎ Waage
♒ Wassermann

Wasser:
♋ Krebs
♏ Skorpion
♓ Fische

Schnitt:
Bei zunehmendem oder aufsteigendem Mond Ende November/Anfang Dezember, möglichst im Wassermann geschnittene Misteln halten sich lange frisch.

Möhren (siehe Karotten)

Mohn

Standort:
Sehr sonnig. Alle Mohnarten lieben gut entwässerten, fruchtbaren Boden.

Aussaat:
Aussaat ins Freiland bei zunehmendem Mond in einem Luftzeichen im Herbst. Mohn sät sich auch selbst aus, er braucht jedoch eine Kälteperiode, damit die Samen keimen.

Schnitt für Sträuße:
Bei zunehmendem Mond an einem Lufttag duften die Blüten am stärksten, die Blumen halten sich auch recht gut in der Vase.

Ernte:
Kurz vor Neumond, in einem Luftzeichen können Sie die reifen Kapseln ernten, trocknen lassen und dann die Samen herausschütteln.

Nachtkerze

Standort:
Sonnig.
Besonderes: Erst im zweiten Jahr bildet sich aus der Blattrosette der hochaufragende Stengel mit den

gelben Blüten. Ein Tee aus den blühenden Sproßspitzen hilft bei Husten und Darmentzündungen.

Aussaat:
Aussaat ins Freiland bei zunehmendem Mond in einem Luftzeichen.

Pflege:
Düngen bei abnehmendem Mond in einem Luftzeichen.

Ernte:
Blüten zum Trocknen schneidet man bei abnehmendem Mond, am besten kurz nach Vollmond, in einem Luftzeichen. Zur sofortigen Anwendung bei Darmentzündungen pflückt man die Blüten möglichst im Krebs, bei Husten im Stier.

Narzisse

Standort:
Sonnig, mäßig feucht, verträgt keine Staunässe.

Stecken der Zwiebeln:
Ende September/Anfang Oktober bei abnehmendem und absteigendem Mond, am besten an einem Waagetag.
Narzissenzwiebeln sollten doppelt so tief eingepflanzt werden, wie sie dick sind.

Feuer:
Widder ♈
Löwe ♌
Schütze ♐

Erde:
Stier ♉
Jungfrau ♍
Steinbock ♑

Luft:
Zwillinge ♊
Waage ♎
Wassermann ♒

Wasser:
Krebs ♋
Skorpion ♏
Fische ♓

Unser Tip:

Wenn Ihre Narzissen blühfaul sind, versuchen Sie es einmal mit Holzasche, die Sie in die Erde mischen. Sie werden überrascht sein.

Feuer:
♈ Widder
♌ Löwe
♐ Schütze

Erde:
♉ Stier
♍ Jungfrau
♑ Steinbock

Luft:
♊ Zwillinge
♎ Waage
♒ Wassermann

Wasser:
♋ Krebs
♏ Skorpion
♓ Fische

Pflege:
Bei abnehmendem Mond mit Humus abdecken. Im Frühjahr bei Vollmond düngen, nach der Blüte mit Brennesseljauche die Zwiebeln kräftigen. Lassen Sie der Pflanze nach der Blüte noch sechs Wochen Zeit, die Blätter einzuziehen, sonst verliert die Zwiebel zu viel Kraft. In dieser Zeit sollte die Gießwassermenge reduziert werden.

Schnitt für Sträuße:
An einem Lufttag im zunehmenden Mond. Narzissen sollten nicht in zu viel Wasser stehen, da die Blüten sonst glasig werden.

Ausgraben:
Wenn Sie die Zwiebeln nicht überhaupt in der Erde lassen wollen, holen Sie sie bei abnehmendem Mond kurz vor Neumond an einem Lufttag aus der Erde, und lagern Sie sie möglichst luftig bis zum Herbst.

Nektarine

Standort:
Sonnig.

Pflanzung:
Pflanzen Sie Nektarinen in der Ruhephase zwischen Laubabwurf und neuem Austreiben, also

Unser Tip:

Der Stiel der Narzisse sondert einen klebrigen Saft ab. Stellen Sie die Blumen zunächst fünf Minuten lang in heißes Wasser, ehe Sie sie zu anderen in die Vase gesellen.

zwischen Ende Oktober und Ende Februar. Kontrollieren Sie die Wurzeln auf Beschädigungen, schneiden Sie zu lange und beschädigte Wurzeln ab, und wässern Sie den Wurzelstock gut, ehe Sie ihn einsetzen. Die Veredelungsstelle soll mindestens eine Handbreit über dem Boden liegen. Der ideale Zeitpunkt ist um Neumond. Geben Sie ein bis zwei Handvoll Gerste ins Pflanzloch.

Pflege:
Nektarinen freuen sich bei abnehmendem Mond im November über eine Düngung, die die Wurzeln kräftigt, und über eine zweite im Mai.

Rückschnitt:
Bei abnehmendem oder absteigendem Mond in der Ruheperiode bei Temperaturen über –5° C, möglichst dicht am Neumond. Ein Rückschnitt im Herbst fördert die Bildung neuer Triebe, ein Rückschnitt im Februar hemmt das Wachstum der Triebe und fördert eher den Fruchtansatz.

Ernte:
Kurz vor Vollmond, wenn die Früchte bald verbraucht werden sollen. Zum Einlagern bestimmte Früchte erntet man im abnehmenden Mond in einem Luft- oder Feuerzeichen.

Nelke

Standort:
Sonnig. Nelken stammen aus dem Mittelmeerraum und gedeihen daher bei uns nur mit genug Sonne, einem gut durchlässigen Boden ohne Staunässe und an einem windgeschützten Platz.

Feuer:
♈ Widder
♌ Löwe
♐ Schütze

Erde:
♉ Stier
♍ Jungfrau
♑ Steinbock

Luft:
♊ Zwillinge
♎ Waage
♒ Wassermann

Wasser:
♋ Krebs
♏ Skorpion
♓ Fische

Aussaat:
Aussaat im Juni, Auspflanzung ins Freiland im Juli bei zunehmendem Mond in einem Luftzeichen.

Pflege:
Düngen bei abnehmendem Mond in einem Luftzeichen.

Schnitt für Sträuße:
Bei zunehmendem Mond an einem Lufttag duften die Blüten am stärksten, und die Blumen halten sich auch gut in der Vase.

Rückschnitt:
Bei abnehmendem Mond, am besten kurz vor Neumond, in einem Luftzeichen.

Oleander

Standort:
Sonnig auf Kiesböden. Am liebsten hat der Oleander einen „warmen Kopf und kalte Füße", das heißt pralle Sonne, aber feuchten, kühlen Boden. Daher findet man ihn oft in südlichen Ländern an Gewässern. Oleander wird in großen Töpfen kultiviert und kann darin bis zu sechs Meter hoch werden. Er braucht die Sonne, will mäßig gegossen werden und ist ansonsten eher anspruchslos. Das gilt auch für sein Winterquartier.
Besonderes: Falls Ihr Oleander Früchte trägt, entfernen Sie sie: Sie entziehen der Pflanze Reservestoffe und sind – wie auch die restliche Pflanze – giftig.

Vermehrung:
Durch Stecklinge bei zunehmendem Mond in einem Luftzeichen.

Pflege:
Düngen und Gießen bei abnehmendem und absteigendem Mond in einem Luftzeichen. Überwintern kann der Oleander am besten in einem Wintergarten bei Temperaturen zwischen drei und fünfzehn Grad. Doch auch ein fast finsterer Keller schadet ihm nicht, sofern er frostfrei ist und der Oleander nicht zu stark gegossen wird.

Rückschnitt:
Nach der Blüte bei abnehmendem Mond, am besten kurz vor Neumond, in einem Luftzeichen.

Orange

Standort:
Sonnig und windgeschützt, am besten vor einer sonnenbeschienenen Mauer. Bei uns nicht winterfest (Orangerien!), daher als Kübelpflanze zu halten. Zum Überwintern benötigen Orangen einen hellen, luftigen Platz mit 4–8° C. Wenn sie im Dunkeln überwintern müssen, verlieren sie die Blätter, treiben aber im Frühjahr neu aus. Nicht vor Ende Mai ins Freie bringen!

Anzucht/Pflanzung:
Wenn Sie Orangen aus Kernen ziehen, werden Sie vermutlich nicht darüber nachdenken, wie hier der Mond ins Spiel kommen kann. Setzen Sie Ihre Orangenkerne bei zunehmendem Mond an einem Feuertag in eine Mischung aus Einheitsblumenerde und lehmig-humoser Gartenerde. Größere Pflanzen erhalten Sie bereits im Kübel, Sie brauchen sie höchstens alle fünf Jahre umzutopfen. Wässern Sie den Wurzelstock gut, ehe Sie ihn neu einsetzen.

Feuer:
♈ Widder
♌ Löwe
♐ Schütze

Erde:
♉ Stier
♍ Jungfrau
♑ Steinbock

Luft:
♊ Zwillinge
♎ Waage
♒ Wassermann

Wasser:
♋ Krebs
♏ Skorpion
♓ Fische

Der ideale Zeitpunkt ist im zunehmenden Mond im März an einem Wärmetag.

Pflege:
Orangenbäume möchten regelmäßig gedüngt werden, am liebsten einmal wöchentlich mit Guano. Wählen Sie einen Tag im abnehmenden Mond oder im absteigenden Mond. Löwetage sind besonders günstig. Auf zu viel Wasser reagieren sie verschnupft, austrocknen dürfen die Wurzelballen aber auch nicht.

Rückschnitt:
Da Orangenbäume keine eigentliche Ruheperiode erleben, können sie jederzeit zurückgeschnitten werden, wenn Sie das wollen. Sie verlieren dadurch aber blühfähige Triebe. Anders als bei Äpfeln und Birnen ist ein regelmäßiger Rückschnitt jedoch nicht erforderlich.

Ernte:
Wenn Sie sie gleich essen wollen, können Sie Ihre Orangen jederzeit ernten, am besten sind Feuerzeichen im zunehmenden Mond. Dicht am Vollmond sind die Früchte am schmackhaftesten. Orangenbäume tragen gleichzeitig Blüten und Früchte, Sie werden daher das ganze Jahr über immer wieder reife Früchte ernten können.

Unser Tip:

Orchideen oder Farne sollte man in Kunststoffschalen stellen, die mit Blähton und Wasser gefüllt sind, damit die Pflanzen die benötigte Luftfeuchtigkeit bekommen.

Orchidee

Standort:
Sonnig. Wichtig ist jedoch hohe Luftfeuchtigkeit.

Pflege:
Düngen bei abnehmendem Mond in einem Luftzeichen.

Schnitt für die Vase:
Bei zunehmendem Mond an einem Lufttag duften die Blüten am stärksten, und die Blumen halten sich auch gut in der Vase. Stellen Sie Orchideen nie in kaltes, sondern in lauwarmes Wasser. Sorgen Sie auch bei Orchideen in der Vase für genügend feuchte Luft!

Oregano

Standort:
Sehr sonnig, eher trocken. Oregano liebt gut entwässerte, doch nährstoffreiche Böden.
Besonderes: Oregano heißt im Volksmund auch Wohlgemut. Ein Tee aus Oreganoblättern ist eine gute Alternative zu schwarzem Tee und hebt die Stimmung.

Aussaat:
Aussaat im Frühjahr bei zunehmendem Mond in einem Luftzeichen ins Saatbeet (Geduld, die Samen keimen langsam). Nach den Eisheiligen bei zunehmendem Mond in einem Luftzeichen ins Freiland auspflanzen, dabei gut 30 cm Platz zwischen den einzelnen Pflanzen lassen. Auch durch Teilung oder Wurzel- und Stengelabnehmer läßt sich Oregano vermehren.

Feuer:
♈ Widder
♌ Löwe
♐ Schütze

Erde:
♉ Stier
♍ Jungfrau
♑ Steinbock

Luft:
♊ Zwillinge
♎ Waage
♒ Wassermann

Wasser:
♋ Krebs
♏ Skorpion
♓ Fische

Ernte:
Bei zunehmendem Mond an einem Lufttag gepflückte Blätter sind hocharomatisch und eignen sich gut zum Einlegen in Essig oder Öl sowie zum Einfrieren. Zum Trocknen bestimmte Blätter pflücken Sie besser vor der Blüte bei abnehmendem Mond an einem Lufttag, bald nach Vollmond.

Rückschnitt:
Im Winter bei abnehmendem Mond, am besten kurz vor Neumond, in einem Luftzeichen.

Palme

Standort:
Sonnig.
Besonderes: Palmen sind bei uns nicht winterhart und können daher nur als Kübelpflanze gehalten werden. Die einzelnen Arten stellen leicht unterschiedliche Ansprüche an Wassermenge (zwischen sparsam und großzügig) und Temperatur des Winterquartiers (zwischen 0 und 14° C). Allen tut eine Pflege an Feuertagen sehr gut.

Pflege:
Gießen und Düngen bei abnehmendem Mond in einem Feuerzeichen.

Paprika

Standort:
Sonnig, geschützt und warm. Paprika braucht gute, fruchtbare Gartenerde.
Besonderes: Die Pflanzen lassen sich auch im Kübel halten. Bei uns bekommen sie allerdings meist

nicht so viel Sonne, daß die Früchte reifen würden. Doch auch als Zierpflanze ist sie attraktiv.

Aussaat:
Aussaat im Februar/März bei zunehmendem Mond in einem Feuerzeichen ins warme Saatbeet, nach den Eisheiligen an einem Feuertag im zunehmenden Mond ins Freie setzen.

Pflege:
Sobald die Pflanze blüht, will sie täglich gegossen und wöchentlich gedüngt werden. Hierzu sind besonders Tage im absteigenden oder abnehmenden Mond in einem Feuerzeichen geeignet. Wenn sie Früchte ansetzen, braucht sie eine Stütze, damit die Triebe unter deren Gewicht nicht abbrechen.

Ernte:
Bei zunehmendem Mond, am besten kurz vor Vollmond, ab August bis Oktober, am besten in einem Feuerzeichen.

Passionsblume

Standort:
Sonnig. Passionsblumen vertragen keine Staunässe. *Besonderes:* Passionsblumen wollen hell und bei 10° C überwintern. Wenn Sie *Passiflora flavicarpa* mit einem grünen Daumen und passendem Klima zur Fruchtreife bringen, können Sie Maracujas ernten.

Aussaat:
Samen oder Kopfstecklinge bei zunehmendem Mond in einem Luftzeichen ins warme Saatbeet setzen und erst nach den Eisheiligen ins Freie brin-

Feuer:
Widder ♈
Löwe ♌
Schütze ♐

Erde:
Stier ♉
Jungfrau ♍
Steinbock ♑

Luft:
Zwillinge ♊
Waage ♎
Wassermann ♒

Wasser:
Krebs ♋
Skorpion ♏
Fische ♓

Feuer:
♈ Widder
♌ Löwe
♐ Schütze

Erde:
♉ Stier
♍ Jungfrau
♑ Steinbock

Luft:
♊ Zwillinge
♎ Waage
♒ Wassermann

Wasser:
♋ Krebs
♏ Skorpion
♓ Fische

gen, beides, während der Mond in einem Feuerzeichen steht.

Pflege:
In der Blütezeit bei abnehmendem Mond in einem Luftzeichen reichlich gießen und düngen. Vorsicht: Passionsblumen vertragen keine Staunässe.

Rückschnitt:
Beim Umstellen ins Winterquartier sollten Sie bei abnehmendem Mond, am besten kurz vor Neumond, in einem Luftzeichen alle Seitentriebe auf drei bis fünf Augen zurückschneiden.

Petersilie

Standort:
Schattig bis halbschattig, besonders pflegeleicht.
Besonderes: Petersilie verträgt sich nicht mit Kopfsalat, aber sehr gut mit Radieschen und Tomaten. Im ersten Jahr erntet man die Blätter als Salat- und Suppengewürz. Im zweiten Jahr bildet sich die hohe, gelbgrüne Blütendolde. Die Früchte wirken hauptsächlich appetitanregend und gegen Blähungen, aber auch regulierend auf die Menstruation. Schwangere sollten die Samen nicht einnehmen. Die Wurzeln gehören ins Suppengrün, ihr frisch gepreßter Saft wirkt harntreibend.

Aussaat:
Aussaat oder Pflanzung von Wurzelpetersilie bei abnehmendem Mond in einem Erdzeichen, von Blattpetersilie bei zunehmendem Mond gleich nach Neumond in einem Wasserzeichen. Blattpetersilie läßt sich auch gut auf dem Fensterbrett ziehen.

Ernte:
Die Blätter den ganzen Sommer über im zunehmenden Mond, möglichst in einem Wasserzeichen dicht bei Vollmond, oder doch zumindest im steigenden Mond. Bei abnehmendem Mond in einem Erdzeichen gräbt man die Wurzeln aus.

Petunie

Standort:
Sehr sonnig, dabei wind- und regengeschützt. Diese Nachtschattengewächse sind wunderhübsch am Balkon, allerdings nicht ganz einfach zu halten.

Aussaat:
Aussaat ins Freiland bei zunehmendem Mond in einem Luftzeichen.

Pflege:
Düngen bei abnehmendem Mond in einem Luftzeichen. Petunien nehmen es sehr übel, wenn sie nicht genug Wasser bekommen. Wenn Sie aber trotzdem ein paar Tage fortfahren, kein Nachbar greifbar ist, der Ihre Blumen gießen würde, und Sie Ihren Petunien nicht den Todesstoß versetzen wollen, dann schneiden Sie sie vor Ihrer Abreise kräftig zurück. Das vermindert den Durst und verspricht verstärktes Blütenwachstum.
Werden Petunien allerdings zuviel gegossen, dann wachsen ihr zwar rasend viele Blätter, aber die Blüten bleiben aus. Dasselbe Phänomen tritt ein, wenn sie zuwenig Licht bekommen.

Rückschnitt:
Bei abnehmendem Mond in einem Luftzeichen.

Feuer:
Widder ♈
Löwe ♌
Schütze ♐

Erde:
Stier ♉
Jungfrau ♍
Steinbock ♑

Luft:
Zwillinge ♊
Waage ♎
Wassermann ♒

Wasser:
Krebs ♋
Skorpion ♏
Fische ♓

Feuer:
♈ Widder
♌ Löwe
♐ Schütze

Erde:
♉ Stier
♍ Jungfrau
♑ Steinbock

Luft:
♊ Zwillinge
♎ Waage
♒ Wassermann

Wasser:
♋ Krebs
♏ Skorpion
♓ Fische

Pfingstrose

Standort:
Sonnig bis halbschattig.
Besonderes: Pfngstrosen vertragen es nicht, wenn sie verpflanzt werden.

Vermehrung:
Aussaat ins Freiland bei zunehmendem Mond in einem Luftzeichen. Pfingstrosen können auch durch Teilung vermehrt werden.

Pflege:
Düngen bei abnehmendem Mond in einem Luftzeichen.

Schnitt für Sträuße:
Bei zunehmendem Mond an einem Lufttag duften die Blüten am stärksten, und die Blumen halten sich auch gut in der Vase. Auch relativ geschlossene Blüten von Pfingstrosen öffnen sich gewöhnlich in der Vase.

Rückschnitt:
Bei abnehmendem Mond, am besten kurz vor Neumond, in einem Luftzeichen. Warten Sie mit dem Rückschnitt, bis sich die Blätter im Herbst eingezogen haben, sonst nehmen Sie der Pflanze zuviel Kraft.

Unser Tip:

Damit Pfingstrosen nur wenige große Blüten bekommen, müssen die Seitenknospen früh abgeschnitten werden. Tun Sie das nicht, bekommen sie viele kleine Pfingstrosenblüten.

Pfirsich

Standort:
Vollsonnig und geschützt, braucht viel Wärme.

Pflanzung:
Pflanzen Sie Pfirsichbäume in der Ruhephase zwischen Laubabwurf und neuem Austreiben, also zwischen Ende Oktober und Ende Februar. Achten Sie darauf, daß die Wurzeln unbeschädigt sind, schneiden Sie zu lange und beschädigte Wurzeln ab, und wässern Sie den Wurzelstock gut, ehe Sie ihn einsetzen. Die Veredelungsstelle soll mindestens eine Handbreit über dem Boden liegen. Der ideale Zeitpunkt ist um Neumond, am besten an einem Feuer- oder Waagetag.

Pflege:
Pfirsichbäume sollten bei abnehmendem Mond im November und im Mai gedüngt werden, am besten an einem Waagetag oder wenn der Mond in einem Feuerzeichen steht.

Rückschnitt:
Bei abnehmendem oder absteigendem Mond in der Ruheperiode, allerdings nur bei Temperaturen von über –5° C, möglichst dicht am Neumond. Ein Rückschnitt im Herbst fördert die Bildung neuer Triebe, ein Rückschnitt im Februar hemmt das

Feuer:
Widder ♈
Löwe ♌
Schütze ♐

Erde:
Stier ♉
Jungfrau ♍
Steinbock ♑

Luft:
Zwillinge ♊
Waage ♎
Wassermann ♒

Wasser:
Krebs ♋
Skorpion ♏
Fische ♓

Unser Tip:

Stellen Sie bei drohenden Frösten Wassereimer unter den Pfirsichbaum. Das verdunstende Wasser sorgt für einen leichten Nebel, der den Frost vom Baum abhält.

Feuer:
♈ Widder
♌ Löwe
♐ Schütze

Erde:
♉ Stier
♍ Jungfrau
♑ Steinbock

Luft:
♊ Zwillinge
♎ Waage
♒ Wassermann

Wasser:
♋ Krebs
♏ Skorpion
♓ Fische

Wachstum der Triebe und fördert eher den Fruchtansatz.

Ernte:
Um Vollmond, möglichst in einem Luft- oder Feuerzeichen. An Wassertagen geerntetes Obst verfault sehr leicht.

Pflaume

Standort:
Sonnig.

Pflanzung:
Pflanzen Sie Pflaumenbäume in der Ruhephase zwischen Ende Oktober und Ende Februar. Achten Sie darauf, daß die Wurzeln unbeschädigt sind, schneiden Sie zu lange und beschädigte Wurzeln ab, und wässern Sie den Wurzelstock gut, ehe Sie ihn einsetzen. Die Veredelungsstelle soll mindestens eine Handbreit über dem Boden liegen. Der ideale Zeitpunkt ist bei zunehmendem Mond im November oder im März, am besten an einem Feuer- oder Stiertag.

Pflege:
Pflaumenbäume freuen sich bei abnehmendem Mond im November über eine Düngung, die die Wurzeln kräftigt, und im Mai gibt ihnen Dünger

Unser Tip:

Fruchtfleisch und Saft von Pfirsichen und Pflaumen eignen sich ausgezeichnet als vitaminreiche Gesichtsmaske bei trockener und empfindlicher Haut.

Kraft für die Blüte. Mulchen Sie Ihre Pflaumenbäume, oder setzen Sie Kapuzinerkresse auf die Baumscheiben.

Rückschnitt:
In den ersten drei Jahren werden Pflaumenbäume nicht zurückgeschnitten; ab dem vierten Jahr bei abnehmendem oder absteigendem Mond gegen Ende der Ruheperiode, möglichst dicht am Neumond. Ein Rückschnitt im Herbst fördert die Bildung neuer Triebe, ein Rückschnitt im Februar hemmt das Wachstum der Triebe und fördert eher den Fruchtansatz.

Ernte:
Um Vollmond, vor allem wenn die Früchte bald verbraucht werden sollen. Zum Einkochen vorgesehene Früchte erntet man im abnehmenden Mond in einem Feuerzeichen und verarbeitet sie auch gleich. An Wassertagen geerntetes Obst verfault sehr leicht und sollte sofort verzehrt werden.

Pflücksalat

Standort:
Sonnig bis halbschattig in guter Gartenerde.
Besonderes: Verträgt sich gut mit Roter Bete, kann auch auf dem Balkon gehalten werden. Zu dieser

Feuer:
Widder ♈
Löwe ♌
Schütze ♐

Erde:
Stier ♉
Jungfrau ♍
Steinbock ♑

Luft:
Zwillinge ♊
Waage ♎
Wassermann ♒

Wasser:
Krebs ♋
Skorpion ♏
Fische ♓

Unser Tip:

Getrocknete Pflaumen, gepflückt an einem Lufttag im abnehmenden oder absteigenden Mond, wirken regulierend auf die Darmtätigkeit: Über Nacht in Wasser einweichen.

Feuer:
♈ Widder
♌ Löwe
♐ Schütze

Erde:
♉ Stier
♍ Jungfrau
♑ Steinbock

Luft:
♊ Zwillinge
♎ Waage
♒ Wassermann

Wasser:
♋ Krebs
♏ Skorpion
♓ Fische

Art gehören dekorative Salate wie roter Eichblatt und Lollo Rosso.

Aussaat:
Aussaat ab Mitte März in Reihen bei zunehmendem Mond an einem Wassertag.

Pflege:
Pflücksalat brauchen Sie nicht zu pikieren; warten Sie einfach, bis die Pflänzchen 10 cm groß sind, und ernten Sie dann die meisten, lassen Sie alle 20 bis 25 cm eine kräftige Pflanze stehen. Gleichmäßig gießen, möglichst bei abnehmendem und absteigendem Mond an Wassertagen.

Ernte:
Pflücksalat regeneriert sich mehrmals, wenn man das Herz stehen läßt. Von dem mittleren Stengel werden die Blätter von unten nach oben abgepflückt, und zwar bei zunehmendem Mond in einem Wasserzeichen zum sofortigen Verbrauch.

Pilze

Wer seine Champignonzucht im Keller auf alten Holzdielen mit dem Mond pflegen will, dem sei nur gesagt, daß Pilze zu jenen Pflanzen gehören, die auf Pflege an Wassertagen besonders gut ansprechen. Zum Waldspaziergang wählen Sie möglichst einen Wassertag bald nach Neumond. Wollen Sie die Pilze trocknen, sammeln Sie sie an einem Lufttag im abnehmenden oder absteigenden Mond. Pilze sollten Sie nicht lange in Plastikbeuteln transportieren, Netze, Stoffbeutel oder Tragtaschen aus Papier sind ideal.

Porree (siehe Lauch)

Primel

Standort:
Schattig. Meist erhält man Primeln als blühende Frühjahrsboten im Topf. Diese brauchen viel Wasser und einen hellen, nicht zu warmen Standort. Sind sie verblüht, pflanzt man sie an einem Lufttag bei abnehmendem Mond in den Garten, unter laubabwerfende Büsche oder Bäume an einen nicht zu trockenen Platz, an dem sie sich einziehen können. Im nächsten Jahr blühen sie hier im Frühling.

Quendel (Feldthymian)

Standort:
Sonnig, trocken. Ideal sind die kleinen, verschiedenfarbig blühenden Kissen für Steingärten.
Besonderes: Quendel lockt Bienen an und ist auch als Heiltee bei Husten, Asthma und Keuchhusten bekannt.

Vermehrung:
Durch Stengelableger, Wurzelteilung oder Absenker, die bei zunehmendem Mond in einem Luftzeichen genommen und ausgepflanzt werden, läßt sich Quendel vermehren.

Feuer:
Widder ♈
Löwe ♌
Schütze ♐

Erde:
Stier ♉
Jungfrau ♍
Steinbock ♑

Luft:
Zwillinge ♊
Waage ♎
Wassermann ♒

Wasser:
Krebs ♋
Skorpion ♏
Fische ♓

Unser Tip:

Quendel schützt vor Mücken- und Bremsenstichen. Fahren Sie mit den Händen durch die Pflanze, oder zerreiben Sie ein Zweiglein zwischen den Fingern.

Feuer:
♈ Widder
♌ Löwe
♐ Schütze

Erde:
♉ Stier
♍ Jungfrau
♑ Steinbock

Luft:
♊ Zwillinge
♎ Waage
♒ Wassermann

Wasser:
♋ Krebs
♏ Skorpion
♓ Fische

Ernte:
Schneiden Sie die zum Trocknen bestimmten Blüten bei abnehmendem Mond, am besten kurz nach Vollmond, in einem Luftzeichen, hängen Sie sie an einem luftigen, schattigen Ort auf, und lassen Sie sie trocknen.

Quitte

Standort:
Sonnig bis halbschattig. Quitten stellen an den Gartenboden keine besonderen Ansprüche.
Besonderes: Erst in Form von Saft, Gelee, Marmelade oder Quittenbrot genießbar. Die Früchte sind gut lagerfähig.

Pflanzung:
Pflanzen Sie Quitten im Frühjahr im Abstand von 6 Metern zu anderen Bäumen in eine Hecke oder einzeln. Achten Sie darauf, daß die Wurzeln unbeschädigt sind, schneiden Sie zu lange und beschädigte Wurzeln ab, und wässern Sie den Wurzelstock gut, ehe Sie ihn einsetzen, am besten bei zunehmendem Mond. Die Veredelungsstelle soll mindestens eine Handbreit über dem Boden liegen.

Pflege:
Quitten freuen sich bei abnehmendem Mond im Mai und im November über eine Düngung.

Rückschnitt:
Bei abnehmendem oder absteigendem Mond in der Ruheperiode, allerdings nur bei Temperaturen von über 0° C, möglichst dicht am Neumond. In den ersten Jahren wird die Quitte auf drei oder vier

Grundäste zurückgeschnitten, nach innen wachsende und zu dicht stehende Zweige werden entfernt. Später braucht sie nur noch bei Bedarf zurückgeschnitten zu werden.

Ernte:
Quitten erntet man im abnehmenden Mond bald nach Vollmond in einem Feuerzeichen.

Radieschen

Standort:
Sonnig.
Besonderes: Zwischen Möhren, Kopfsalat, Spinat, Petersilie, Kapuzinerkresse, Erbsen und Tomaten fühlen Radieschen sich wohl.

Aussaat:
Die Samen werden bei abnehmendem Mond in einem Erdzeichen in Rillen gesät. Wenn Sie immer wieder nachsäen, haben Sie den ganzen Sommer hindurch frische Radieschen.

Pflege:
Gießen am besten bei abnehmendem Mond an einem Erdzeichen.

Ernte:
Bereits sechs Wochen nach der Aussaat können Sie bei abnehmendem Mond in einem Erdzeichen frische Radieschen ernten.

Rainfarn

Standort:
Sonnig, leicht schattig, nicht zu feucht.

Feuer:
Widder ♈
Löwe ♌
Schütze ♐

Erde:
Stier ♉
Jungfrau ♍
Steinbock ♑

Luft:
Zwillinge ♊
Waage ♎
Wassermann ♒

Wasser:
Krebs ♋
Skorpion ♏
Fische ♓

Feuer:
♈ Widder
♌ Löwe
♐ Schütze

Erde:
♉ Stier
♍ Jungfrau
♑ Steinbock

Luft:
♊ Zwillinge
♎ Waage
♒ Wassermann

Wasser:
♋ Krebs
♏ Skorpion
♓ Fische

Besonderes: Bei den Griechen galt der Rainfarn als Pflanze, die Unsterblichkeit verlieh. Seine getrockneten Blätter schützen vor Insekten und halten Fliegen fern. Auch für Duftkissen sind sie geeignet.

Aussaat:
Aussaat ins Freiland bei zunehmendem Mond in einem Luftzeichen. Auch durch Teilung der Wurzeln im Frühjahr oder Herbst läßt sich die Pflanze vermehren. Hierzu sind Jungfrautage im abnehmenden Mond ideal.

Schnitt für Sträuße:
Bei zunehmendem Mond an einem Lufttag duften die Blüten am stärksten, und die Blumen halten sich auch gut in der Vase. Für Trockensträuße bestimmte Pflanzen schneiden Sie am besten bei abnehmendem Mond in einem Luftzeichen.

Rückschnitt:
Im Herbst bei abnehmendem Mond, am besten kurz vor Neumond, in einem Luftzeichen, wenn die Stengel vertrocknet sind.

Rasen

Standort:
Sonnig bis halbschattig, liebt sauren Boden, verträgt keine Staunässe.

Unser Tip:

Auf den Komposthaufen gehört unbedingt Rainfarn. Das in der Pflanze enthaltene Kalium ist eine wertvolle Bereicherung für Ihren Kompost.

Besonderes: Wenn der Platz zu schattig oder der Boden zu feucht ist, wächst zwischen dem Rasen häufig Moos. Es erstickt die Graspflanzen, gedeiht allerdings nur dort wirklich gut, wo es ideale Bedingungen findet – idealere als der Rasen. Wenn Sie das stört, können Sie den Rasen mit Spezialdünger mit Moosverdränger stärken, allzu dicht wachsende Bäume auslichten oder das Moos beim Vertikutieren entfernen.
Sie können aber auch akzeptieren, daß es an manchen Stellen Ihres Gartens bessere Bedingungen für Moos als für Rasen gibt und sich an seinem satten, feuchten Grün freuen.

Aussaat:
Bei zunehmendem Mond an einem Wassertag.

Pflege:
Düngen bei abnehmendem Mond, mit Stickstoff an einem Steinbocktag. Wird der Rasen gelb, ist das meist ein Zeichen, daß er zu trocken ist oder daß die Wurzeln zu wenig Sauerstoff bekommen. Ausgiebigere Beregnung hilft hier, besonders im abnehmenden Mond. Heben Sie auch im Sommer die Schnitthöhe auf bis zu sieben Zentimeter an. Mähen Sie den Rasen unbedingt bei abnehmendem Mond, am besten an einem Löwetag, dann wird er schön dicht.
Sollte Ihr Rasen rundum gesund sein, nur an einer kranzförmigen Stelle vertrocknen, so könnte es sich bei diesem Phänomen um einen sogenannten „Hexenring“ handeln. Der entsteht durch den Nelkenschwindling. Tragen Sie die betroffenen Stellen mehrmals großzügig ab, der Pilz neigt dazu,

Feuer:
♈ Widder
♌ Löwe
♐ Schütze

Erde:
♉ Stier
♍ Jungfrau
♑ Steinbock

Luft:
♊ Zwillinge
♎ Waage
♒ Wassermann

Wasser:
♋ Krebs
♏ Skorpion
♓ Fische

sich immer wieder auszubreiten. Durch häufiges Mähen und Düngen mit Spezialrasendünger können Hexenringe eingedämmt werden. Ein schwacher Trost: Der Nelkenschwindling ist eßbar!

Eine wunderschöne und pflegeleichte Alternative zum Rasen kann die Blumenwiese sein. Sie hat den Vorteil, daß sie nur zweimal im Jahr gemäht werden muß, und zwar Ende Juni/Anfang Juli und im September.

Die Blumenwiese hat allerdings gegen-über dem Rasen einen entscheidenden Nachteil: Sobald sie betreten wird oder wenn Kinder darin spielen, werden die Blumen und Kräuter zertreten, und die ganze Wiese wird unansehnlich. Bedenken Sie das bitte, besonders, wenn Sie oft Kinder im Garten haben, damit Sie nicht enttäuscht sind.

Bei der Aussaat der Blumenwiese denken Sie daran, die Wiese auch nach dem Sprießen etwa vier Wochen lang feucht zu halten, da einige Exemplare aus der Mischung erst viel später keimen.

Der erste Schnitt sollte nicht vor Anfang August erfolgen, damit die Kräuter in Ruhe aussamen können. Sie tun aber andererseits Ihrer Wiese auch nichts Gutes, wenn Sie auf diesen ersten Schnitt verzichten, denn unter dem dichten Pflanzengewirr können die Kräuter leicht ersticken.

Es ist nicht ganz unkompliziert, ein Grundstück in eine Blumenwiese zu verwandeln. Wichtig ist zunächst, daß der Boden einige Jahre abgemagert, also nicht gedüngt wird. Außerdem dürfen Sie nach der ersten Blüte Ihre Wiese nicht zu früh mähen: Geben Sie den Kräutern die Chance, ihre Früchte und Samen ausreifen zu lassen.

Raute

Standort:
Sehr sonnig, notfalls auch halbschattig. Auf gut entwässerten, eher mageren Böden fühlt sich die Raute wohl.
Besonderes: Rauten dienen zum Würzen von Likören und alkoholischen Getränken und fördern die Verdauung. Ein Absud der Blätter hilft gegen müde Augen.

Vermehrung:
Durch Teilung im Frühjahr bei zunehmendem Mond in einem Luftzeichen oder durch Ableger im Spätsommer; diese können bei abnehmendem Mond oder Neumond in der Jungfrau gepflanzt werden, dann wurzeln sie gut an.

Ernte:
Blätter vor der Blüte bei abnehmendem Mond in einem Luftzeichen sammeln und trocknen.

Rettich

Standort:
Halbschattig, gut durchlässiger Boden.
Besonderes: Zwischen Möhren und Erbsen fühlt sich Rettich wohl. Ideal steht er zwischen Spinat und Salat, denn sie halten ihm Erdflöhe vom Leib.

Feuer:
Widder ♈
Löwe ♌
Schütze ♐

Erde:
Stier ♉
Jungfrau ♍
Steinbock ♑

Luft:
Zwillinge ♊
Waage ♎
Wassermann ♒

Wasser:
Krebs ♋
Skorpion ♏
Fische ♓

Unser Tip:

Lassen Sie beim Verziehen von Rettichen bewußt immer wieder zwei Pflanzen dicht beieinander wachsen. Das verlängert die Erntezeit, denn diese „Zwillinge" reifen langsamer.

Feuer:
♈ Widder
♌ Löwe
♐ Schütze

Erde:
♉ Stier
♍ Jungfrau
♑ Steinbock

Luft:
♊ Zwillinge
♎ Waage
♒ Wassermann

Wasser:
♋ Krebs
♏ Skorpion
♓ Fische

Aussaat:
Aussaat im Juli/August bei abnehmendem Mond in einem Erdzeichen.

Ernte:
Bei abnehmendem Mond in einem Erdzeichen, etwa 3 Monate nach der Aussaat. Rettiche können Sie ohne Grün in trockenem Sand im Keller lagern.

Rhabarber

Standort:
Schattig bis sonnig. Bevorzugt schwere Böden.
Besonderes: Lassen Sie ein paar Blätter stehen. Sie können von ihren Unterseiten viele Schnecken absammeln.

Aussaat:
Aussaat ab Februar bei zunehmendem Mond an einem Wassertag. Geerntet werden im folgenden Jahr die Blattstiele. Im Herbst ab dem zweiten Jahr können die Stauden durch Teilung vermehrt werden. Dabei anfallende Wurzelstückchen können Sie im Keller in einem Kistchen mit feuchtem Humus treiben lassen.

Pflege:
Gießen und Düngen bei abnehmendem Mond an einem Wassertag, Düngen jedoch erst nach der

Unser Tip:

Damit Rhabarber schöne lange Stiele bekommt, stülpen Sie doch eine Tonröhre über die Pflanze. Die Stiele wachsen dann erst durch die Röhre, ehe sich das Grün ausbreitet.

Ernte. Um die Rhabarberernte vorzuverlegen, stülpen Sie im März einen großen Weidenkorb, von dem man den Boden entfernt hat, über die Pflanzen. Rundum kommt dann eine köstliche Pferdemistpackung.

Ernte:
Bei zunehmendem Mond in einem Wasserzeichen zum sofortigen Verbrauch.

Rhododendron

Standort:
Halbschattig. Rhododendron benötigt weiches Wasser, am besten Moorwasser, und sauren Boden.

Pflanzung:
Bei zunehmendem Mond an einem Zwillingetag.

Rückschnitt:
Bei abnehmendem oder absteigendem Mond im Herbst, möglichst dicht am Neumond.

Ringelblume

Standort:
Sonnig, Gartenerde. Ringelblumen gedeihen auch auf mageren Schotterböden, Nässe vertragen sie hingegen nicht.

Feuer:
Widder ♈
Löwe ♌
Schütze ♐

Erde:
Stier ♉
Jungfrau ♍
Steinbock ♑

Luft:
Zwillinge ♊
Waage ♎
Wassermann ♒

Wasser:
Krebs ♋
Skorpion ♏
Fische ♓

Unser Tip:

Geben Sie den Absud aus einer Handvoll Ringelblumen oder getrocknete Blüten in einem Leinensäckchen ins heiße Badewasser. Das pflegt die Haut, besonders im Winter.

Feuer:
♈ Widder
♌ Löwe
♐ Schütze

Erde:
♉ Stier
♍ Jungfrau
♑ Steinbock

Luft:
♊ Zwillinge
♎ Waage
♒ Wassermann

Wasser:
♋ Krebs
♏ Skorpion
♓ Fische

Besonderes: Die Blüten können Sie zu pflegender und heilender Hautsalbe verarbeiten oder als Tee trinken, wenn Ihre Monatsblutung unregelmäßig ist. Oder Sie verwenden die Blütenblätter zum Garnieren und Färben von Speisen, vom Salat bis zum Kuchen.

Aussaat:
Aussaat im Frühjahr ins Freiland bei zunehmendem Mond in einem Luftzeichen. Ringelblumen säen sich auch selbst aus, wenn Sie verblühte Köpfchen nicht entfernen.

Pflege:
Bekommen Ringelblumen zuviel Wasser, entwickeln sie mehr Blätter als Blüten.

Schnitt für Sträuße:
Bei zunehmendem Mond an einem Lufttag gepflückte Blumen halten sich gut in der Vase. An einem solchen Tag gepflückte Blüten können Sie in Öl einlegen. Zum Trocknen pflücken Sie die Blüten besser bei abnehmendem oder absteigendem Mond, möglichst an einem Lufttag.

Rittersporn

Standort:
Sonnig, auf gutem, humusreichem Boden.

Aussaat:
Aussaat ins Freiland bei zunehmendem Mond in einem Luftzeichen. Im Herbst läßt sich der Rittersporn durch Teilung vermehren, am besten bei zunehmendem Mond in einem Luftzeichen oder an einem Jungfrautag.

Schnitt für Sträuße:
Bei zunehmendem Mond an einem Lufttag duften die Blüten am stärksten, und die Blumen halten sich auch gut in der Vase.

Rückschnitt:
Nach der Blüte bei abnehmendem Mond, am besten kurz vor Neumond, in einem Luftzeichen. Wenn Sie den Rittersporn nach der ersten Blüte radikal zurückschneiden, blüht er ein zweites Mal im Spätsommer.

Rosen

Standort:
Sonnig, luftig, manche Arten auch im Halbschatten. Direkt an der Hauswand wird es ihnen leicht zu heiß.
Besonderes: Zwischen Rosen gepflanzter Knoblauch oder Schnittlauch schützt diese vor Mehltau. Unter Bäumen und Sträuchern sind Rosen nicht wirklich glücklich, denn diese zusätzliche Feuchtigkeit von oben vertragen Rosen nicht besonders gut.

Pflege:
Rosen werden am besten bei abnehmendem Mond in einem Luftzeichen gegossen, gedüngt und im Herbst auch angehäufelt.

Feuer:
Widder ♈
Löwe ♌
Schütze ♐

Erde:
Stier ♉
Jungfrau ♍
Steinbock ♑

Luft:
Zwillinge ♊
Waage ♎
Wassermann ♒

Wasser:
Krebs ♋
Skorpion ♏
Fische ♓

Unser Tip:

Kletterrosen blühen schöner und üppiger, wenn sie nicht nur senkrecht, sondern auch waagrecht gezogen werden. Lassen Sie sie immer wieder auch horizontal wachsen.

Feuer:
♈ Widder
♌ Löwe
♐ Schütze

Erde:
♉ Stier
♍ Jungfrau
♑ Steinbock

Luft:
♊ Zwillinge
♎ Waage
♒ Wassermann

Wasser:
♋ Krebs
♏ Skorpion
♓ Fische

Bei Trockenperioden sollten Sie die Rosen nicht von oben gießen, weil sich auf nassem Laub leicht Mehltau einstellen könnte. Gießen Sie sie nur an den Wurzeln.

Für Rosen eignet sich Kuh- und Pferdemist als Dünger ganz hervorragend. Neben abgestandenem Tierfett und Kaffeesatz schätzen Rosen Bananenschalen wegen ihrer Spurenelemente und Mineralstoffe – kleingehackt und bei abnehmendem Mond ins Beet eingebracht.

Beet- und Kletterrosen sollten Sie vor dem ersten Frost mit Stroh oder Reisig abdecken, allerdings nicht ohne zuvor die sperrigsten Triebe zurückgeschnitten zu haben. Am besten geschieht das an einem Feuertag.

Anders geht man bei Hochstammrosen vor: Sind sie noch jung und geschmeidig, biegt man ihre Krone bei abnehmendem Mond im Widder zu Boden und befestigt sie dort – vorzugsweise mit Strümpfen, die der Rinde am wenigsten schaden können. Dann wird die Krone mit Substrat bedeckt.

Sind die Rosen schon älter und damit steifer und sperriger, muß man sie in aufrechter Haltung mit Papier oder Reisig umhüllen. Seien Sie hier ruhig großzügig, schließlich soll dieser Winterschutz die ärgsten Stürme unbeschadet überstehen.

Unser Tip:

Da Rosen sehr salzempfindlich sind, pflanzen Sie diese nicht am Gartenzaun zum Straßenrand, wenn im Winter auf der Straße mit Salz gestreut wird.

Schnitt für Sträuße:
Bei zunehmendem Mond an einem Lufttag duften die Blüten am stärksten, und die Blumen halten sich auch gut in der Vase. Rosen halten länger, wenn die Stiele jeden Abend frisch unter Wasser angeschnitten werden und wenn die Blumen über Nacht in einer Schüssel mit kaltem Wasser liegen.

Rückschnitt:
Im Herbst und Frühjahr bei abnehmendem Mond, am besten kurz vor Neumond, in einem Luftzeichen. Schneiden Sie die Rosen im Frühjahr erst im April, wenn kein starker Nachtfrost mehr zu befürchten ist.

Rosenkohl

Standort:
Sonnig, windgeschützt, in schwerem Boden.
Besonderes: Zwischen Lauch, Endivien- und Feldsalat und Spinat fühlt Rosenkohl sich wohl.

Aussaat:
Aussaat ins Freiland bei zunehmendem Mond in einem Feuerzeichen. Professioneller ist es allerdings, dem Rosenkohl einige Ortswechsel zuzumuten, die er erstaunlich gut übersteht und die sein Wachstum eher fördern: Er wird bereits im Winter in den Saatkasten gesät, später ins Frühbeet umgesetzt, bei einer Größe von etwa 12 Zentimetern ins Anzuchtbeet umgepflanzt, ehe er endlich im Abstand von 60 Zentimetern an seinem endgültigen Platz ankommt – bis dahin kennen Sie vermutlich sämtliche Tage, an denen der zunehmende Mond in einem Feuerzeichen steht.

Feuer:
Widder ♈
Löwe ♌
Schütze ♐

Erde:
Stier ♉
Jungfrau ♍
Steinbock ♑

Luft:
Zwillinge ♊
Waage ♎
Wassermann ♒

Wasser:
Krebs ♋
Skorpion ♏
Fische ♓

Feuer:
♈ Widder
♌ Löwe
♐ Schütze

Erde:
♉ Stier
♍ Jungfrau
♑ Steinbock

Luft:
♊ Zwillinge
♎ Waage
♒ Wassermann

Wasser:
♋ Krebs
♏ Skorpion
♓ Fische

Pflege:
Anhäufeln und Unkrautjäten sind für Rosenkohl wichtige Pflegemaßnahmen, am besten bei abnehmendem Mond in einem Feuerzeichen. Wenn Sie im Herbst die Spitze kappen, steckt die Pflanze mehr Kraft in die Röschen. Hierfür ist ein Tag bei abnehmendem Mond in einem Feuerzeichen ideal.

Ernte:
Nach dem ersten Frost bei zunehmendem Mond, am besten kurz vor Vollmond. Einlagern und Konservieren an einem Feuertag bei abnehmendem Mond.

Rosmarin

Standort:
Sehr sonnig und geschützt. Trockener, kalkhaltiger Boden. Kann auch im Balkonkistchen gehalten werden, muß dann allerdings frostfrei überwintern. *Besonderes:* Als Gewürz wohl bestens bekannt, ist Rosmarin auch ein wertvoller Zahnpastazusatz, der das Zahnfleisch kräftigt, und wirkt als Tee verdauungsfördernd, hustenlindernd, krampflösend und harntreibend.

Aussaat:
Aussaat ins Saatbeet bei zunehmendem Mond in einem Luftzeichen. Nach den Eisheiligen kann Rosmarin ins Freie gesetzt werden. Sicherer ist eine Vermehrung durch Stecklinge, die an einem Jungfrautag im zunehmenden Mond an einem schattigen Ort in sandige Erde gesteckt und im Herbst nach einem Rückschnitt an einem Luft- oder Feuertag ausgepflanzt werden.

Ernte:
Bei zunehmendem Mond an einem Lufttag ist das Aroma am stärksten. Zum Einlegen in Essig oder Öl sind diese Tage ideal. Wollen Sie Rosmarin trocknen, pflücken Sie es bei abnehmendem oder absteigendem Mond in einem Luftzeichen.

Rückschnitt:
Bei abnehmendem Mond, am besten kurz vor Neumond, in einem Luftzeichen.

Rote Bete

Standort:
Sonnig bis halbschattig.
Besonderes: Zwischen Bohnen, Erdbeeren, Gurken, Kopfsalat und Zwiebeln fühlt die Rote Bete sich wohl, neben Kresse, Lauch, Schnittlauch, Spinat und Tomaten gedeiht sie dagegen weniger gut.

Aussaat:
Aussaat nach den Eisheiligen bei abnehmendem Mond in einem Erdzeichen.

Pflege:
Sparsam gießen, am besten bei abnehmendem Mond an einem Erd- oder Wasserzeichen.

Ernte:
Ab Mitte August bei abnehmendem Mond im Stier.

Rotkohl

Standort:
Sonnig bis halbschattig.
Besonderes: Rotkohl verträgt sich nicht besonders

Feuer:
♈ Widder
♌ Löwe
♐ Schütze

Erde:
♉ Stier
♍ Jungfrau
♑ Steinbock

Luft:
♊ Zwillinge
♎ Waage
♒ Wassermann

Wasser:
♋ Krebs
♏ Skorpion
♓ Fische

gut mit Tomaten, stellt aber ansonsten keine besonderen Ansprüche an seine Nachbarschaft. Wegen der gleichen Pflege ist ein gemischtes Beet aus je einer Reihe Weißkohl, Rotkohl, Rosenkohl, Blumenkohl, Brokkoli und Lauch empfehlenswert. Ideal ist es, in demselben Beet vorher Erbsen und Bohnen zu ziehen, da sie den Boden mit Stickstoff anreichern, den Kohl in größeren Mengen braucht.

Aussaat:
Aussaat im Spätsommer bei abnehmendem Mond in einem Erdzeichen, zunächst ins Saatbeet. Von hier im Frühjahr in größerem Abstand ins Anzuchtbeet und von diesem erst nach der Bohnen- und Erbsenernte an den endgültigen Platz. Die Erde muß gut angedrückt werden, Kohl benötigt festen Boden.

Pflege:
Anhäufeln und Gießen am besten bei abnehmendem Mond an einem Erd- oder Wasserzeichen.

Ernte:
Im Herbst bei abnehmendem Mond im Stier.

Rüben

Standort:
Sonnig. Leichter, fruchtbarer, gut durchlässiger Lehmboden.

Aussaat:
Aussaat ab März immer wieder bei abnehmendem Mond in einem Erdzeichen. Die kleinen Pflanzen auf etwa 10 cm Abstand ausdünnen, am besten an einem Jungfrautag.

Pflege:
Hacken im Juli und August, um den Boden zu lockern, am besten bei abnehmendem Mond in einem Erdzeichen.

Ernte:
Ab September bei abnehmendem Mond in einem Erdzeichen.

Salbei

Standort:
Sehr sonnig, trockener, kalkreicher Boden.
Besonderes: Wer Salbei im Haus hat, hat immer ein wirksames Gurgelmittel bei Halsweh griffbereit. Ein Tee aus Salbeiblüten mit Honig ist bei Erkältungen ideal.

Aussaat:
Ab April bei zunehmendem Mond in einem Luftzeichen ins Saatkistchen, nach den Eisheiligen ins Freiland, möglichst wieder im zunehmendem Mond in einem Luftzeichen.
Auch durch Stecklinge ist eine Vermehrung möglich. Setzen Sie sie nicht zu dicht an einem Lufttag bei zunehmendem Mond ins Freie, vielleicht als Beeteinfassung.

Ernte:
Die Blätter am besten vor der Blüte an einem Lufttag im abnehmenden Mond, oder an einem Tag im Stier. Schneiden Sie die blühenden Sproßspitzen, die Sie trocknen wollen, an einem Lufttag bald nach Vollmond ab, hängen Sie sie an einem trockenen, schattigen Ort auf, und lassen Sie sie trocknen.

Feuer:
Widder ♈
Löwe ♌
Schütze ♐

Erde:
Stier ♉
Jungfrau ♍
Steinbock ♑

Luft:
Zwillinge ♊
Waage ♎
Wassermann ♒

Wasser:
Krebs ♋
Skorpion ♏
Fische ♓

Feuer:
♈ Widder
♌ Löwe
♐ Schütze

Erde:
♉ Stier
♍ Jungfrau
♑ Steinbock

Luft:
♊ Zwillinge
♎ Waage
♒ Wassermann

Wasser:
♋ Krebs
♏ Skorpion
♓ Fische

Salat

Standort:
Sonnig, nicht zu trocken.
Besonderes: Setzen Sie Salat nicht neben Petersilie. Zwischen Kartoffeln, Lauch und Bohnen fühlt er sich dagegen wohl, auch neben Kohl, Erdbeeren, Radieschen, Sellerie und Tomaten.

Aussaat:
Aussaat ab März bei zunehmendem Mond an einem Krebstag oder bei aufsteigendem Mond in den Fischen. Die Jungpflanzen werden bei abnehmendem Mond im Stier oder im Steinbock ausgepflanzt.

Pflege:
Gießen frühmorgens bei abnehmendem Mond an einem Wassertag. Zur Schneckenabwehr bestreuen Sie die Erde an einem Skorpiontag mit Sägespänen oder zerkleinerten Schalen von rohen Eiern.

Ernte:
Bei zunehmendem Mond, am besten in einem Wasserzeichen zum sofortigen Gebrauch.

Schafgarbe

Standort:
Sonnig, magerer Boden.
Besonderes: Der lateinische Name ist *Achillea millefolium*, wörtlich etwa tausendblättriges Achilleskraut. Achill soll vor Troja die Wunden der Griechen mit einem Absud aus Schafgarbenblüten geheilt haben.

Als Tee helfen die Blüten gegen Verdauungsprobleme, bei Menstruationsschmerzen und auch bei Schlaflosigkeit.

Aussaat:
Aussaat ins Freiland bei zunehmendem Mond in einem Luftzeichen.

Ernte:
Schneiden Sie die zum Trocknen bestimmten Blüten bei abnehmendem Mond, am besten kurz nach Vollmond, in einem Luftzeichen, hängen Sie sie an einem luftigen, schattigen Ort auf, und lassen Sie sie trocknen.

Schlüsselblume

Standort:
Schattig.
Besonderes: Wenn Sie im Frühjahr Schlüsselblumen im Topf geschenkt bekommen, freuen Sie sich daran, solange sie blühen, und setzen Sie sie hinterher in den Garten, an einen schattigen Platz unter eine laubabwerfende Pflanze. Sie ziehen sich dort ein und blühen im nächsten Frühjahr in Ihrem Garten. Ideal ist hierfür ein Lufttag im zunehmenden Mond oder ein Jungfrautag.

Schneeglöckchen

Stecken der Zwiebeln:
Ende September/Anfang Oktober bei abnehmendem und absteigendem Mond, am besten an einem Waagetag. Sorgen Sie dafür, daß Ihre Schneeglöckchen natürlich verteilt stehen: Streuen Sie die

Feuer:
Widder ♈
Löwe ♌
Schütze ♐

Erde:
Stier ♉
Jungfrau ♍
Steinbock ♑

Luft:
Zwillinge ♊
Waage ♎
Wassermann ♒

Wasser:
Krebs ♋
Skorpion ♏
Fische ♓

Feuer:
♈ Widder
♌ Löwe
♐ Schütze

Erde:
♉ Stier
♍ Jungfrau
♑ Steinbock

Luft:
♊ Zwillinge
♎ Waage
♒ Wassermann

Wasser:
♋ Krebs
♏ Skorpion
♓ Fische

Zwiebeln malerisch am vorgesehenen Platz aus und setzen Sie sie dort ein, wo sie zum Liegen kommen.

Pflege:
Bei abnehmendem Mond mit Humus abdecken. Im Frühjahr bei Vollmond düngen, nach der Blüte mit Brennesseljauche die Zwiebeln kräftigen.

Ausgraben:
Wenn Sie die Zwiebeln nicht überhaupt in der Erde lassen wollen, holen Sie sie bei abnehmendem Mond kurz vor Neumond an einem Lufttag aus der Erde, und lagern Sie sie möglichst luftig bis zum Herbst.

Schnittlauch

Standort:
Schattig bis halbschattig. Schnittlauch ist besonders pflegeleicht.
Besonderes: Zwischen Möhren, Rosen, Obstbäumen und Stachelbeeren fühlt Schnittlauch sich sehr wohl, und er dankt ihnen die nette Nachbarschaft, indem er sie vor Mehltau schützt.

Aussaat:
Aussaat oder Pflanzung bei zunehmendem Mond an einem Wassertag.

Pflege:
Gießen, Düngen und Mulchen bei abnehmendem Mond an einem Wassertag. Wenn Ihr Schnittlauch nach dem ersten Schnitt nicht mehr mag, helfen Sie ihm auf die Beine: Mit einer Spezialpackung aus gekeimten Gerstenkörnern und Pferdemist, die Sie

im abnehmenden Mond für eine Woche auf die Pflanze häufen und jeden zweiten Tag mit lauwarmem Wasser gießen, ist er bald wieder in Form.
Als Dünger eignet sich nach der Ernte im abnehmenden Mond etwas Sauerkrautbrühe, am besten, wenn der Mond in einem Erdzeichen steht.
Ist der Schnittlauch gelb und kraftlos, kann Nährstoffmangel die Ursache sein. Meist steht er auf zu engem Raum, die Pflanzen nehmen einander auf diese Weise die Nährstoffe weg. Mit Flüssigdünger oder mit Blumendünger kann hier geholfen werden – an einem Wassertag im zunehmenden Mond.

Ernte:
Bei zunehmendem Mond in einem Wasserzeichen. Ernten Sie nie mehr als zwei Drittel Ihres Schnittlauchs gleichzeitig, um ihn kräftig zu erhalten.

Schnittsalat

Standort:
Sonnig bis halbschattig in guter Gartenerde.
Besonderes: Verträgt sich gut mit Roter Bete, kann auch auf dem Balkon gehalten werden.

Aussaat:
Aussaat breitwürfig und dicht ab Mitte März bei zunehmendem Mond an einem Wassertag. Immer wieder nachsäen, damit Sie den ganzen Sommer über ernten können. Schnittsalat regeneriert sich nach der Ernte nicht mehr.

Pflege:
Gleichmäßig gießen, möglichst bei abnehmendem und absteigendem Mond an Wassertagen.

Feuer:
Widder ♈
Löwe ♌
Schütze ♐

Erde:
Stier ♉
Jungfrau ♍
Steinbock ♑

Luft:
Zwillinge ♊
Waage ♎
Wassermann ♒

Wasser:
Krebs ♋
Skorpion ♏
Fische ♓

Feuer:
♈ Widder
♌ Löwe
♐ Schütze

Erde:
♉ Stier
♍ Jungfrau
♑ Steinbock

Luft:
♊ Zwillinge
♎ Waage
♒ Wassermann

Wasser:
♋ Krebs
♏ Skorpion
♓ Fische

Ernte:
Vier bis sechs Wochen nach der Aussaat bei zunehmendem Mond in einem Wasserzeichen zum sofortigen Verbrauch.

Schwarzwurzeln

Standort:
Sonnig. Schwarzwurzeln vertragen keinen frisch gedüngten Boden, bereiten Sie für sie das Beet also bereits im Herbst vor. Es sollte tief umgegraben werden, damit die Wurzeln in lockerem Boden wachsen können.
Besonderes: Zwischen Kohlrabi, Kopfsalat und Lauch fühlen Schwarzwurzeln sich wohl.

Aussaat:
Aussaat ab Anfang April, Auspflanzen ab Ende Mai, beides bei abnehmendem Mond in einem Erdzeichen.

Pflege:
Gießen und Hacken am besten bei abnehmendem Mond an einem Erdzeichen.

Ernte:
Bei abnehmendem Mond in einem Erdzeichen. Der abnehmende Mond ist auch ideal, um Schwarzwurzeln im Keller frostsicher in einer Kiste mit

Unser Tip:

Der Saft der Schwarzwurzeln klebt häufig. Kochen Sie sie mit der Schale in Salzwasser, und schälen Sie sie erst dann – die Haut läßt sich ganz einfach und ohne zu kleben abziehen.

feuchtem Sand einzulagern, am besten in einem Luftzeichen, dann können sie nicht faulen.

Seerose

Standort:
Sonnig im Gartenteich.
Besonderes: Stellen Sie Ihre Seerosen unauffällig in Gefäßen in Ihren Gartenteich – Sie werden viel weniger Schwierigkeiten haben, wenn Sie sie zur Reinigung des Teichbeckens oder zum Überwintern in der Badewanne im Keller – gemeinsam mit den Goldfischen – wieder herausholen wollen.

Aussaat:
Aussaat oder Pflanzung bei zunehmendem Mond an einem Wassertag.

Pflege:
Bei abnehmendem Mond an einem Wassertag nehmen Sie Seerosen zum Überwintern aus dem Teich.

Sellerie

Standort:
Sonnig, besonders bei Staudensellerie.
Besonderes: Neben Bohnen, Gurken, Kopfsalat, Lauch, Spinat und Tomaten fühlt sich Sellerie wohl, mit Kartoffeln und Mais verträgt er sich hingegen nicht.

Aussaat:
Aussaat des Knollenselleries bei abnehmendem Mond in einem Erdzeichen. Pflanzen Sie die Setzlinge Mitte Mai dicht beieinander in den Schatten. Erst nach ungefähr fünf Wochen werden die

Feuer:
Widder ♈
Löwe ♌
Schütze ♐

Erde:
Stier ♉
Jungfrau ♍
Steinbock ♑

Luft:
Zwillinge ♊
Waage ♎
Wassermann ♒

Wasser:
Krebs ♋
Skorpion ♏
Fische ♓

Feuer:
♈ Widder
♌ Löwe
♐ Schütze

Erde:
♉ Stier
♍ Jungfrau
♑ Steinbock

Luft:
♊ Zwillinge
♎ Waage
♒ Wassermann

Wasser:
♋ Krebs
♏ Skorpion
♓ Fische

Setzlinge im Abstand von vierzig Zentimetern auseinandergesetzt, bei abnehmendem Mond in einem Erdzeichen. – Stangensellerie wird ab Mitte April ins Freiland gesät, am besten an einem Wassertag im zunehmenden Mond.

Pflege:
Knollensellerie: Gießen und Hacken am besten bei abnehmendem Mond an einem Erdzeichen. Dabei wird die Erde von den Knollen etwas weggezogen. Trockene Blätter entfernen, jedoch keine frischen, sonst wächst die Knolle nicht weiter. Vorsicht mit Dünger: Sellerie verträgt höchstens etwas Holzasche ins Pflanzenloch. Bearbeiten Sie das Beet also schon im Herbst mit Kompost, damit es im Frühjahr nicht mehr gedüngt werden muß.
Stangensellerie pflegen Sie bei abnehmendem Mond in einem Wasserzeichen.

Ernte:
Knollensellerie ernten Sie bei abnehmendem Mond in einem Erdzeichen, Stangensellerie zum sofortigen Verbrauch bei zunehmendem Mond in einem Wasserzeichen, möglichst dicht am Vollmond.

Sonnenblume

Standort:
Sonnig. Windgeschützt, sie geben sich auch gegenseitig Windschutz.
Besonderes: Ideale Nachbarn für Gurken.

Aussaat:
Aussaat ins Freiland bei zunehmendem Mond in einem Feuerzeichen.

Schnitt für Sträuße:
Bei zunehmendem Mond an einem Lufttag duften die Blüten am stärksten, und die Blumen halten sich auch gut in der Vase.

Ernte:
Bei zunehmendem Mond, am besten kurz vor Vollmond, wenn Sie nicht die Blütenköpfe für die Vögel als Winternahrung stehen lassen wollen.

Sonnenhut

Standort:
Sonnig. Sonnenhut kann recht hoch werden, ist also für kleine Gärten nur bedingt geeignet.

Aussaat/Vermehrung:
Aussaat ins Freiland bei zunehmendem Mond in einem Luftzeichen, Vermehrung durch Teilung im Frühjahr oder im Herbst, am besten bei zunehmendem Mond oder an einem Jungfrautag.

Schnitt für Sträuße:
Bei zunehmendem Mond an einem Lufttag duften die Blüten am stärksten, und die Blumen halten sich auch gut in der Vase.

Rückschnitt:
Bei abnehmendem Mond, am besten kurz vor Neumond, in einem Luftzeichen.

Spargel

Standort:
Sonnig, gut durchgearbeiteter Lehmboden, bei ausreichender Düngung auch auf Sandboden.

Feuer:
Widder ♈
Löwe ♌
Schütze ♐

Erde:
Stier ♉
Jungfrau ♍
Steinbock ♑

Luft:
Zwillinge ♊
Waage ♎
Wassermann ♒

Wasser:
Krebs ♋
Skorpion ♏
Fische ♓

Feuer:
♈ Widder
♌ Löwe
♐ Schütze

Erde:
♉ Stier
♍ Jungfrau
♑ Steinbock

Luft:
♊ Zwillinge
♎ Waage
♒ Wassermann

Wasser:
♋ Krebs
♏ Skorpion
♓ Fische

Aussaat:
Pflanzung bei zunehmendem Mond an einem Wassertag in ein Beet, das im Herbst zuvor gedüngt wurde. Die Triebe müssen mehrere Zentimeter hoch mit Erde bedeckt werden, der Boden darf keinesfalls austrocknen.

Pflege:
Gießen, Düngen und Mulchen bei abnehmendem Mond an einem Wassertag. Aus dem Spargelbeet sollten Sie unbedingt Zinnkraut, Winden und Quecken entfernen.

Ernte:
Erstmals im dritten Jahr nach der Pflanzung bei zunehmendem Mond, möglichst in einem Wasserzeichen, zum sofortigen Verbrauch. Spargel wird nach dem Ernten schnell rot – um das zu verhindern, legen Sie ihn nach dem Stechen ins kalte Wasser, wickeln ihn anschließend in ein Geschirrtuch und legen das Bündel in den Kühlschrank. So behält er seine Farbe und bleibt frisch.

Spinat

Standort:
Halbschattig, auf neutralem bis schwach saurem Boden, verträgt keine Staunässe. Lockern Sie den Boden, wenn er zu lehmig ist, mit Sand, damit das Wasser leichter abfließen kann.

Besonderes: Zwischen Bohnen, Erbsen, Erdbeeren, Gurken, Kartoffeln, Sellerie und Tomaten fühlt Spinat sich wohl. Winterspinat eignet sich nicht nur zum Essen, sondern auch als Gründüngung: Bepflanzen Sie Ihr Vorjahres-Spinatbeet mit Sellerie oder Gurken, und harken Sie die Überreste des Spinats einfach in die Erde ein.

Aussaat:
Aussaat oder Pflanzung bei zunehmendem Mond an einem Wassertag.

Pflege:
Gießen, Düngen und Mulchen bei abnehmendem Mond an einem Wassertag.

Ernte:
Bei zunehmendem Mond in einem Wasserzeichen.

Stachelbeere

Standort:
Sonnig. Bevorzugt schweren, tiefgründigen Lehmboden.

Vermehrung:
Durch Stecklinge oder Absenker, die bei zunehmendem Mond in einem Feuerzeichen abgeschnitten und eingepflanzt werden.

Pflege:
Jährlich mit Mist oder Kompost mulchen, am besten bei abnehmendem Mond in einem Feuerzeichen.

Ernte:
Bei zunehmendem Mond, am besten kurz vor Vollmond, zum frischen Verzehr. Zum Einkochen bestimmte Früchte werden an einem Feuertag bei abnehmendem Mond gepflückt und eingekocht. An solchen Tagen brauchen Sie weniger Gelierzucker, und die Marmelade schimmelt nicht.

Feuer:
♈ Widder
♌ Löwe
♐ Schütze

Erde:
♉ Stier
♍ Jungfrau
♑ Steinbock

Luft:
♊ Zwillinge
♎ Waage
♒ Wassermann

Wasser:
♋ Krebs
♏ Skorpion
♓ Fische

Stiefmütterchen

Standort:
Sonnig bis halbschattig, hell.
Besonderes: Stiefmütterchen vertragen erstaunlich viel Kälte und sind für Balkonkästen oft die erste oder letzte Bepflanzung im Jahr.

Aussaat:
Aussaat ins Freiland bei zunehmendem Mond in einem Luftzeichen. Meist wird man allerdings vorgezogene Jungpflanzen kaufen.

Pflege:
Gießen und Düngen bei abnehmendem Mond in einem Luftzeichen. Wenn Sie verblühte Blüten systematisch entfernen, treibt das Stiefmütterchen unermüdlich neue Blüten.

Stockrose, Roter Eibisch

Standort:
Sonnig und warm, magere, steinige Böden.
Besonderes: Ein Tee aus den Blüten hilft bei entzündeter, geröteter Haut und Juckreiz. Viel schöner ist es jedoch, die eindrucksvollen roten Kerzen im Garten stehen und blühen zu lassen.

Aussaat:
Aussaat ins Freiland bei zunehmendem Mond in einem Luftzeichen.

Rückschnitt:
Im Spätberbest bei abnehmendem Mond, am besten kurz vor Neumond, in einem Luftzeichen, wenn sich die Pflanze bereits eingezogen hat.

Storchschnabel

Standort:
Sonnig. Bevorzugt humusreiche, feuchte Böden, verträgt aber auch trockene Standorte.

Aussaat:
Aussaat ins Freiland bei zunehmendem Mond in einem Luftzeichen, oder Vermehrung durch Blattableger.

Schnitt für Sträuße:
Bei zunehmendem Mond an einem Lufttag duften die Blüten am stärksten, und die Blumen halten sich auch gut in der Vase.

Rückschnitt:
Bei abnehmendem Mond, am besten kurz vor Neumond, in einem Luftzeichen.

Strelizie

Standort:
Strelizien vertragen viel Sonne und mögen gut durchlässige Böden.

Aussaat:
Aussaat ins Freiland bei zunehmendem Mond in einem Luftzeichen. Durch Teilung im Herbst lassen sie sich vermehren.

Schnitt für Trockensträuße:
Bei abnehmendem Mond an einem Lufttag bald nach Vollmond werden die gerade erblühten Pflanzen geschnitten und gebündelt an einem warmen, trockenen Ort in den Schatten gehängt. Bei wenig Wasser trocknen Strelizien in der Vase.

Feuer:
Widder ♈
Löwe ♌
Schütze ♐

Erde:
Stier ♉
Jungfrau ♍
Steinbock ♑

Luft:
Zwillinge ♊
Waage ♎
Wassermann ♒

Wasser:
Krebs ♋
Skorpion ♏
Fische ♓

Feuer:
♈ Widder
♌ Löwe
♐ Schütze

Erde:
♉ Stier
♍ Jungfrau
♑ Steinbock

Luft:
♊ Zwillinge
♎ Waage
♒ Wassermann

Wasser:
♋ Krebs
♏ Skorpion
♓ Fische

Strohblume

Standort:
Sonnig, durchlässiger Boden ohne Staunässe.

Aussaat:
Aussaat ins Saatbeet oder ab Mitte Mai direkt ins Freiland bei zunehmendem Mond in einem Luftzeichen.

Schnitt für Trockensträuße:
Bei abnehmendem Mond an einem Lufttag bald nach Vollmond werden die gerade erblühten Pflanzen geschnitten und gebündelt an einem warmen, trockenen Ort in den Schatten gehängt.

Taubnessel

Standort:
Sonnig bis schattig, magere Böden.
Besonderes: In der Antike wurde Taubnesseltee innerlich wie äußerlich zur Stillung von Blutungen benutzt. Auch gegen Juckreiz und erhöhte Fettproduktion der Talgdrüsen hilft ein Absud der Pflanze.

Aussaat/Vermehrung:
Aussaat im Frühjahr ins Freiland bei zunehmendem Mond in einem Luftzeichen. Vermehrung durch Teilung im Herbst oder Frühjahr.

Ernte:
Schneiden Sie die zum Trocknen bestimmten blühenden Triebe bei abnehmendem Mond, am besten kurz nach Vollmond, in einem Luftzeichen, hängen Sie sie an einem luftigen, schattigen Ort auf, und lassen Sie sie trocknen.

Thuja

Standort:
Sonnig bis halbschattig. Kalte, feuchte Böden, schwach sauer.
Besonderes: Zwergsorten lassen sich auch in Kübeln halten. Sie überstehen, wenn der Trog groß genug ist, den Winter problemlos im Freien, sollten an frostfreien Tagen allerdings auch gegossen werden.

Pflanzung:
Bei zunehmendem Mond an einem Wassertag.

Pflege:
Gießen bei abnehmendem Mond an einem Wassertag.

Thymian

Standort:
Sehr sonnig. Trocken und ohne Staunässe, magerer Boden.
Besonderes: Wenn Sie ein Zweiglein Thymian mit heißem Wasser aufgießen, erhalten Sie einen aromatischen, hustenlindernden und reinigenden Tee, der im Winter an Kälte- und Wassertagen fraglos ein gutes Mittel zur Vorbeugung gegen Erkältungskrankheiten darstellt. In vielen Hustensäften ist Thymianextrakt enthalten.

Feuer:
Widder ♈
Löwe ♌
Schütze ♐

Erde:
Stier ♉
Jungfrau ♍
Steinbock ♑

Luft:
Zwillinge ♊
Waage ♎
Wassermann ♒

Wasser:
Krebs ♋
Skorpion ♏
Fische ♓

Unser Tip:

Ein Gesichtsdampfbad mit Thymian wirkt bei blasser und müder Haut anregend und belebend, besonders an einem Steinbocktag bei zunehmendem Mond.

Feuer:
♈ Widder
♌ Löwe
♐ Schütze

Erde:
♉ Stier
♍ Jungfrau
♑ Steinbock

Luft:
♊ Zwillinge
♎ Waage
♒ Wassermann

Wasser:
♋ Krebs
♏ Skorpion
♓ Fische

Vermehrung:
Durch Stengelableger, Wurzelteilung oder Absenker bei zunehmendem Mond in einem Luftzeichen außer im Winter jederzeit möglich.

Ernte:
Schneiden Sie die zum Trocknen bestimmten Zweige bei abnehmendem Mond, am besten kurz nach Vollmond, in einem Luftzeichen, hängen Sie sie an einem luftigen, schattigen Ort auf, und lassen Sie sie trocknen. Wenn Sie Thymian in Essig oder Öl einlegen wollen, pflücken Sie ihn bei zunehmendem Mond in einem Luftzeichen, möglichst dicht vor Vollmond.

Tomaten

Standort:
Sonnig und geschützt.
Besonderes: Zwischen Möhren, Sellerie, Kopfsalat, Spinat, Lauch, Petersilie und Bohnen fühlen Tomaten sich wohl, weniger gut vertragen sie sich mit Erbsen, Gurken, Rotkohl und Roter Bete.

Aussaat:
Aussaat ins Freiland bei zunehmendem Mond in einem Feuerzeichen. Tomatenkeimlinge werden groß und kräftig, wenn Sie Holzasche unter die

Unser Tip:

Grüne Tomaten reifen nach, wenn Sie sie in Papier einwickeln und an einen lichtarmen, warmen Ort legen. Auf dem Fensterbrett in der Sonne verdunsten sie zuviel Wasser.

Erde mischen und leere Kaffeedosen über die einzelnen Pflänzchen stülpen und fest in den Boden drücken. Nach ein paar Wochen entfernen.

Pflege:
Düngen bei abnehmendem Mond in einem Feuerzeichen. Vorsicht: Tomaten mögen es gar nicht, wenn man sie mit kaltem Wasser gießt. Sie rollen ihre Blätter ein, die Früchte platzen, und sie werden anfällig für die Krautfäule.
Tomaten lieben einen gelegentlichen Schluck Milch – und zwar ganz speziell Magermilch, die im Verhältnis 1:3 mit abgestandenem Regenwasser verdünnt wird.
Damit Tomaten auch im Herbst noch genug Wärme bekommen, stecken Sie eine mit Wasser gefüllte Weinflasche kopfüber neben der Tomatenstaude in die Erde. Das Wasser heizt sich tagsüber auf und gibt in der Nacht die Wärme ab.

Ernte:
Bei zunehmendem Mond, am besten kurz vor Vollmond. Einlagern und Konservieren an einem Löwe-, Schütze- oder Widdertag bei abnehmendem Mond.

Topinambur

Standort:
Sonnig. Anspruchslos, ähnlich wie bei Kartoffeln.
Besonderes: Diese Süßkartoffelart galt lange nur als Schweinefutter. In letzter Zeit findet man sie vermehrt auf Bauernmärkten. Topinambur erstickt jedes Unkraut im Beet und ist sehr ergiebig. Wer sie einmal angebaut hat, wird sie nie wieder los.

Feuer:
Widder ♈
Löwe ♌
Schütze ♐

Erde:
Stier ♉
Jungfrau ♍
Steinbock ♑

Luft:
Zwillinge ♊
Waage ♎
Wassermann ♒

Wasser:
Krebs ♋
Skorpion ♏
Fische ♓

Feuer:
♈ Widder
♌ Löwe
♐ Schütze

Erde:
♉ Stier
♍ Jungfrau
♑ Steinbock

Luft:
♊ Zwillinge
♎ Waage
♒ Wassermann

Wasser:
♋ Krebs
♏ Skorpion
♓ Fische

Aussaat:
Im Frühjahr werden die Knollen in den nicht mehr gefrorenen Boden gelegt, im Abstand von 30 Zentimetern voneinander, am besten bei abnehmendem Mond in einem Erdzeichen. Sobald es warm wird, wachsen sie in rasantem Tempo.

Ernte:
Bei abnehmendem Mond in einem Erdzeichen.

Tulpe

Standort:
Sonnig bis halbschattig. Tulpen vertragen wie alle Zwiebelpflanzen keine Staunässe.

Stecken der Zwiebeln:
Ende September/Anfang Oktober bei abnehmendem und absteigendem Mond, am besten an einem Waagetag. Tulpenzwiebeln sollten doppelt so tief eingepflanzt werden, wie sie dick sind.

Pflege:
Bei abnehmendem Mond mit Humus abdecken. Im Frühjahr bei Vollmond düngen, nach der Blüte mit Brennesseljauche die Zwiebeln kräftigen. Lassen Sie der Pflanze nach der Blüte noch sechs Wochen Zeit, die Blätter einzuziehen, sonst verliert die Zwiebel zu viel Kraft.

Unser Tip:

Tulpen halten länger, wenn man sie mit einer Stopfnadel an der Schnittstelle tief einsticht. Wenn Tulpen ihre Köpfe hängen lassen, stellen Sie sie eine Weile unter eine Lichtquelle.

Ausgraben:
Wenn Sie die Zwiebeln nicht überhaupt in der Erde lassen wollen, holen Sie sie bei abnehmendem Mond kurz vor Neumond an einem Lufttag aus der Erde, und lagern Sie sie möglichst luftig bis zum Herbst.

Veilchen

Standort:
Halbschattig und feucht, auf Wiesen unter Laubbäumen.
Besonderes: Aus Veilchenblüten läßt sich ein wirksamer Hustensirup und ein leicht abführender Tee bereiten – doch Sie können sich auch einfach so an den bescheidenen, sittsamen Frühblühern im Moose freuen!

Vermehrung:
Durch Wurzelableger bei zunehmendem Mond in einem Luftzeichen.

Ernte:
Pflücken Sie die zum Trocknen bestimmten Blüten kurz vor dem Aufblühen, ideal wäre ein Zeitpunkt kurz nach Vollmond in einem Luftzeichen. Legen Sie sie an einem luftigen Ort aus, und lassen Sie sie trocknen.

Verbene

Standort:
Sehr sonnig, trocken, liebt die Wärme. Eisenkraut ist auch wunderbar als Topfpflanze für den Balkon geeignet.

Feuer:
Widder ♈
Löwe ♌
Schütze ♐

Erde:
Stier ♉
Jungfrau ♍
Steinbock ♑

Luft:
Zwillinge ♊
Waage ♎
Wassermann ♒

Wasser:
Krebs ♋
Skorpion ♏
Fische ♓

Feuer:
♈ Widder
♌ Löwe
♐ Schütze

Erde:
♉ Stier
♍ Jungfrau
♑ Steinbock

Luft:
♊ Zwillinge
♎ Waage
♒ Wassermann

Wasser:
♋ Krebs
♏ Skorpion
♓ Fische

Besonderes: Verbenen reagieren empfindlich auf Staunässe.

Aussaat:
Aussaat ins Freiland bei zunehmendem Mond in einem Luftzeichen.

Pflege:
Sie will mäßig gegossen und gelegentlich gedüngt werden, am besten bei abnehmendem Mond in einem Luftzeichen. Sie können Verbenen im Freien überwintern lassen, wenn Sie den Topf mit Sackleinen umwickeln, um sie vor Frost zu schützen.

Schnitt für Sträuße:
Bei zunehmendem Mond an einem Lufttag duften die Blüten am stärksten, und die Blumen halten sich auch gut in der Vase.

Rückschnitt:
Bei abnehmendem Mond, am besten kurz vor Neumond, in einem Luftzeichen.

Wacholder

Standort:
Sonnig, felsige Standorte, magere Böden.
Besonderes: Der „Machandelboom“ ist eine alte Räucherpflanze, und wer unter ihm schlief, war vor

Unser Tip:

Geben Sie an einem Steinbocktag einen Absud aus einer Handvoll zerstoßener Wacholderbeeren in Ihr Badewasser. Er wirkt anregend und reinigend auf die Haut.

der Pest geschützt. Ein Tee aus den Früchten des Wacholders wirkt lindernd bei Rheumatismus, Arthritis und Gicht.

Pflanzung:
Bei zunehmendem Mond oder wenn der Mond im Steinbock steht.

Ernte:
Bei zunehmendem Mond im Steinbock.

Waldmeister

Standort:
Schattig, unter laubabwerfenden Bäumen.
Besonderes: In der Maibowle ist Waldmeister ein Klassiker, auch in Kräuterlikören. Die getrockneten Blätter in einem Leinensäckchen sorgen wie Lavendel für frischen Duft in Ihrer Wäsche und halten Insekten fern.

Vermehrung:
Durch Wurzelteilung bei zunehmendem Mond in einem Luftzeichen.

Ernte:
Schneiden Sie die zum Trocknen bestimmten Pflanzen unmittelbar vor der Blüte etwas über dem Boden ab. Am besten ist die frische Verwendung, dazu wäre ein Wassermanntag oder ein Lufttag bei zunehmendem Mond ideal, aber auch bei aufsteigendem Mond. Zum Trocknen bestimmte Pflanzen schneiden Sie bei abnehmendem oder absteigendem Mond, am besten kurz nach Vollmond, in einem Luftzeichen, und hängen Sie sie an einem luftigen, schattigen, möglichst warmem Ort auf.

Feuer:
♈ Widder
♌ Löwe
♐ Schütze

Erde:
♉ Stier
♍ Jungfrau
♑ Steinbock

Luft:
♊ Zwillinge
♎ Waage
♒ Wassermann

Wasser:
♋ Krebs
♏ Skorpion
♓ Fische

Walnuß

Standort:
Auf tiefgründigem, kalkhaltigem Boden. Walnüsse benötigen relativ warmes Klima.

Anzucht/Pflanzung:
Sie können Walnußbäume problemlos aus Nüssen selbst ziehen. Lassen Sie sie in Blumenerde keimen, und setzen Sie sie um Neumond in den Garten, am besten an einem Jungfrau- oder Löwetag.

Rückschnitt:
Walnüsse sollten Sie nur sehr zurückhaltend zurückschneiden. Wenn Sie zu weit gehen oder den falschen Zeitpunkt erwischen, können Sie damit den Baum umbringen. Sägen Sie kranke Äste während der Ruheperiode im Winter an einem frostfreien Wärmetag ab, möglichst dicht an Neumond.

Ernte:
Nüsse haben die angenehme Eigenschaft, daß sie Ihnen entgegenkommen, wenn sie reif sind, und unterwegs auch keinen Schaden nehmen. Sammeln Sie sie ein, breiten Sie sie zum Trocknen aus, und lagern Sie sie an einem Wärme- oder Lufttag ein.

Wassermelone

Standort:
Sonnig bis halbschattig, windgeschützt.
Besonderes: Zwischen Erbsen, Fenchel, Roter Bete, Spinat, Sellerie und Zwiebeln fühlen sich Melonen wohl. Weniger gut gedeihen sie neben Kartoffeln, Radieschen, Salbei und Tomaten.

Aussaat:
Aussaat bei zunehmendem Mond an einem Feuertag im warmen Mistbeet, nach den Eisheiligen bei zunehmendem Mond, am besten ebenfalls in einem Feuerzeichen, ins Freiland.

Pflege:
Niemals an warmen Tagen mit kaltem Wasser gießen, sondern mit sonnengewärmtem Wasser auf den Boden um die Wurzeln herum bewässern.

Ernte:
Frühmorgens, vor der Tageserwärmung, bei zunehmendem Mond, am besten kurz vor Vollmond, in einem Wasserzeichen, oder an einem Fischetag.

Wegerich

Standort:
Sonnig. Anspruchslos, wächst als Unkraut in fast jeder besseren Wiese.
Besonderes: Zerkaute oder zerquetschte Blätter des Wegerichs sind als Erste-Hilfe-Pflaster nach Verletzungen und Brennesselverbrennungen ideal. Als Tee hilft Wegerich bei Darmbeschwerden und als Gurgelmittel bei Halsschmerzen.

Ernte:
Wegerichblätter zur frischen Verwendung werden bei Bedarf gepflückt, ohne auf einen günstigen Mondstand zu warten. Zum Trocknen bestimmte Blätter werden im Sommer bei abnehmendem Mond in einem Luftzeichen oder an einem Stiertag gepflückt, im Schatten getrocknet und in Papiersäckchen abgefüllt.

Feuer:
Widder ♈
Löwe ♌
Schütze ♐

Erde:
Stier ♉
Jungfrau ♍
Steinbock ♑

Luft:
Zwillinge ♊
Waage ♎
Wassermann ♒

Wasser:
Krebs ♋
Skorpion ♏
Fische ♓

Feuer:
♈ Widder
♌ Löwe
♐ Schütze

Erde:
♉ Stier
♍ Jungfrau
♑ Steinbock

Luft:
♊ Zwillinge
♎ Waage
♒ Wassermann

Wasser:
♋ Krebs
♏ Skorpion
♓ Fische

Wegwarte

Standort:
Sonnig, auf mageren Böden.
Besonderes: Wegwarten ziehen Bienen und andere befruchtende Insekten an. Aus ihren Wurzeln gewinnt man einen reinigenden Tee, die Blätter sind vitamin- und mineralreich und können im Salat gegessen werden.

Aussaat:
Aussaat oder Pflanzung bei abnehmendem Mond in einem Erdzeichen.

Ernte:
Bei abnehmendem Mond im Stier werden die Wurzeln ausgegraben und getrocknet. Blätter, die man frisch an den Salat geben oder zu einem verdauungsfördernden Tee verarbeiten möchte, pflückt man bei zunehmendem Mond in einem Wasserzeichen oder an einem Jungfrautag.

Weihnachtsstern

Standort:
Hell, ohne direkte Sonneneinstrahlung.

Pflege:
Während der Blüte sollte er an Wassertagen, eventuell auch an Erdtagen reichlich mit temperiertem Wasser gegossen werden, danach eher weniger. Im Sommer kann man die Pflanze ins Freie stellen.
Damit er wieder rote Blätter und Blüten ausbildet, darf der Weihnachtsstern ab Herbst nur noch zehn Stunden Tageslicht bekommen. Stellen Sie ihn unter einen passenden Pappkarton.

Weinrebe

Standort:
Sonnig, warm, geschützt.
Besonderes: Über Wein ein Wort zu verlieren, sollte unnötig sein, und im großen Stil überläßt man seinen Anbau fraglos den Winzern. Doch haben Sie gewußt, daß Sie aus Weinblättern einen Tee bereiten können, der bei Kreislaufbeschwerden hilft?

Auspflanzung:
Bei zunehmendem Mond in einem Feuerzeichen.

Pflege:
Düngen und Mulchen bei abnehmendem Mond in einem Feuerzeichen.

Ernte:
Bei zunehmendem Mond, am besten kurz vor Vollmond an einem Feuertag.

Weißkohl

Standort:
Sonnig bis halbschattig.
Besonderes: Weißkohl verträgt sich nicht besonders gut mit Tomaten, stellt aber ansonsten keine besonderen Ansprüche an seine Nachbarschaft.
Wegen der gleichen Ansprüche an Boden und Pflege ist ein gemischtes Beet aus je einer Reihe Weißkohl, Rotkohl, Rosenkohl, Blumenkohl, Brokkoli und Lauch empfehlenswert.
Ideal ist es, in demselben Beet vorher Erbsen und Bohnen zu halten, da sie den Boden mit Stickstoff anreichern, den Kohl in größeren Mengen braucht. Grundsätzlich gilt bei Kohlbeeten die Empfehlung,

Feuer:
♈ Widder
♌ Löwe
♐ Schütze

Erde:
♉ Stier
♍ Jungfrau
♑ Steinbock

Luft:
♊ Zwillinge
♎ Waage
♒ Wassermann

Wasser:
♋ Krebs
♏ Skorpion
♓ Fische

nur alle vier Jahre Kohl an derselben Stelle anzupflanzen.

Aussaat:
Aussaat im April bei abnehmendem Mond in einem Erdzeichen, zunächst ins Saatbeet. Von hier nach der Bohnen- und Erbsenernte im Abstand von 60 cm an den endgültigen Platz. Der Boden rings um die Pflanzen muß gut angedrückt werden.

Pflege:
Anhäufeln und Gießen am besten bei abnehmendem Mond an einem Erd- oder Wassertag.

Ernte:
Im Spätherbst bei abnehmendem Mond im Stier.

Wermut

Standort:
Sehr sonnig, eher trocken. Wermut bevorzugt stickstoffreiche, magere Böden und braucht relativ viel Platz.
Besonderes: Der Absinth ist aromatischer Bestandteil vieler Liköre und alkoholfreier Getränke, wirkt appetitanregend und verdauungsfördernd.

Aussaat:
Aussaat im Frühjahr bei zunehmendem Mond in einem Luftzeichen.

Ernte:
Blätter pflücken Sie bei zunehmendem Mond im Krebs oder in der Jungfrau zur sofortigen Verwendung, bei abnehmendem Mond zum Trocknen. Dabei müssen sie häufig umgedreht werden. Die

zum Trocknen bestimmten blühenden Sproßspitzen schneiden Sie bei abnehmendem Mond, am besten kurz nach Vollmond, in einem Luftzeichen, hängen sie an einem luftigen, schattigen Ort auf und lassen sie trocknen.

Wirsing

Standort:
Sonnig bis halbschattig.
Besonderes: Wirsingkohl verträgt sich nicht besonders gut mit Tomaten, stellt aber ansonsten keine besonderen Ansprüche an seine Nachbarschaft. Mit Zwiebeln, Knoblauch und Schnittlauch sollte man ihn nicht zusammenpflanzen.
Ein gemischtes Beet aus je einer Reihe Weißkohl, Rotkohl, Rosenkohl, Blumenkohl, Brokkoli und Lauch bietet sich wegen der gleichen Pflege an. Ideal ist es, in demselben Beet vorher Erbsen und Bohnen zu halten, da sie den Boden mit Stickstoff anreichern, den Kohl in größeren Mengen braucht.

Aussaat:
Im April/Mai bei abnehmendem Mond in einem Wasserzeichen zunächst ins Saatbeet und von diesem im Juni an den endgültigen Platz.

Pflege:
Die Erde muß gut angedrückt werden. Hacken, Anhäufeln und Gießen am besten bei abnehmendem Mond in einem Wasserzeichen.

Ernte:
Im Winter bei abnehmendem Mond in einem Luftzeichen.

Feuer:
Widder ♈
Löwe ♌
Schütze ♐

Erde:
Stier ♉
Jungfrau ♍
Steinbock ♑

Luft:
Zwillinge ♊
Waage ♎
Wassermann ♒

Wasser:
Krebs ♋
Skorpion ♏
Fische ♓

Feuer:
♈ Widder
♌ Löwe
♐ Schütze

Erde:
♉ Stier
♍ Jungfrau
♑ Steinbock

Luft:
♊ Zwillinge
♎ Waage
♒ Wassermann

Wasser:
♋ Krebs
♏ Skorpion
♓ Fische

Ysop

Standort:
Sehr sonnig, trocken, magere, kalkige Böden. Als Heckenpflanze geeignet.
Besonderes: Pflanzen Sie Ysop neben Ihr Kohlbeet, er hält dem Kohl die Kohlweißlinge vom Leib. Als Gewürz hilft Ysop bei der Verdauung schwerer, fetter Fleischgerichte, Pasteten und Gemüsesuppen. Blüten und Blätter können Räume aromatisieren.

Aussaat/Vermehrung:
Aussaat im späten Frühjahr ins Freiland bei zunehmendem Mond in einem Luftzeichen, oder Vermehrung durch Wurzelteilung im Frühjahr oder Stengelableger im Frühjahr oder Herbst, jeweils an einem Lufttag im zunehmenden Mond.

Ernte:
Schneiden Sie die zum Trocknen bestimmten Blüten bei abnehmendem Mond, am besten kurz nach Vollmond, in einem Luftzeichen, hängen Sie sie an einem luftigen, schattigen Ort auf, und lassen Sie sie trocknen. Blätter zum Würzen (sparsam verwenden!) können Sie jederzeit pflücken, am stärksten ist ihr Aroma an Lufttagen kurz vor Vollmond.

Zaubernuß (Hamamelis)

Standort:
Sonnig bis halbschattig, gern im Schutz einer Hauswand. Liebt einen lehmhaltigen, schweren Boden, verträgt keine Trockenheit.
Besonderes: Die Blätter der Zaubernuß werden vor allem für kosmetische Zwecke in Tinkturen,

Gesichtswassern und zum Einmassieren in die Kopfhaut verwendet. In Nordamerika beheimatet, wird sie zunehmend auch bei uns beliebt, zumal sie im Spätherbst blüht.

Pflanzung und Pflege:
Bei zunehmendem Mond an einem Zwillingetag. Zaubernüsse mögen das ganze Jahr über eine Mulchdecke auf den Füßen. Im Sommer schützt sie die Wurzeln vor Trockenheit, im Winter vor Frost.

Rückschnitt:
Bei abnehmendem oder absteigendem Mond im Herbst, möglichst dicht am Neumond.

Zinnie

Standort:
Sonnig, geschützt, mit viel Wasser.

Aussaat:
Aussaat ab Mitte März unter Glas, nach den Eisheiligen ins Freiland, beides bei zunehmendem Mond in einem Luftzeichen.

Pflege:
Düngen und Gießen bei abnehmendem Mond in einem Luftzeichen.

Schnitt für Sträuße:
Bei zunehmendem Mond an einem Lufttag duften die Blüten am stärksten, und die Blumen halten sich auch gut in der Vase.

Rückschnitt:
Bei abnehmendem Mond, am besten kurz vor Neumond, in einem Luftzeichen.

Feuer:
♈ Widder
♌ Löwe
♐ Schütze

Erde:
♉ Stier
♍ Jungfrau
♑ Steinbock

Luft:
♊ Zwillinge
♎ Waage
♒ Wassermann

Wasser:
♋ Krebs
♏ Skorpion
♓ Fische

Zinnkraut

Standort:
Schattig, kühl und feucht.
Besonderes: Wenn Sie sich einmal zur Anpflanzung von Zinnkaut (Ackerschachtelhalm) entscheiden, werden Sie es vermutlich nie wieder los. Die Wurzeln gehen sehr tief in den Boden und treiben immer wieder neu aus.
Wegen ihres hohen Mineralgehalts, namentlich an Kieselsäure, ist diese Pflanze aber sehr wertvoll. In vielen kosmetischen Präparaten zur Verbesserung der Nagel- und Haarstruktur kommt Zinnkraut vor.
Der Name kommt daher, daß sich das Kraut sehr gut zum Reinigen von Zinngeschirr eignet.

Anpflanzung:
Holen Sie sich Ableger vom nächsten Bachlauf, und setzen Sie sie bei abnehmendem Mond an einem Erdzeichen an ihren Platz.

Ernte:
Schneiden Sie im Juni bei abnehmendem Mond in einem Luftzeichen die Triebe bis eine Handbreit über den Boden ab, legen Sie sie auf Papier in die Sonne zum Trocknen, und bewahren Sie sie anschließend in einer Papiertüte auf.

Unser Tip:

Eine Handvoll Zinnkraut in einem Leinensäckchen im heißen Badewasser strafft und nährt die Haut. Erschlaffte und faltige Haut wird dadurch spürbar glatter.

Zitrone

Standort:
Sonnig und windgeschützt, am besten vor einer sonnenbeschienenen Mauer. Bei uns nicht winterfest (Orangerien!), daher als Kübelpflanze zu halten. Zum Überwintern benötigen Zitronen einen hellen, luftigen Platz mit 4–8° C. Wenn sie im Dunkeln überwintern müssen, verlieren sie die Blätter, treiben aber im Frühjahr neu aus. Nicht vor Ende Mai ins Freie bringen!

Anzucht/Pflanzung:
Wenn Sie Zitronen aus Kernen ziehen, werden Sie vermutlich nicht darüber nachdenken, wie hier der Mond ins Spiel kommen kann. Setzen Sie Ihre Zitronenkerne bei zunehmendem Mond an einem Feuertag in eine Mischung aus Einheitsblumenerde und lehmig-humoser Gartenerde.
Größere Pflanzen erhalten Sie bereits im Kübel, Sie brauchen sie höchstens alle fünf Jahre umzutopfen. Wässern Sie den Wurzelstock gut, ehe Sie ihn neu einsetzen. Der ideale Zeitpunkt ist im zunehmenden Mond im Frühjahr in einem Feuerzeichen, am besten an einem Löwetag.

Pflege:
Zitronen möchten regelmäßig gedüngt werden, am liebsten einmal wöchentlich mit Guano. Wählen Sie dazu einen Tag im abnehmendem Mond oder im absteigenden Mond. Löwetage sind besonders günstig.
Auf zu viel Wasser reagieren Zitronen verschnupft, Staunässe vertragen sie nicht, austrocknen dürfen die Wurzelballen aber auch nicht.

Feuer:
Widder ♈
Löwe ♌
Schütze ♐

Erde:
Stier ♉
Jungfrau ♍
Steinbock ♑

Luft:
Zwillinge ♊
Waage ♎
Wassermann ♒

Wasser:
Krebs ♋
Skorpion ♏
Fische ♓

Feuer:
♈ Widder
♌ Löwe
♐ Schütze

Erde:
♉ Stier
♍ Jungfrau
♑ Steinbock

Luft:
♊ Zwillinge
♎ Waage
♒ Wassermann

Wasser:
♋ Krebs
♏ Skorpion
♓ Fische

Rückschnitt:
Da Zitronenbäume keine eigentliche Ruheperiode erleben, können sie jederzeit zurückgeschnitten werden. Anders als bei Äpfeln und Birnen ist ein regelmäßiger Rückschnitt jedoch nicht erforderlich. Sie verlieren dadurch nur blühfähige Triebe.

Ernte:
Wenn Sie sie gleich essen wollen, können Sie Ihre Zitronen jederzeit ernten. Am schmackhaftesten sind sie, wenn der zunehmende Mond in einem Feuerzeichen steht, möglichst dicht am Vollmond. Zitronenbäume tragen gleichzeitig Blüten und Früchte, Sie werden immer wieder reife Früchte ernten können.

Zitronenmelisse

Standort:
Sonnig, dabei eher feucht, besonders pflegeleicht. Wo sie sich wohlfühlt, wächst die Zitronenmelisse zu einem stattlichen, wuchernden Kissen heran.
Besonderes: Aus den Blättern der Zitronenmelisse bereitet man einen erfrischenden, beruhigenden Tee, der auch gegen Magenkrämpfe und Menstruationsschmerzen hilft.

Aussaat:
Aussaat oder Pflanzung bei zunehmendem Mond an einem Wassertag.

Ernte:
Bei zunehmendem Mond, am besten im Krebs, erntet man die Blätter für den sofortigen Gebrauch in Salaten, Fischsaucen, Mayonnaisen, Marinaden

oder Obstsalaten. Bei abnehmendem Mond an einem Lufttag schneiden Sie die Pflanzen zum Trocknen. Hängen Sie sie an einem luftigen, schattigen Platz auf, und füllen Sie sie später in Gläser.

Zwetschke

Standort:
Sonnig.

Pflanzung:
Pflanzen Sie Zwetschkenbäume in der Ruhephase zwischen Laubabwurf und neuem Austreiben, also zwischen Ende Oktober und Ende Februar. Achten Sie darauf, daß die Wurzeln unbeschädigt sind, schneiden Sie zu lange und beschädigte Wurzeln ab, und wässern Sie den Wurzelstock gut, ehe Sie ihn einsetzen. Die Veredelungsstelle soll mindestens eine Handbreit über dem Boden liegen. Der ideale Zeitpunkt ist bei zunehmendem Mond im November oder im März.

Pflege:
Zwetschken freuen sich bei abnehmendem Mond im November und im Mai über eine Düngung. Die Baumscheibe sollte gemulcht werden.

Rückschnitt:
Bei abnehmendem oder absteigendem Mond in der Ruheperiode, allerdings nur bei Temperaturen von über 0° C, möglichst dicht am Neumond.
Ein Rückschnitt im Herbst fördert die Bildung neuer Triebe, ein Rückschnitt im Februar hemmt das Wachstum der Triebe und fördert eher den Fruchtansatz.

Feuer:
♈ Widder
♌ Löwe
♐ Schütze

Erde:
♉ Stier
♍ Jungfrau
♑ Steinbock

Luft:
♊ Zwillinge
♎ Waage
♒ Wassermann

Wasser:
♋ Krebs
♏ Skorpion
♓ Fische

Ernte:
Um Vollmond, vor allem wenn die Früchte bald verbraucht werden sollen. Zum Einkochen bestimmte Früchte erntet man bei abnehmendem Mond in einem Feuerzeichen und verarbeitet sie auch sofort. An Wassertagen geerntetes Obst verfault sehr leicht.

Zwiebel

Standort:
Sonnig.
Besonderes: Neben Möhren, Kopfsalat, Erdbeeren, Kamille, Gurken, Rote Bete, Sellerie gedeihen Zwiebeln ausgezeichnet, mit Bohnen, Kartoffeln und Kohl vertragen sie sich nicht so gut.

Stecken der Zwiebeln:
Bei abnehmendem Mond in einem Erdzeichen. Wenn sie eine Woche später auf dem Beet liegen, als hätte man sie einfach achtlos hingeworfen, ist das das Werk der Regenwürmer. Lenken Sie diese ab, indem Sie Zwiebelschalen in das Beet einharken.

Pflege:
Gießen, Düngen und Mulchen am besten bei abnehmendem Mond an einem Erdzeichen. Wenn Sie die Reife Ihrer Zwiebeln beschleunigen wollen, knicken Sie sie bitte nicht ab. Lockern Sie statt dessen mit einer Gabel die Zwiebelreihen, damit die Wurzeln abreißen.

Ernte:
Bei abnehmendem Mond in einem Luftzeichen. Lassen Sie das trockene Grün an Ihren Zwiebeln,

und verwenden Sie es zum Aufhängen. Knoten Sie erst zwei Zwiebeln aneinander, legen Sie dann über den Knoten eine dritte, und beginnen Sie, das trockene Grün zu einem Zopf zusammenzuflechten, wobei Sie laufend weitere Zwiebeln dazunehmen. Diese Zöpfe werden an einem luftigen, trockenen Ort aufgehängt, und Sie können sich davon im Laufe der Zeit bedienen.

Mondkalender für die Jahre 1999–2002

In den folgenden Mondkalendern ist für jeden Tag dasjenige Tierkreiszeichen angegeben, in dem der Mond den größten Teil des Tages steht. Dieses prägt den Charakter des Tages überwiegend. Es muß dies nicht immer dasjenige Tierkreiszeichen sein, in dem der Mond um 0.01 Uhr steht.
Verwendet werden folgende Symbole für die Tierkreiszeichen und Mondphasen (Sie finden die gleichen Symbole im Pflanzenteil jeweils neben dem Namen des Tierkreiszeichens am Rand der Seite):

♈ Widder
♉ Stier
♊ Zwillinge
♋ Krebs
♌ Löwe
♍ Jungfrau
♎ Waage
♏ Skorpion
♐ Schütze
♑ Steinbock
♒ Wassermann
♓ Fische

☽ Zunehmender Mond
○ Vollmond
☾ Abnehmender Mond
● Neumond

Tag	Januar	Februar	März	April	Mai	Juni
1	♋	♌	♍	♎ ○	♏	♑
2	♋ ○	♍	♍ ○	♎	♏	♑
3	♌	♍	♍	♏	♐	♑
4	♌	♎	♎	♏	♐	♒
5	♌	♎	♎	♐	♑	♒
6	♍	♎	♏	♐	♑	♓
7	♍	♏	♏	♐	♒	♓ ☾
8	♎	♏ ☾	♏	♑	♒ ☾	♈
9	♎ ☾	♐	♐	♑ ☾	♒	♈
10	♎	♐	♐ ☾	♒	♓	♉
11	♏	♐	♑	♒	♓	♉
12	♏	♑	♑	♓	♈	♊
13	♐	♑	♑	♓	♈	♊ ●
14	♐	♒	♒	♓	♉	♋
15	♐	♒	♒	♈	♉ ●	♋
16	♑	♒ ●	♓	♈ ●	♊	♌
17	♑ ●	♓	♓ ●	♉	♊	♌
18	♒	♓	♈	♉	♋	♌
19	♒	♈	♈	♊	♋	♍
20	♓	♈	♉	♊	♌	♍ ☽
21	♓	♉	♉	♋	♌	♎
22	♈	♉	♊	♋ ☽	♍ ☽	♎
23	♈	♊ ☽	♊	♌	♍	♏
24	♈ ☽	♊	♋ ☽	♌	♍	♏
25	♉	♋	♋	♍	♎	♏
26	♉	♋	♌	♍	♎	♐
27	♊	♌	♌	♎	♏	♐
28	♊	♌	♌	♎	♏	♑ ○
29	♋		♍	♎	♏	♑
30	♋		♍	♏ ○	♐ ○	♑
31	♌ ○		♎		♐	

Tag	Juli	August	September	Oktober	November	Dezember
1	♒	♓	♉	♊	♌	♍
2	♒	♈	♊ ☾	♋ ☾	♍	♎
3	♓	♈	♊	♋	♍	♎
4	♓	♉ ☾	♋	♌	♍	♏
5	♓	♉	♋	♌	♎	♏
6	♈ ☾	♊	♋	♍	♎	♏
7	♈	♊	♌	♍	♏	♐ ●
8	♉	♋	♌	♎	♏ ●	♐
9	♉	♋	♍	♎ ●	♐	♑
10	♊	♌	♍ ●	♎	♐	♑
11	♊	♌ ●	♎	♏	♐	♑
12	♋	♍	♎	♏	♑	♒
13	♋ ●	♍	♏	♐	♑	♒
14	♌	♍	♏	♐	♒	♓
15	♌	♎	♏	♐	♒	♓
16	♍	♎	♐	♑	♒ ☽	♓ ☽
17	♍	♏	♐ ☽	♑ ☽	♓	♈
18	♎	♏	♑	♒	♓	♈
19	♎	♏ ☽	♑	♒	♈	♉
20	♎ ☽	♐	♑	♒	♈	♉
21	♏	♐	♒	♓	♉	♊
22	♏	♑	♒	♓	♉	♊ ○
23	♐	♑	♓	♈	♊ ○	♋
24	♐	♒	♓	♈ ○	♊	♋
25	♐	♒	♈ ○	♉	♋	♌
26	♑	♒	♈	♉	♋	♌
27	♑	♓ ○	♉	♊	♌	♍
28	♒ ○	♓	♉	♊	♌	♍
29	♒	♈	♉	♋	♍	♎ ☾
30	♒	♈	♊	♋	♍ ☾	♎
31	♓	♉		♌ ☾		♏

Tag	Januar	Februar	März	April	Mai	Juni
1	♏	♐	♑	♓	♈	♉
2	♏	♑	♑	♓	♈	♊ ●
3	♐	♑	♒	♓	♉	♊
4	♐	♒	♒	♈ ●	♉ ●	♋
5	♐	♒ ●	♓	♈	♊	♋
6	♑ ●	♒	♓ ●	♉	♊	♌
7	♑	♓	♈	♉	♋	♌
8	♒	♓	♈	♊	♋	♍
9	♒	♈	♈	♊	♌	♍ ☽
10	♓	♈	♉	♋	♌ ☽	♎
11	♓	♉	♉	♋ ☽	♌	♎
12	♓	♉	♊	♌	♍	♏
13	♈	♉ ☽	♊ ☽	♌	♍	♏
14	♈ ☽	♊	♋	♍	♎	♏
15	♉	♊	♋	♍	♎	♐
16	♉	♋	♌	♍	♏	♐ ○
17	♊	♋	♌	♎	♏	♑
18	♊	♌	♍	♎ ○	♏ ○	♑
19	♋	♌ ○	♍	♏	♐	♑
20	♋	♍	♎ ○	♏	♐	♒
21	♌ ○	♍	♎	♐	♑	♒
22	♌	♎	♎	♐	♑	♓
23	♍	♎	♏	♐	♑	♓
24	♍	♏	♏	♑	♒	♓
25	♎	♏	♐	♑	♒	♈ ☾
26	♎	♏	♐	♒ ☾	♓ ☾	♈
27	♎	♐ ☾	♑	♒	♓	♉
28	♏ ☾	♐	♑ ☾	♒	♈	♉
29	♏	♑	♑	♓	♈	♊
30	♐		♒	♓	♈	♊
31	♐		♒		♉	

Tag	Juli	August	September	Oktober	November	Dezember
1	♋ ●	♌	♎	♏	♑	♒
2	♋	♍	♏	♐	♑	♒
3	♌	♍	♏	♐	♒	♓
4	♌	♎	♏	♑	♒ ☽	♓ ☽
5	♍	♎	♐ ☽	♑ ☽	♒	♓
6	♍	♏	♐	♑	♓	♈
7	♎	♏ ☽	♑	♒	♓	♈
8	♎ ☽	♐	♑	♒	♈	♉
9	♎	♐	♑	♓	♈	♉
10	♏	♐	♒	♓	♉	♊
11	♏	♑	♒	♓	♉ ○	♊ ○
12	♐	♑	♓	♈	♉	♋
13	♐	♒	♓ ○	♈ ○	♊	♋
14	♐	♒	♓	♉	♊	♌
15	♑	♒ ○	♈	♉	♋	♌
16	♑ ○	♓	♈	♊	♋	♍
17	♒	♓	♉	♊	♌	♍
18	♒	♈	♉	♋	♌ ☾	♎ ☾
19	♒	♈	♊	♋	♍	♎
20	♓	♈	♊	♋ ☾	♍	♎
21	♓	♉	♋ ☾	♌	♎	♏
22	♈	♉ ☾	♋	♌	♎	♏
23	♈	♊	♌	♍	♏	♐
24	♉ ☾	♊	♌	♍	♏	♐
25	♉	♋	♍	♎	♏	♐ ●
26	♊	♋	♍	♎	♐ ●	♑
27	♊	♌	♎ ●	♏ ●	♐	♑
28	♊	♌	♎	♏	♑	♒
29	♋	♍ ●	♏	♐	♑	♒
30	♋	♍	♏	♐	♑	♓
31	♌ ●	♎		♐		♓

Tag	Januar	Februar	März	April	Mai	Juni
1	♓	♉ ☽	♉	♋ ☽	♌	♎
2	♈ ☽	♉	♊	♋	♍	♎
3	♈	♊	♊ ☽	♌	♍	♏
4	♉	♊	♋	♌	♎	♏
5	♉	♋	♋	♍	♎	♐
6	♊	♋	♌	♍	♏	♐ ○
7	♊	♌	♌	♎	♏ ○	♑
8	♊	♌ ○	♍	♎ ○	♏	♑
9	♋ ○	♍	♍ ○	♏	♐	♑
10	♋	♍	♎	♏	♐	♒
11	♌	♎	♎	♐	♑	♒
12	♌	♎	♎	♐	♑	♓
13	♍	♏	♏	♐	♒	♓
14	♍	♏	♏	♑	♒	♓ ☾
15	♎	♐ ☾	♐	♑ ☾	♒ ☾	♈
16	♎ ☾	♐	♐ ☾	♒	♓	♈
17	♏	♐	♑	♒	♓	♉
18	♏	♑	♑	♒	♈	♉
19	♐	♑	♑	♓	♈	♊
20	♐	♒	♒	♓	♈	♊
21	♐	♒	♒	♈	♉	♋ ●
22	♑	♒	♓	♈	♉	♋
23	♑	♓ ●	♓	♉ ●	♊ ●	♋
24	♒ ●	♓	♓	♉	♊	♌
25	♒	♈	♈ ●	♉	♋	♌
26	♒	♈	♈	♊	♋	♍
27	♓	♈	♉	♊	♌	♍
28	♓	♉	♉	♋	♌	♎ ☽
29	♈		♊	♋	♍ ☽	♎
30	♈		♊	♌ ☽	♍	♏
31	♈		♊		♎	

Tag	Juli	August	September	Oktober	November	Dezember
1	♏	♑	♒	♓	♉ ○	♊
2	♐	♑	♓ ○	♈ ○	♉	♋
3	♐	♒	♓	♈	♊	♋
4	♐	♒ ○	♓	♉	♊	♋
5	♑ ○	♒	♈	♉	♋	♌
6	♑	♓	♈	♉	♋	♌
7	♒	♓	♉	♊	♌	♍ ☾
8	♒	♈	♉	♊	♌ ☾	♍
9	♒	♈	♊	♋	♍	♎
10	♓	♈	♊ ☾	♋ ☾	♍	♎
11	♓	♉	♊	♌	♍	♏
12	♈	♉ ☾	♋	♌	♎	♏
13	♈ ☾	♊	♋	♍	♎	♐
14	♉	♊	♌	♍	♏	♐ ●
15	♉	♋	♌	♎	♏ ●	♑
16	♉	♋	♍	♎ ●	♐	♑
17	♊	♌	♍ ●	♏	♐	♑
18	♊	♌	♎	♏	♑	♒
19	♋	♍ ●	♎	♐	♑	♒
20	♋ ●	♍	♏	♐	♒	♓
21	♌	♎	♏	♐	♒	♓
22	♌	♎	♐	♑	♒	♓ ☽
23	♍	♏	♐	♑	♓ ☽	♈
24	♍	♏	♑ ☽	♒ ☽	♓	♈
25	♎	♏ ☽	♑	♒	♈	♉
26	♎	♐	♑	♒	♈	♉
27	♏ ☽	♐	♒	♓	♈	♉
28	♏	♑	♒	♓	♉	♊
29	♐	♑	♓	♈	♉	♊
30	♐	♒	♓	♈	♊ ○	♋ ○
31	♐	♒		♈		♋

Tag	Januar	Februar	März	April	Mai	Juni
1	♌	♎	♎	♐	♑	♒
2	♌	♎	♎	♐	♑	♓
3	♍	♏	♏	♑	♒	♓ ☾
4	♍	♏ ☾	♏	♑ ☾	♒ ☾	♈
5	♎	♏	♐	♑	♒	♈
6	♎ ☾	♐	♐ ☾	♒	♓	♈
7	♏	♐	♑	♒	♓	♉
8	♏	♑	♑	♓	♈	♉
9	♐	♑	♑	♓	♈	♊
10	♐	♒	♒	♓	♈	♊
11	♐	♒	♒	♈	♉	♊ ●
12	♑	♒ ●	♓	♈ ●	♉ ●	♋
13	♑ ●	♓	♓	♉	♊	♋
14	♒	♓	♓ ●	♉	♊	♌
15	♒	♈	♈	♉	♊	♌
16	♒	♈	♈	♊	♋	♍
17	♓	♈	♉	♊	♋	♍
18	♓	♉	♉	♋	♌	♎ ☽
19	♈	♉	♉	♋	♌ ☽	♎
20	♈	♊ ☽	♊	♋ ☽	♍	♏
21	♈ ☽	♊	♊	♌	♍	♏
22	♉	♊	♋ ☽	♌	♎	♐
23	♉	♋	♋	♍	♎	♐
24	♊	♋	♌	♍	♏	♐ ○
25	♊	♌	♌	♎	♏	♑
26	♋	♌	♍	♎	♐ ○	♑
27	♋ ○	♍ ○	♍	♏ ○	♐	♒
28	♌	♍	♎ ○	♏	♑	♒
29	♌		♎	♐	♑	♓
30	♍		♏	♐	♑	♓
31	♍		♏		♒	